L'ÉCHAPPÉE
POCHE

éric sadin

la silicolonisation du monde

l'irrésistible expansion du libéralisme numérique

Éditions L'échappée
23, rue Voltaire
75011 Paris
info@lechappee.org
www.lechappee.org

graphisme ADGP
(adgp.fr)

correction Lionel
de La Fouchardière

dépôt légal
2e trimestre 2021

isbn 978-23730909-0-1

impression Corlet
N° d'imprimeur 21020531

édition grand format
L'échappée, 2016

« Mon défaut est de ne pas avoir de cartes, de ne devoir rendre de comptes à personne. Je ne représente que moi-même et je parle toujours à titre personnel, presque en vivant dans mon corps ce que je dis. »

– Pier Paolo Pasolini, *Les Cendres de Gramsci*, 1957

INTRODUCTION

–

MALAISE DANS LA CIVILISATION ET LUMIÈRE ÉCLATANTE DU PACIFIQUE

LE TEMPS DES CATASTROPHES

Un gratte-ciel dans la nuit new-yorkaise. Seul son étage le plus élevé rayonne d'une vive lumière sur l'étendue de sa baie vitrée. À l'intérieur, dans la salle principale d'une banque d'investissement, de nombreuses rangées de tables occupent dans un alignement répété la totalité d'un imposant espace. Toutes sont recouvertes de larges écrans animés de chiffres et de diagrammes vibrant au rythme d'impulsions dynamiques ininterrompues. Des individus aux traits tirés, dans un état d'extrême nervosité, énoncent des flots de paroles *via* leurs micros oreillettes ou pianotent frénétiquement sur leurs claviers. Tous vantent à leurs interlocuteurs la valeur d'actions boursières et autres produits dérivés qu'ils cèdent à des tarifs imbattables.

Quelques heures auparavant, un analyste financier avait découvert, stupéfié, que l'entreprise possédait un haut volume d'actifs toxiques dont le montant dépassait sa valeur totale, menaçant *de facto* son existence. La gravité des faits le conduira aussitôt à aviser son supérieur qui, en urgence, convoquera le conseil d'administration. Les membres sont appelés à envisager les différentes stratégies possibles, s'engageant dans de vifs débats. Malgré les risques encourus, l'option de se débarrasser sans attendre de tous les avoirs s'impose, en dissimulant leur nature aux clients. Les traders, qu'ils éprouvent ou non des états d'âme, déclenchent alors une vaste opération commando frauduleuse, telle une garnison en cols blancs postée à l'un des sommets fortifiés de la ville endormie. Au petit matin, l'intégralité des titres est vendue ; tous se félicitent, plus ou moins gênés de la réussite de la mission. Épuisé, chacun rentre chez lui en ce début d'une nouvelle journée ensoleillée mais glaciale, tout comme la périlleuse phase qui allait s'ouvrir.

Ces scènes composent la trame du film *Margin Call* (J. C. Chandor, 2011), qui narre sous la forme d'un huis clos l'un des multiples épisodes qui ont scandé la crise financière de 2008. Celle causée par les *subprimes*, fondées sur l'abstraction mathématique, la complexité hasardeuse des montages et l'irresponsabilité institutionnalisée, qui allaient entraîner des licenciements, des expulsions, des drames humains pour des millions d'individus. Le tournage se tint au 42e étage du building One Penn Plaza, qui avait préalablement abrité une société de *trading* ayant fait faillite à l'occasion du cataclysme. Coïncidence ou troublante mise en abyme qui témoigne en creux de l'extrême vulnérabilité et brutalité d'un système emporté par des flux incontrôlables, laissant un champ de ruines, que la fiction se charge ici d'arpenter afin de remonter les causes d'un tel désastre.

Ce cyclone qui a fait trembler la planète ne représente pas un phénomène isolé, mais s'inscrit dans un contexte global hautement sismique qui voit poindre d'autres catastrophes déjà tangibles ou en germe. Telle la dette des États dont les montants colossaux pèsent sur les budgets publics et font planer le risque de défauts de paiement. Ou le chômage de masse qui, depuis des décennies, pousse à une lutte sans fin, attestant des limites du politique à pouvoir agir sur le cours des choses. Le coût de la vie, les inégalités de revenus, la précarité des situations forment des faisceaux convergents d'instabilité qui érodent peu à peu le socle commun d'existence et fragilisent les liens sociaux. La montée des mécontentements et des frustrations n'entraîne plus seulement à la marge l'adhésion à des partis populistes ou d'extrême droite, elle rend dorénavant possible l'élection de gouvernements se détournant de certains principes démocratiques fondamentaux. Les replis identitaires menacent le principe de la cohésion sociale autant que les relations entre certains pays ou régions, générant des tensions géopolitiques ou en ravivant certaines, qui semblaient révolues.

Le terrorisme a changé d'échelle, opérant autrefois de façon épisodique et ciblée, pour frapper aujourd'hui de façon récurrente et indifférenciée. La furie djihadiste fait planer le spectre virtuellement permanent du meurtre aveugle, suscitant de partout un climat d'effroi. Menace indistincte qui a conduit les agences de renseignements à délaisser le suivi d'individus ou de groupes préalablement identifiés pour privilégier une surveillance indiscriminée menée à l'échelle globale. Cette stratégie fut emblématiquement à l'œuvre dans les pratiques de la NSA (l'Agence américaine de sécurité nationale), dont l'ampleur astronomique de la récolte de données à caractère personnel fut divulguée par Edward Snowden.

D'autres périls concernent, eux, l'état de la biosphère. Les signes patents qui, chaque jour, confirment le réchauffement climatique se multiplient : fonte des calottes polaires et des glaciers, violentes et fréquentes tempêtes, éradication d'espèces due à l'acidification des océans… De nombreux cas témoignent de l'état d'urgence, tels les atolls du Pacifique dont la montée des eaux réduit la superficie, entraînant d'ores et déjà l'exode de leurs habitants. En outre, les particules fines corrompent l'atmosphère, causant chaque année des millions de morts prématurées. Pollution sensible à l'excès dans les métropoles chinoises qui se trouvent frappées par un fléau d'un nouveau genre : l'*airpocalypse*.

Autant de faits parmi d'autres, moins caractérisés par leur radicale nouveauté – la plupart sont connus et ont déjà été éprouvés depuis l'après-guerre –, que par trois traits dominants :

leur cadence davantage répétée; leur démesure, et l'ampleur des dégâts provoqués qui excédent notre capacité de maîtrise. Il semble que de nombreux phénomènes *franchissent un seuil*, atteignant un palier qui modifie leur nature – à l'instar des phénomènes de la physique qui, à l'échelle atomique, ne répondent plus aux lois de la physique newtonienne, mais à celle de la mécanique quantique. Ce franchissement de seuil qui affecte diverses sphères s'impose comme la vérité imparable de notre temps, elle en est même devenue la marque majeure.

Les millénarismes délirent sur la fin des temps et l'avènement fantasmé d'un ordre idéal. Plus circonspects, nous savons que la grande catastrophe n'adviendra pas, celle ultime renvoyant à un imaginaire eschatologique ou à celui d'une science-fiction apocalyptique. En revanche, nous saisissons, plus ou moins consciemment, que nous sommes entrés dans le temps des catastrophes, des multiples catastrophes, de toute nature, diffuses et imprévisibles. Désormais, nous vérifions au quotidien, dans nos corps et nos esprits, le principe physico-mathématique d'incertitude et la théorie du chaos. S'il existe un inconscient collectif, alors il est aujourd'hui hanté par la conscience tragique de la vulnérabilité de l'existence, palpable dans l'angoisse sourde qui a gagné les sociétés, engendrant une inflation de plaintes somatiques, de souffrances psychiques et de troubles psychiatriques. Nous nous trouvons, collectivement et individuellement, toujours plus désemparés, éprouvant l'impuissance et le vertige comme une condition récente et généralisée de l'existence.

L'HORIZON RADIEUX DU PACIFIQUE

Mais les choses ne sont jamais totalement sombres, aucune situation ne demeure figée et close. L'humain sait, dans des circonstances difficiles et dans l'adversité, créer des brèches, envisager des trajectoires divergentes, s'engager positivement dans des actions jugées opportunes et possiblement vertueuses. Partout se manifestent des volontés qui cherchent à adopter d'autres styles de vie, à renouer des liens, à lutter contre les précarités, à expérimenter des conditions de travail moins coercitives et plus épanouissantes, à valoriser le rôle de la culture. Autant de personnes et de communautés agissantes qui, par des réalisations concrètes, certes éparses, modestes et fragiles, forgent de tenaces motifs d'espérance.

À l'écart de ces innombrables initiatives salutaires se déployant malgré tout, et pour la plupart, encore à la marge et dans l'inquiétante obscurité de l'époque, luit une vive lumière d'espoir, mais d'un tout autre genre. Celle qui émane d'une région presque toujours baignée par un doux soleil et frappée par les embruns stimulants de l'océan : la Silicon Valley. La surpuissante région de San Francisco qui incarne l'insolente réussite entrepreneuriale et industrielle de notre époque, qui va de succès en succès, remporte des victoires sans cesse plus éclatantes.

Ce phare mondial, historique et contemporain de la haute technologie. Qui concentre plus de six mille entreprises du secteur, dont nombre d'entre elles jouissent d'une renommée planétaire. Les Apple, Google, Cisco, Facebook, Oracle, Netflix, Hewlett-Packard, Tesla, Instagram, Twitter, Intel, Snapchat… Figures majeures parmi tant d'autres, dont certaines se sont constituées relativement récemment, occupant presque aussitôt une position dominante ou quasi monopolistique sur le marché global. Cette terre qui héberge les laboratoires de recherche des grands groupes de l'industrie du numérique, venant prendre le pouls des tendances dont la plupart éclosent sur ses rivages fertiles. Cette terre qui abrite deux des meilleures universités du monde, Stanford et Berkeley, et bien d'autres institutions dotées d'un niveau d'excellence. Cette terre qui pullule d'ingénieurs formés dans les plus grandes écoles du pays, ou qui les attire du monde entier par son pouvoir unique de séduction et une culture de l'immigration choisie, particulièrement de Chine et du sous-continent indien.

Cette terre qui participa pour large partie au développement de l'appareil militaire lors de la Seconde Guerre mondiale, où furent installées les usines de fabrication des bombardiers produits par Douglas et Lockheed, et où furent conçus des systèmes électroniques destinés à l'armée américaine, plus tard introduits dans le civil. Cette terre qui regorge d'investisseurs, les *venture capitalists* et autres *business angels* finançant la création de start-up ou la croissance des entreprises grâce à la pratique généralisée du capital-risque. Cette terre qui favorise les partenariats autant qu'elle stimule l'émulation entre l'ensemble de ses forces. Cette terre, enfin, qui a fait de l'entrepreneuriat et de l'innovation technologique le cœur de sa vie.

L'Amérique, dès son origine, incarne un mythe. Celui fondé sur la promesse du salut. Elle a représenté la nouvelle Terre promise, la lumière du monde, attirant au cours du XIXe siècle les indigents, les êtres brisés par le destin autant que les ambitieux rêvant de fortune et de gloire. Tous ceux ne voulant pas se résigner à l'étroitesse incontournable du réel et espérant élargir leur perspective de vie. Elle relevait d'une autre ontologie, celle d'une existence moins soumise aux lois terrestres, portant l'imaginaire de tous les possibles sensibles dans ses espaces sauvages et infinis. Ceux au sein desquels la diligence de *La Chevauchée fantastique* (John Ford, 1939) transportait des exclus de tous genres, décidés à fuir leur passé interlope et à vivre ailleurs, malgré la dureté du trajet et l'hostilité du milieu.

C'est le croisement entre ces énergies humaines débordantes, un régime politique érigeant le droit à la propriété privée comme un axiome juridique cardinal, et les ressources naturelles d'une terre riche et gigantesque, qui a fondé la puissance d'une nation. Celle qui voyait à l'aube du XXe siècle des gratte-ciel surgir du sol de New York, celle de l'efficacité managériale et productive des usines Ford, ou celle de la réussite du cinéma hollywoodien et de son écho mondial. Elle confirma plus tard, lors de la victoire de 1945, son extrême puissance, qui ensuite ne cessa de se développer au cours des années 1950 et 1960, fascinant tant de pays et d'esprits par son ampleur et un mode de vie qui suscitait presque partout un même attrait.

Mais cette épopée légendaire s'interrompit. Le colosse découvrit que ses pieds étaient faits d'une argile se fissurant dans les marais du Vietnam, dans un conflit sans fin et ruineux qui voyait ses enfants mourir sans raison et si loin de leur pays, le minant de l'intérieur et ternissant son prestige aux yeux du reste du monde. Tragique épisode qui se télescopa à la crise du pétrole de 1973, inaugurant une longue et profonde crise économique et industrielle. Et qui fut précédée de violents heurts sociaux, notamment les émeutes du quartier de Watts à Los Angeles en 1965. Autant de troubles qui ébranlèrent la confiance dans les institutions politiques, jusqu'au point culminant de l'affaire du Watergate et la démission forcée de Richard Nixon en 1974.

En 1980, le slogan de Ronald Reagan lors de la campagne des élections présidentielles proclamait : *Let's make America great again*. Dans les faits, ce vœu ne se réalisa pas immédiatement, mais s'instaurera un ordre économique fondé sur la dérégulation prônée par Milton Friedman et les *Chicago Boys*, puissamment porté par la Maison Blanche, et qui allait préparer un retour fracassant de l'Amérique, mais seulement plus d'une décennie plus tard.

Depuis le milieu des années 1990, et plus que jamais aujourd'hui, le mythe est ressuscité. Il ne porte plus exactement sur le même objet – la grandeur de la nation américaine –, mais sur une de ses régions – la plus prospère et la plus riche –, sur son État majeur parmi les cinquante qui composent le pays : la Californie. Et plus précisément, sur sa métropole du nord : San Francisco et sa conurbation, la *Bay Area*. Car c'est tout autant le mythe de San Francisco qui est de retour, celui qui, à partir du milieu du XIXe siècle, représentait, dans l'imaginaire national, l'horizon ultime, le *last stop*, l'Ouest providentiel d'une Amérique rédemptrice et salvatrice.

IF YOU'RE GOING TO SAN FRANCISCO

La ville a été fondée par des pionniers, par des individus voulant définitivement fuir leur passé, avides de se racheter, de s'enrichir et de se forger un avenir sur une terre encore vierge située à l'extrême pointe de l'Occident. San Francisco naquit lors de la ruée vers l'or de centaines de milliers d'âmes obstinées qui, à partir de 1848, se mirent en quête du précieux métal dans les sous-sols de la région. On l'appelait la *Golden Gate*, bien avant qu'un majestueux pont suspendu, futur emblème de la ville, ne soit ainsi nommé. « Porte de l'Or », car il était dit qu'en la franchissant on « pénétrait au pays de l'or ». Un siècle plus tard, Sal Paradise et Dean Moriarty, les deux protagonistes de *Sur la route* de Jack Kerouac (1957), visaient comme destination finale de leur pérégrination la même ville de San Francisco. Le livre participa pour partie de l'émergence d'un imaginaire contre-culturel, dont la cité constitua l'embryon originel, devenant vite un foyer mondial de la contestation politique et sociale et d'expérimentations de toutes sortes.

Au tournant des années 1960, ses rues se mirent à vibrer aux rythmes pop et psychédéliques, ou à ceux de la voix brisée et lyrique de Janis Joplin célébrant le *Summertime*, l'été ensoleillé porteur de tous les espoirs de délivrance : « *One of these mornings*

/ You're gonna rise, rise up singing / You're gonna spread your wings» (Un de ces matins / Tu te lèveras, tu te lèveras en chantant / Tu déploieras tes ailes). C'est cette aspiration à s'affranchir des normes et à instaurer d'autres styles de vie qui animait la ville et le campus de Berkeley. Esprit libertaire à l'œuvre de façon multiforme qui fera affluer de partout de jeunes âmes en quête de postures plus «authentiques», à l'écart d'une Amérique qui semblait alors figée dans les valeurs étroites du travail, de la famille et de la consommation. «*If you're going to San Francisco / Be sure to wear some flowers in your hair / If you're going to San Francisco / You're gonna meet some gentle people there*» (Si tu vas à San Francisco / Prends soin de porter quelques fleurs dans tes cheveux / Si tu vas à San Francisco / Tu y rencontreras de belles personnes).

Période de *sit-in*, de débats, d'expériences communautaires, de fêtes hédonistes shootées au LSD, d'exaltation sensorielle et sexuelle, inspirant par ricochet l'ensemble du pays et bien d'autres territoires qui virent l'éclosion de printemps rebelles ou solaires de par le monde. Revendications et luttes qui permirent des avancées politiques et sociales, dont l'extension des droits civiques bénéficiant notamment à la minorité noire, autant qu'elles contribuèrent à davantage inscrire la société civile dans la vie démocratique. Mais cette libre expression du désir dut prendre fin, elle se fracassa contre les réalités et les nécessités de la vie quotidienne, autant que contre les implacables pouvoirs politiques et économiques qui jamais n'envisagèrent de trop lui concéder, entendant *in fine* maintenir l'ordre de leurs lois. Au tournant des années 1970, le souffle utopique et le rêve de «changer la vie» s'épuisèrent peu à peu, et c'est alors une trajectoire moins enchanteresse et plus froide qui prendra le relais et prévaudra.

Celle qui privilégiera l'initiative entrepreneuriale, s'engageant dans le nouveau continent de l'*informatique personnelle* qui, malgré son nom et sa dimension individualiste contenue dans l'expression même, affirmait œuvrer à la réalisation des mêmes aspirations, mais de façon bien plus pragmatique. Dans les faits, elle renouait les liens avec l'atavisme du pays, le seul qui corresponde au gène fondamental de l'esprit américain : l'utilitarisme libertaire. C'est sur cette même terre de Californie du Nord qu'émergèrent presque aussitôt quelques figures pleines d'« audace », décidées à inventer, coûte que coûte, le futur, et qui par la grâce de leur « clairvoyance visionnaire » et de leurs machines sommaires, sidérèrent les foules qui venaient d'ôter les fleurs de leurs chevelures, et allaient les élever au rang de « prophètes émancipateurs ».

Aujourd'hui, ce sont les enfants, et bien davantage les petits-enfants, réels ou symboliques, du *Flower Power* et du *Summer of Love* qui déclarent renouer avec l'héritage iconoclaste, contre-culturel ou « disruptif » – dit-on de nos jours dans la Vallée. Et qui, en vérité, s'inscrivent plus exactement dans la lignée de la ruée vers la *Golden Gate*, rêvant tout autant de pépites d'or, mais faites d'une autre substance, tramée d'équations mathématiques, de serveurs et de systèmes « intelligents ». San Francisco s'engage à nouveau dans une période épique, par la volonté de « pionniers », mais d'un tout autre genre, non plus corps en sueur misant leur vie sur la chance et aspirant à la rédemption, mais individus mus par l'ambition de profiter sans retenue des profits virtuellement infinis offerts par les technologies numériques.

Et qui ne revêtent plus les atours d'inventeurs chevelus, mal rasés, portant des pulls en col V et voulant augmenter la « puissance d'agir » des personnes à l'aide de leurs appareils rudimentaires. Mais par des imberbes ou des super-héros équipés de *hoodies* et de Reebok, déclarant en boucle vouloir œuvrer au « bien de l'humanité » grâce à leurs applications miraculeuses destinées à « augmenter » chaque séquence de nos quotidiens.

La Silicon Valley, c'est la nouvelle Amérique de notre temps, le sacre planétaire de la Californie – le « *Golden State* » –, non pas celle d'Hollywood, du glamour, du simulacre et du stuc, de Disneyland et de la frivolité, de la pollution automobile ou de la violence de ses quartiers déshérités. Mais celle d'un urbanisme à taille humaine, ayant su préserver son héritage architectural, sensible dans ses *Cable Cars* vintage donnant à ses rues une atmosphère conviviale de carte postale, celle de sa communauté gay emblématique de son esprit historique de « tolérance », ou celle de ses maisons colorées postées sur ses collines et bénéficiant de l'air revigorant de l'océan. Aujourd'hui, San Francisco est orné d'une nouvelle aura, grâce aux milliers de start-up qu'elle abrite et qui ne cessent de se démultiplier, contribuant à revivifier cette « ambiance bon enfant ». Ces nouveaux foyers d'utopie qui entendent « inventer le futur » incarnent l'éternelle jeunesse du capitalisme et insufflent une cure de jouvence au monde, en déployant un modèle économique fondé sur l'« agilité », le « collaboratif », l'« apport créatif de chacun » et en faisant miroiter la promesse de ressources financières intarissables.

Ce modèle, c'est celui qui est à l'œuvre en cette fin de deuxième décennie du XXIe siècle, porté par le franchissement d'une nouvelle étape dans l'histoire continuellement évolutive des systèmes computationnels, aujourd'hui marquée par le croisement d'un double processus. La génération exponentielle de données, particulièrement favorisée par la dissémination actuellement en cours et tous azimuts de capteurs, et la sophistication sans cesse croissante de l'intelligence artificielle. La Silicon Valley a non seulement participé dès l'origine au développement du calcul automatisé, manifeste dans son nom – le silicium, élément chimique semi-conducteur essentiel aux composants électroniques –, mais ce qui encore la caractérise, c'est qu'elle a toujours su garder une ou plusieurs longueurs d'avance. Car c'est elle qui comprit avant tous les autres, vers le milieu de la première décennie du nouveau siècle, que l'économie du présent et de l'avenir serait celle de l'*accompagnement algorithmique de la vie*, destiné à offrir à chaque être ou entité, et à tout instant, le meilleur des mondes.

L'ÉCONOMIE DE LA DONNÉE : UN ELDORADO INFINI

Désormais, le monde génère une copie sans cesse plus fidèle de lui-même. Ses états se trouvent dupliqués et détaillés en code binaire, témoignant en temps réel de situations toujours plus nombreuses et variées. Les phénomènes du réel sont saisis à la source et aussitôt mesurés, ouvrant un horizon virtuellement infini de fonctionnalités. L'extension de capteurs sur nos surfaces corporelles, domestiques et professionnelles, croisée à la puissance de l'intelligence artificielle, constitue l'horizon industriel majeur de notre époque et de la troisième décennie du XXIe siècle. Il n'y a pas de limite à la mise en données du monde et aux usages qui pourront être conçus : « Y a-t-il rien de plus parfumé, de plus pétillant, de plus enivrant que le possible ? » (Søren Kierkegaard). Nous vivons le temps euphorique d'une économie numérique en plein épanouissement, appelée à monétiser chaque occurrence spatiotemporelle singulière. Car ce qui est nommé « économie de la donnée » – s'appliquant à terme à tous les phénomènes du monde et de la vie – est inépuisable. C'est le constat des limites structurelles de la croissance que balaie avec insolence ce modèle, et qui participe de l'enthousiasme planétaire à son égard.

Cette impression d'ouverture infinie est encore indissociable de l'essence du numérique qui suppose des jeux combinatoires illimités, liés à l'augmentation exponentielle des puissances de stockage et de traitement, et à la variété croissante des types de données disponibles. C'est ici que la logique computationnelle contemporaine se croise ou se confond avec la logique propre du libéralisme, qui aspire sans fin à la conquête de nouveaux marchés, à arpenter un « Ouest » indéfiniment repoussé. Velléité « naturelle » aujourd'hui exaltée comme jamais, faisant muer le régime libéral en un *technolibéralisme* qui réalise son aspiration ultime : celle de n'être entravé par aucune limite et de n'être exclu d'aucun domaine. L'économie de la donnée aspire à faire de tout geste, souffle, relation, une occasion de profit, entendant ne concéder aucun espace vacant, cherchant à s'adosser à chaque instant de la vie, à se confondre avec la vie tout entière. L'économie de la donnée, c'est l'économie intégrale de la vie intégrale.

« Ce serait être fou de n'être pas fou » (Pascal, *Pensées*), face à l'étendue des potentialités en germe, de ne pas succomber au vertige suscité par ce puits sans fond. Les chercheurs d'or de notre temps se prosternent devant cette perspective miraculeuse, entendant bâtir leur propre *Golden Gate* qui les fera accéder à l'eldorado d'un marché global et synchrone. « Portes d'or » qui désormais pullulent sur les cinq continents ; chaque pays ambitionnant de reprendre ce modèle, rêvant d'un destin glorieux de « *start-up nation* ».

L'ESPRIT DE LA SILICON VALLEY

La Silicon Valley ne renvoie plus seulement à un territoire, au foyer ardent du libéralisme numérique, elle a également généré un esprit : ce que je nomme « l'Esprit de la Silicon Valley », qui incarne la vérité économico-entrepreneuriale de l'époque, de partout intégrée et intériorisée, et qu'il s'agit de réaliser en acte. Il existe un *Zeitgeist*, un «air du temps», qui pousse à implanter sur de nombreux points du globe des «*valleys*», voulant plus ou moins se rapprocher de l'originale selon les moyens localement disponibles. Nouvelle *doxa*, non seulement économique, mais également politique, qui voit une brusque intensification de l'alliance à l'œuvre depuis les années 1980 entre les secteurs privé et public, aujourd'hui mus par des intérêts hautement convergents, cherchant à concrétiser massivement et dans les meilleurs délais cette ambition industrielle et infrastructurelle.

Objectif rendu possible en sautant certaines étapes par lesquelles avait patiemment procédé la Silicon Valley. Dorénavant, la technologie, la compétence des ingénieurs et les soutiens financiers sont quasiment à la portée de tous. Chaque initiative aura besoin de personnel qualifié et d'une architecture système dont disposent toutes les grandes entreprises, soit en interne, soit en faisant appel à des prestataires extérieurs. Celles naissantes pourront être soutenues au sein d'«accélérateurs de start-up» et bénéficier d'une assistance logistique, ainsi que de fonds *via* des capital-risqueurs. Environnement qui induit une récente forme de facilité entrepreneuriale qui favorise l'expansion du phénomène. Le désir autrefois fasciné de Silicon Valley s'est transformé en une aspiration non dissimulée à dupliquer concrètement le modèle – non pas l'ensemble de ses infrastructures, dont certaines, universitaires et militaires notamment, remontent à une longue histoire, mais son «cœur de métier» contemporain, soit la monétisation tous azimuts du témoignage de la vie *via* la donnée.

Il est révolu le temps où l'on devait garder ses envies pour soi, rivé dans la conscience de sa médiocrité. C'était ainsi, avec une secrète jalousie, que le monde dans sa large majorité, du moins le monde occidental, et les responsables économiques en particulier, percevaient l'Amérique de l'après-guerre jusqu'au début des années 1970, comme le parangon d'un capitalisme couronné de succès. Modèle qui forçait l'admiration, qu'on cherchait souvent à imiter, mais de façon nécessairement partielle, entendu que sa pleine mesure restait hors de portée.

Maintenant, cette longue frustration s'achève, c'est le temps de la revanche. « L'Amérique entière est devenue californienne[1] », écrivait Jean Baudrillard en 1986. Aujourd'hui, c'est la Terre entière qui, à grands pas, devient californienne – *siliconienne*, plus précisément. Une nouvelle ruée vers l'or s'ouvre à tous, mais cette fois-ci sur le territoire de chacun, sa « propre Californie en puissance », et personne n'entend « rater le train[2] ». Cette aspiration fait tourner les têtes, allant jusqu'à vouloir égaler le maître, voire le dépasser. Il faut saisir la part émotive et psychologique qui se joue ici. Un volontarisme mêlant ressentiment et admiration béate cherche à se défaire de ses frustrations passées et à bâtir avec vigueur le « rêve siliconien », chez soi, avec fierté et en mobilisant toutes ses forces.

LA SILICOLONISATION

Si la Silicon Valley fut depuis son origine attentive à des recherches et productions développées sur d'autres territoires, autant qu'ouverte à l'accueil de compétences exogènes, sa structure d'ensemble résulte d'une tradition propre. Celle qui a su aménager et consolider depuis de nombreuses décennies un environnement institutionnel et industriel apte à maintenir sa prépondérance dans le secteur des technologies de pointe et à soutenir son continuel essor. Son histoire est indissociable d'une solide architecture technoscientifique à nulle autre pareille, qui a généré un ethos singulier, le sien, celui de la Silicon Valley. Ethos qui dépend d'une généalogie particulière et qui est dorénavant érigé comme le référent planétaire majeur et ultime dont il faut s'inspirer.

Idée reçue globalisée qui perçoit ce schéma économique comme étant porteur de potentialités infinies et qui incarnerait en outre une forme lumineuse du capitalisme. Non plus fondée sur l'exploitation de la majorité de ses acteurs, mais sur des « vertus égalitaires », car offrant à tous, du « startupper visionnaire » au « collaborateur créatif », ou à « l'autoentrepreneur autonome », la possibilité de s'y raccorder « librement » et de s'y « épanouir ». Nous vivons un nouveau TINA (*there is no alternative*), non plus considéré comme un mal nécessaire, mais porté par une fascination considérant cette trajectoire comme étant non seulement vertueuse, mais naturellement inscrite dans le cours de l'histoire et figurant l'horizon indépassable de notre temps.

L'Esprit de la Silicon Valley engendre une colonisation – une *silicolonisation*. Une colonisation d'un nouveau genre, plus complexe et moins unilatérale que ses formes antérieures, car une de ses caractéristiques principales, c'est qu'elle ne se vit pas comme une violence subie, mais comme une aspiration ardemment souhaitée par ceux qui entendent s'y soumettre. Adhésion planétaire que n'a pas délibérément cherché à susciter la Silicon Valley, s'en accommodant en quelque sorte, voyant à la fois émerger une concurrence mondiale et l'élargissement bienvenu d'une logique qu'elle a inspirée, susceptible *in fine* d'amplifier davantage son rayon d'action. Dans les faits, elle n'a pas même eu besoin de livrer la « bataille des idées », selon les termes de Gramsci, elle s'est imposée sans effort par la seule force de son prestige et de ses réussites éclatantes.

Historiquement, la colonisation supposait des velléités agressives de domination visant à s'emparer par la force de territoires, et se confrontait à de farouches résistances ou emportait une collaboration intéressée. Elle procédait de l'imposition d'un ordre sur un ordre existant, visant l'exploitation des ressources naturelles et des énergies humaines en vue d'enrichir les forces conquérantes et leurs pays d'appartenance. Rien de cela ici, il s'agit d'une volonté endogène estimant que ce schéma économique et culturel revêt, au-delà de son foyer d'origine, une valeur universelle, devenue l'étalon de mesure de la vitalité économique des pays, et que, par l'évidence de sa vérité, il doit être importé et activement mis en œuvre.

Poussée « autocolonisatrice » qui est mue par deux moteurs conjoints. D'abord, par le prosélytisme d'acteurs qui, ayant mis à jour leur « système d'exploitation conceptuel » et touchés par la grâce, diffusent de toutes parts les préceptes de la « bible siliconienne ». Un puissant mouvement est à l'œuvre, manifeste dans l'expansion d'une *doxa* diffusée par les industriels, la majorité des économistes, les universités et grandes écoles, les agences de prospective, les *think tanks* et organes de pression de tous ordres, les théoriciens du management, ou encore les unes de magazines célébrant à tour de bras les startuppers qui « font bouger les lignes ». Le dogme « san-franciscain » est asséné dans les conférences TED à coups de slogans pouvant être « partagés » en cent quarante caractères, ou dans les grand-messes professionnelles, sous la forme de prédications prononcées par des « prêtres-experts » confirmant à l'aide de « *slides* » synthétiques et à coups de « retours d'expérience » la vérité de l'évangile siliconien.

Mais le cœur de ce suivisme, en sus de ces « ressorts naturels », c'est la classe politique qui l'encourage – et ce, au-delà du clivage gauche/droite, à l'intérieur d'un consensus social-libéral majoritairement à l'œuvre dans les démocraties –, convaincue qu'il « faut désormais se caler sur ce que fait la Silicon Valley[3] ». Élus et responsables d'administrations de l'État qui se situent, au même titre que les industriels, aux avant-postes de la silicolonisation du monde, et dont il est faux de dire qu'ils « seraient dépassés[4] », procédant à son institutionnalisation au sein d'entités de plus en plus nombreuses et variées du secteur public.

« *Self colonization* » des territoires ensuite, car depuis le milieu de la première décennie du XXIe siècle, la fascination ne se veut plus passive, mais se manifeste par des actions concrètes, par l'édification de *valleys* sur les cinq continents, sous la forme de parcs industriels et d'« incubateurs », destinés à favoriser la création de start-up, à fédérer les acteurs et à se raccrocher sans attendre au train de l'économie de la donnée. « Vallées de la connaissance » qui font dans la plupart des cas l'objet de « partenariats public/privé », suivant la nouvelle norme étatico-libérale d'aménagement des territoires. Ces « pôles de compétitivité » bénéficient de subventions accordées par les gouvernements ou les collectivités territoriales, et se trouvent parfois ornés de labels octroyés par des comités d'experts témoignant de l'importance de ces nouvelles causes nationales. Telle « La French Tech », qui entend rivaliser avec le puissant aigle de la Silicon Valley, exhibant comme logo un coq vermillon, apparemment généré par un logiciel d'images de synthèse qui daterait des années 1990, au regard perdu et dans une posture passablement figée et gauche. L'icône, au design suranné et d'une surprenante modestie, exprime-t-elle un aveu inconscient quant à l'impossibilité de véritablement rivaliser, malgré les intentions affichées, avec le modèle original ? Car le coq ne se transforme jamais en aigle, et c'est toujours ce dernier qui, à la fin de l'histoire, dévore sa chair et son âme. Sorte de leçon qui s'apparenterait à une fable de La Fontaine actualisée et qui pourrait être méditée.

La France, qui fut autrefois l'une des grandes puissances colonisatrices et qui sut difficilement se délivrer de ce péché, se soumet aujourd'hui avec entrain à un modèle qui contribue non seulement à altérer sa spécificité industrielle historique à la faveur du modèle siliconien, mais encore à défaire nombre d'acquis juridico-politiques, dont certains furent forgés par elle et qui inspirèrent le monde. On a beau croire que chaque pays possède sa propre identité, qu'il reconfigure les choses à sa manière, probablement est-ce inscrit dans le processus de colonisation que de concéder une « tonalité locale » à la norme hégémonique. Au-delà de phénomènes de surface, seule compte la structure majeure, celle qui, en l'occurrence, ignore les conceptions divergentes et potentiellement vertueuses, pour s'engager dans un schéma outrageusement unilatéral qui vise à réguler, aux seules fins de profit, le cours de la vie *via* des algorithmes.

C'est à une analyse de la « contagion des idées », ou à une « épidémiologie des représentations », pour reprendre les termes de Dan Sperber[5], qu'il convient de procéder. Soit l'examen de certains micro-mécanismes psychologiques qui, à force de s'enchevêtrer et de s'entretenir, engendrent des macro-phénomènes sociaux. Il faut saisir la part d'affect dans ce qui relève pour large part d'une croyance en une forme de salut à partir de vagues suppositions. C'est pourquoi les gourous de toute sorte représentent les nouvelles stars des conférences professionnelles, invités à faire valoir leur expertise au sein d'un contexte singulier mêlant incertitude quant à la viabilité du modèle et sentiment d'inéluctabilité quant à sa réalisation future. Eux offrent une caution à la foi, justifiant par la clairvoyance de leur « vision » la justesse de la conviction. Car ce qui caractérise l'économie du numérique, depuis l'avènement de ce qui avait été nommé « *net economy* » au milieu des années 1990 jusqu'à aujourd'hui, c'est que jamais un mouvement industriel ne s'était autant constitué sur des conjectures et des projections hasardeuses, plutôt que sur des réalités avérées et des résultats patents. Exercices de futurologie euphorisante qui précèdent les faits, nécessaires à la légitimation des initiatives, contribuant notamment à marginaliser tout contre-discours sceptique.

En cela, c'est encore un franchissement de seuil qui s'opère, qui voit un niveau d'enthousiasme s'apparenter à un mysticisme, ébloui par un Merlin l'enchanteur accoutré du costume de Superman nous délivrant des angoisses de l'époque. Il faudrait alors passer d'une *psychosociologie*[6] prônée par Gilbert Simondon – qui vise à saisir les composantes psychologiques qui influent sur les évolutions techniques, au-delà de leur cours à l'apparence « naturelle » –, à une *psychopathologie*, tant de la Silicon Valley elle-même que de ce désir de Silicon Valley, formant ensemble un nouveau syndrome à ranger dans les nouvelles maladies mentales de notre temps : le *psyliconisme*. On sait à quel point Frantz Fanon, penseur avisé et méthodique de la colonisation et des luttes décolonisatrices, également psychiatre de métier, a relié les phénomènes de colonisation et les pathologies psychiatriques, particulièrement par les formes de dessaisissement qu'elle induit. Analyse qui fait écho à une double forme de dessaisissement contemporain. Dessaisissement, d'abord, de notre pouvoir de délibération collective relativement à un phénomène qui se veut inévitable et qui s'impose dans une précipitation irréfléchie et fautive. Dessaisissement, ensuite, autrement plus déterminant, de l'autonomie de notre jugement, par le fait que le ressort majeur de ce modèle économique dépend de la neutralisation de la libre décision et de la spontanéité humaines.

AVEUGLEMENT SUR LE MODÈLE CIVILISATIONNEL

Car ce qui ce qui est occulté, par naïveté ou par cynisme, c'est qu'au-delà d'un modèle industriel, c'est un modèle civilisationnel qui s'instaure, fondé sur un accompagnement algorithmique tendanciellement continu de nos existences. Il est temps de saisir le fait qu'Internet ne constitue désormais qu'une part relative de l'environnement numérique, qu'il a débordé du strict cadre frontal de l'écran pour gagner progressivement tous les champs de la vie. Or, nous restons prisonniers de cette représentation, celle de « l'âge de l'accès » qui a caractérisé le « moment Internet » de l'histoire du numérique, qui nous procurait depuis nos terminaux des masses d'informations à un coût presque nul et facilitait les échanges communicationnels. Cet élargissement du champ de la perception et de certains registres de l'action a forgé notre mode d'appréciation de la Toile, suscitant un enthousiasme quasi généralisé compréhensible. Si « l'âge de l'accès » demeure et ne cesse de s'intensifier, une autre phase, depuis le début des années 2010, se développe en parallèle : « l'ère de la mesure de la vie ».

La nature du numérique se modifie, jusque-là structurée en vue de principalement assurer la gestion de données pour être maintenant dotée d'une aptitude interprétative et décisionnelle. Mutation massivement en cours, rendue possible par l'extrême sophistication de l'intelligence artificielle qui entraîne un renversement, de la relative maîtrise à observer des informations sur un écran, vers la licence concédée à des systèmes computationnels de suggérer des solutions ou d'engager des actions de façon autonome. Nous passons de fonctionnalités administratives, communicationnelles ou culturelles à une puissance de guidage algorithmique de nos quotidiens et d'organisation automatisée de nos sociétés. La vocation du numérique franchit un seuil, qui voit une extension sans commune mesure de ses prérogatives, octroyant un pouvoir hors-norme et asymétrique à ceux qui le façonnent.

C'est une *vision du monde* qui est à l'œuvre, fondée sur le postulat techno-idéologique de la déficience humaine fondamentale que les pouvoirs sans cesse variés et étendus affectés à l'intelligence artificielle vont être à même de combler. En cela, l'intelligence artificielle représente la plus grande puissance politique de l'histoire, appelée à personnifier une forme de *surmoi* à tout instant doué de l'intuition de vérité et orientant le cours de nos actions individuelles et collectives pour le meilleur des mondes. Dans les faits, il s'agit là d'un nihilisme technologique ou d'un antihumanisme radical. Car ce sont les principes fondateurs de l'humanisme européen, affirmant l'autonomie du jugement et le libre choix, et induisant leur corollaire, soit le principe de la responsabilité et le droit des sociétés à décider en commun de leur destin, que l'esprit de la Silicon Valley a détruit en l'espace d'une génération et à une vitesse exponentielle.

Thomas Kuhn, dans son ouvrage sur les révolutions scientifiques[7], distingue différents régimes qui séparent les évolutions, voire les révolutions, scientifiques et politiques, à l'écart de tout effet causal direct et immédiat. Désormais, « l'innovation » numérique, cette nouvelle idole de notre temps, modifie et façonne selon sa mesure et sans débat public le cadre de la cognition, mais surtout celui de l'action humaine, ou de ce qu'il en reste. Mouvement industriel qui affaiblit la possibilité de l'action politique, entendue comme l'implication volontaire et *a priori* libre des individus à contribuer à l'édification du bien commun.

Nous vivons le temps des catastrophes, que l'on imagine en partie contenir grâce au mirage d'un horizon salvateur, sans saisir que nous vivons d'ores et déjà une catastrophe majeure, progressive, évolutive, gagnant la Terre entière, et qui de surcroît n'en a pas l'allure, tout le contraire même, et qui conduit au brusque démantèlement de nombre d'acquis juridico-politiques. Ceux édifiés sur les pouvoirs de l'entendement humain, la capacité de décision, le droit fondamental à la contradiction et celui plus informel de la préservation de la part sensible qui nous constitue. Norbert Elias évoquait un effondrement de la civilisation durant le nazisme. Aujourd'hui, il se produit des processus de « décivilisation » actionnés par un rassemblement de forces qu'il faut savoir identifier.

Une singulière alliance se noue entre la pointe avancée de la recherche technoscientifique, le capitalisme le plus aventureux et conquérant, et des gouvernements sociaux-libéraux qui voient dans l'algorithmisation des sociétés l'occasion historique de parfaitement répondre au cœur de leur « projet » : celui d'une « administration optimisée des choses » (Saint-Simon). La vérité, c'est que les responsables politiques, toutes tendances confondues, pressés par un puissant lobbying mené par le monde numérico-industriel qui assène des discours laissant entrevoir des solutions expéditives et miraculeuses, se rangent au dogme de l'économie de la donnée, qu'il s'agit dans une forme de précipitation et par tous les moyens de soutenir. Dans la mesure où elle est – à tort – perçue comme pouvant répondre aux deux critères majeurs qui, aujourd'hui, conditionnent la réélection : la croissance et l'emploi. Au nom de ces deux impératifs catégoriques, les conséquences civilisationnelles ne sont pas à ranger au rayon des priorités, on laissera cela à de stériles débats publics ou à quelques philosophes anxieux. Cette collusion coupable – cette soumission, plutôt – institue la classe politique comme le vecteur majeur de la silicolonisation actuellement en cours, qui témoigne plus largement de l'absorption sans cesse croissante de la *res publica* par le secteur privé et du triomphe d'une forme extrême du libéralisme : le *technolibéralisme*, désormais libre d'agir sans entraves et comme bon lui semble.

Alignement entre le technique, l'économique et le politique vers un même point d'horizon, dont profite à plein un groupe relativement restreint de personnes qui détiennent un pouvoir démesuré sur un nombre sans cesse étendu de nos activités, dont certaines relèvent du domaine régalien, telles l'éducation ou la santé, et qui entendent instaurer une marchandisation intégrale de la vie et façonner le monde à partir de leurs seuls intérêts. Et ce, sans être confrontés à de franches contradictions et oppositions. Comment un tel aveuglement a-t-il été rendu possible ? Probablement que ce déficit de conscience relève d'une forme d'enthousiasme béat, d'ignorance, de cynisme, mais aussi de passivité des citoyens. Nous vivons un moment critique. Car c'est maintenant, et durant la troisième décennie du XXIe siècle, qu'il est manifeste que se jouera, soit le développement frénétique d'« innovations » capitalisant sur le moindre de nos souffles, soit la manifestation de salutaires contestations et l'émergence d'autres modalités d'existence pleinement soucieuses du respect de l'intégrité humaine et entendant se soustraire à la prédation siliconienne et à son emprise totalisante.

IMPÉRATIF CRITIQUE

Puisque nous vivons un moment hautement critique, c'est une impérieuse critique de cet environnement que nous devons engager. L'historien Howard Zinn avait relevé, dans le contexte spécifique américain, que « l'histoire avait été écrite par les vainqueurs et les dominants [8] », mais le présent est autant écrit – dans tous les sens du terme – par la *doxa* dominante, qui impose un régime de vérité invalidant ou excluant tout énoncé divergent. Mécanismes de délégitimation *a priori* de toute discordance, que Michel Foucault s'était efforcé d'analyser : « Il s'agirait de savoir si la volonté de vérité n'exerce pas, par rapport au discours, un rôle d'exclusion analogue à celui que peut jouer l'opposition de la folie et de la raison, ou le système des interdits [9]. » À cet enrégimentement forcé, il convient d'opposer des contre-expertises et des contre-discours qui, eux, ne s'exercent ni ne s'expriment en fonction d'intérêts particuliers et qui s'efforcent de saisir les multiples processus à l'œuvre favorisant l'expansion d'un ordre techno-économique et culturel restrictif et borné.

Il est temps de ne plus isoler les productions techniques, de ne plus seulement identifier leurs caractéristiques ou de constater qu'elles sont plus que jamais devenues des vecteurs majeurs de transformation de nos sociétés, mais de les inscrire dans un large contexte prenant en compte la pluralité des forces et des facteurs qui déterminent leur nature et leurs évolutions. Il faudrait dorénavant éviter de se focaliser sur la seule technique envisagée comme une entité propre, suivant une polarisation qui conduit non seulement à surévaluer les phénomènes, mais surtout à les détacher de leurs ramifications économiques, politiques, voire émotionnelles. On a trop tenu le champ technique comme un continent séparé, et ce davantage depuis le développement des technologies numériques ; on s'est laissé aller à parler du « numérique », comme s'il s'agissait d'un corps dissocié, on l'a substantialisé, probablement tant par fascination que par déficience conceptuelle.

Le numérique, ça n'existe pas, entendu comme un « être » situé à distance de ses conditions de formation, conformément à une sorte d'essentialisme envoûté. La vérité, c'est qu'il existe des procédés et des systèmes dont la nature et les fonctionnalités sont aujourd'hui moins conditionnées par des recherches scientifiques que par des ambitions industrielles. Il se produit un niveau de raccordement inédit entre le technique et l'économique, prenant la forme d'une emprise quasi absolue de l'économique sur le technique. Mutation qui renverse l'ordre autrefois existant. Celui qui voyait des inventions de chercheurs et d'ingénieurs – protégées depuis le dépôt des brevets – être éventuellement reprises dans un second temps par l'industrie.

Désormais, les axes d'innovation sont dictés par les projections des bureaux de tendances, les études de marché ou les analyses marketing, qui généreront éventuellement de nouveaux biens ou services élaborés en interne ou en externe par des ingénieurs soumis à la commande du monde numérico-industriel, qui se chargera lui-même de les breveter.

Surdétermination qui invalide plus que jamais tout postulat illusoire alléguant une supposée « neutralité » de la *technè*. Et qui invalide également tout dogme pharmacologique prétendant une ambivalence fondamentale de la technique – qui pouvait éventuellement revêtir une pertinence et supposer une licence d'action relativement à des outils historiques, mais qui se dissout lorsqu'il est confronté à des productions définies par des intentions qui, *de facto*, restreignent le spectre de leurs fonctionnalités. C'est dire la part de l'économique dans notre anthropologie contemporaine, pas seulement parce qu'il fixe toujours plus fermement le cadre de l'action et de la perception, mais parce qu'il ordonne dorénavant de façon quasi exclusive la nature du monde artéfactuel qui nous environne.

Jacques Ellul a probablement surestimé le principe d'un « auto-accroissement » de la technique, entendu comme un mouvement d'excroissance autonome : « La technique est autonome. […] Elle l'est d'abord à l'égard de l'économie ou de la politique[10]. » Ellul, à qui je dois, fut un penseur majeur du fait technique, il ne l'a pas surévalué, au contraire, il a su saisir la portée de son influence sur nos sociétés et nos modes de vie, mais il n'a pas assez accordé d'attention à l'origine de ses développements déterminée par des intérêts de tous ordres. Certes, cette soumission du scientifique à l'entrepreneur, cette subordination financière qui, aujourd'hui, constitue un fait décisif, n'étaient pas encore à l'œuvre selon cette mesure au moment de la parution de son livre *La Technique ou l'Enjeu du siècle* en

1954. Jusqu'au milieu du XXe siècle, les productions techniques dépendaient de « deux corps du roi » en quelque sorte, composés d'un côté par le scientifique ou l'ingénieur, et de l'autre par l'entrepreneur, chacun agissant à plus ou moins grande distance et selon des temporalités distinctes. Disjonctions qui depuis n'ont cessé de s'atténuer, jusqu'à opérer une fusion au sein du même corps entre l'ingénieur et l'entrepreneur – « l'ingénieur/entrepreneur », dont Mark Zuckerberg représenterait le parangon – témoignant d'une intrication aujourd'hui indissociable et qui aurait pour nom l'*économico-numérique.*

La thèse de l'autonomie de la technique est erronée, en revanche nous assistons à une autonomisation de nombre de processus économico-politiques qui autorise certaines évolutions technologiques produisant des effets sans cesse plus prégnants sur nos existences. Dans les faits, il s'opère une croissante et inquiétante *autonomisation du technolibéralisme entérinée par le social-libéralisme.*

Ces dernières années, nous avons beaucoup examiné les algorithmes, probablement avons-nous accordé trop d'importance à la mécanique dans ses détails, aux suites d'équations qui orientent toujours plus profondément nos gestes, sans considérer dans le même temps la cartographie des jeux de pouvoir et d'influence qui se déroulent sur un plan d'ensemble. Il convient de lever le nez du guidon, et d'analyser les processus par lesquels le technopouvoir cherche à administrer tous les secteurs de la société, à développer une « industrie de la vie », en bénéficiant de nombreux soutiens, prioritairement celui de la classe politique. Cette complicité active, indifférente à l'assentiment en pleine conscience des citoyens, représente un affront démocratique qui appelle tant l'analyse critique que la mobilisation et la confrontation.

J'ai beaucoup analysé les systèmes techniques, leur structure et leurs effets, non pas que je renonce ici à cette entreprise, mais je l'adjoins à une contextualisation élargie. Car il s'agit de renouveler les modes d'approche, d'explorer des dimensions insuffisamment interrogées pourtant déterminantes, tels les généalogies idéologiques, l'opacité structurelle du computationnel, la fabrication des représentations, l'irrationalité de certains processus de décision, la passion du profit, les conflits d'intérêts, les facteurs psychologiques. Ludwig Wittgenstein estimait que logique et éthique sont liées. C'est cette vérité qu'il convient de faire valoir, et ce à trois titres.

D'abord, en sachant voir que les logiques technico-économiques majoritairement à l'œuvre sont contraires à l'éthique, dans la mesure où elles visent une emprise totale, voulant soumettre tous les gestes à des résultats d'équations, d'après un principe qui constitue une offense à l'intégrité humaine. Ensuite, en adoptant des logiques rigoureuses d'analyse cherchant à clarifier les situations et enjeux, entendu que ce positionnement relève de l'éthique puisqu'il oppose une logique fondée sur un effort de la raison et s'appuyant sur des critères de juste mesure, à l'ambition d'une rationalisation extrême portée par une volonté de maîtrise absolue et démesurée des choses. Enfin, en favorisant l'émergence d'autres logiques qui refusent de se soumettre à un strict utilitarisme et entendent affirmer la pluralité possible des modes de vie. Ce sont ces exigences qui portent une dimension éthique, et non pas la vague aspiration à concevoir des technologies dites « éthiques », qui correspond à une conception absurde des choses.

A-t-on jamais vu une technologie éthique ? Un scanner médical n'est porteur d'aucune dimension éthique, il répond à une fonction jugée nécessaire et c'est parfait ainsi. Ce n'est pas non plus dans les usages que se logerait l'éthique. Façon de se décharger sur les individus en espérant qu'ils corrigent eux-mêmes les systèmes. En l'occurrence, c'est dans la seule capacité à pouvoir nous déterminer librement à l'égard des formations technico-économiques que réside l'éthique, ni plus ni moins. En ce sens, c'est précisément de notre aptitude éthique dont nous avons été massivement dessaisis depuis une vingtaine d'années, dominés par la fascination et privilégiant notre souci de confort à l'impératif pleinement éthique à faire valoir en acte une vertueuse politique de nous-mêmes.

Désormais, je me considère pour partie comme un « auteur lanceur d'alerte ». Non pas en divulguant des faits répréhensibles demeurant masqués et qui appelleraient par leur gravité à être révélés, mais en m'efforçant d'identifier et de rassembler les multiples signes épars et convergents qui témoignent d'un recul insensible de certains acquis démocratiques autant que d'offenses infligées à la dignité humaine. Ou encore comme un « écrivain politique », selon la belle expression de George Orwell, mais en y adjoignant une épithète à laquelle je tiens : celle de « formaliste ». Soit un souci de précision, de clarté et d'élégance de la langue qui s'oppose à la rhétorique vulgaire colportée par le monde numérico-industriel et ses suppôts, faite d'expressions à l'emporte-pièce et de slogans, forme de *novlangue siliconienne* partout pratiquée. Façon de « parler contre les paroles [11] » comme l'écrivait Francis Ponge, poète des « choses mêmes » et de la pleine présence aux phénomènes, que le verbe peut restituer afin d'être livré à autrui.

Car c'est un net partage qu'il faut aujourd'hui savoir dessiner. Entre, d'un côté, ceux qui participent, d'une façon ou d'une autre, délibérément ou non, de la généralisation et de la banalisation d'un mode d'être éminemment restrictif et supposé incarner l'avenir. Et, d'un autre côté, ceux qui entendent rester à l'écoute des traces mémorables léguées par le passé, à même d'inspirer l'*invention de quotidiens* célébrant la complexité irréductible et indéfinie du monde et des êtres. Ce sont ceux-là qui se situent dans le présent et l'avenir, et non pas ceux qui rêvent d'un «avenir régressif», destiné *in fine* à seulement satisfaire leurs propres intérêts étriqués et bornés. La posture coupable serait de ne pas nommer la désolation et de ne pas œuvrer positivement à la fabrication d'instruments de compréhension et d'action, portant des germes d'espérance. Ce livre entend tracer les lignes de partage et fournir des armes pour les déplacer.

I

–

GENÈSE ET ESSOR DE LA SILICON VALLEY : DES GRATEFUL DEAD À GOOGLE X

—1
LA GÉNÉALOGIE CONTRE-CULTURELLE DU TECHNOLIBÉRALISME

Le 18 juin 1967, Jimi Hendrix, alors quasi inconnu, interprète le solo *Hey Joe* en grattant les cordes de sa guitare avec les dents, la faisant ensuite passer dans son dos tout en continuant à jouer le morceau. Geste qui sidéra le public et produisit un faisceau de sonorités inouïes. L'homme, qui portait déjà l'une de ses tenues pop flashy bientôt légendaires et un bandeau de Comanche enserrant sa coiffure afro, conclut son premier concert sur le sol américain par une reprise en version électrique de *Wild Thing* de Chip Taylor, en s'agenouillant et mimant l'acte sexuel avec son instrument, l'aspergeant ensuite d'essence à briquet, pour finir par l'incendier et le fracasser contre le sol et la sono. Moment phare, parmi d'autres, du premier Monterey Pop Festival organisé par les Mamas & the Papas, auteurs du tube planétaire *California Dreamin'*, où se produisirent notamment Simon & Garfunkel, The Byrds, Ravi Shankar, les Who, Janis Joplin, Otis Redding, Jefferson Airplane… Manifestation inaugurant en fanfare le *Summer of Love*, qui formalisait l'aspiration récente à vivre le «dérèglement de tous les sens» (Rimbaud), sensible dans la formule: *Sex, Drug and Rock'n'roll.*

Exaltation sensorielle qui exprimait le désir de s'engager dans d'autres modes d'existence, affirmant le refus des normes sclérosées héritées de la société américaine des années 1950, celle d'Eisenhower, fondées sur la famille, le travail et la consommation: «L'époque était au gris, au froid silence. Mais dans les *coffeehouses* de North Beach, poètes et amis ressentaient comme une atmosphère de libération... Nous faisions renaître le corps, avec la voix en tant qu'extension de ce corps[1]. » Velléités contestatrices et rêves de nouveaux horizons qui avaient été auparavant formulés par les *protest singers* et leurs « chansons à texte », à connotation généralement libertaire telles celles de Woody Guthrie. Ou par les écrivains new-yorkais de la Beat Generation, Jack Kerouac, William Burroughs, Allen Ginsberg, Gregory Corso, qui, une décennie avant le festival de Monterey, avaient cherché à expérimenter d'autres styles de vie, à l'écart des standards étriqués de l'*American Way of Life*.

Le 13 octobre 1955, Allen Ginsberg, alors âgé de 28 ans et récemment établi à San Francisco, lut à la galerie Six sur Filmore Street son poème épique *Howl*, qui narre le quotidien d'individus se situant volontairement à la marge, usant d'amphétamines, enchaînant les expériences sexuelles et célébrant les vertus de l'amour, de l'amitié et de la paix. Ode à l'affranchissement de soi et à l'intensité de la vie qui eut par la suite un effet retentissant. « San Francisco, c'était la ville où les Beats s'étaient installés, où Neal et Carolyn Cassady s'étaient mis en ménage avec Kerouac, où Ginsberg avait écrit *Howl*, où Ferlinghetti avait ouvert City Lights, sa librairie. Frisco, c'était la destination finale de *Sur la route* ; Bon Dieu : alors que demander de plus[2] ? » Les Beats s'inspiraient de la culture afro-américaine, notamment du rythme bop de Charlie Parker. Manière d'affirmer leur attrait pour une tradition minoritaire, ainsi que leur rejet de la société et des institutions américaines dominées par les « Blancs ». Chacun d'entre eux affirmait vouloir devenir un « Nègre blanc », conformément à l'expression conçue par Norman Mailer dans *The White Negro : Superficial Reflections on the Hipster* (1957). Postures parmi d'autres qui participèrent de la constitution progressive d'un large mouvement qui allait inaugurer un nouveau terme : la *contre-culture*, soit un « ensemble foncièrement instable d'attitudes, de tendances, de gestes, de "styles de vie", d'idéaux, de visions, de plaisirs hédonistes, de moralismes, de négations et d'affirmations[3]. »

Aspirations hédonistes et contestataires qui pouvaient prendre des formes plus explicitement politiques, manifestes dans l'avènement de la Nouvelle Gauche théorisée par Charles Wright Mills dans son livre publié en 1959, *L'Imagination sociologique*[4]. Ouvrage qui rencontra un large écho et en appelait à la constitution d'une gauche moderne –nouvelle– qui aurait renoncé tant à l'orthodoxie dogmatique du communisme qu'à la frilosité et à l'atonie de la gauche traditionnelle. Le texte entendait renouer avec la tradition libertaire utopiste et l'actualiser sous la forme d'un pragmatisme volontariste, œuvrant à la réalisation d'actions sociales concrètes impliquant la libre participation des individus et la prise de décision en commun. Projet de société dont voulurent se saisir notamment les « radicaux de la *Bay Area* », en s'engageant dans des campagnes dénonçant le militarisme, le racisme, la discrimination sexuelle, l'homophobie, le consumérisme, la pollution, tout en entendant vivre un quotidien délivré des cadres coercitifs de l'époque.

L'université de Californie à Berkeley, qui avait forgé une longue tradition d'activisme radical, vit ses étudiants revendiquer leur droit à une pleine liberté d'expression et de réunion, engageant des *sit-in* et donnant à leurs velléités protestataires le nom de *Free Speech Movement* (FSM). Impulsion qui faisait notamment écho à *L'Homme unidimensionnel*[5] d'Herbert Marcuse, publié en 1964. L'ouvrage dénonçait la démocratie supposée tronquée des États-Unis et prônait la « négation intégrale » (*great refusal*) à l'égard du système capitaliste.

L'opposition à la guerre du Vietnam constitua un événement mobilisateur décisif. Elle prit la forme de manifestations massives et régulières dès 1961. En avril 1967 à New York, un défilé rassembla 400 000 personnes, dont Martin Luther King, et 75 000 à San Francisco le même jour. En octobre 1967 se déroula à Oakland, situé de l'autre côté de la Bay, la semaine «*Stop the Draft*», qui visait le blocage du centre de recrutement des armées. Des fleurs furent apportées en masse afin d'être distribuées aux responsables politiques et à la presse, inaugurant le *Flower Power*, d'après une expression conçue par Allen Ginsberg.

D'autres figures inspirèrent le mouvement contre-culturel, non plus par leur rationalité politique, mais par leur célébration d'une sensorialité dionysiaque. Tel Timothy Leary, professeur de psychologie à Harvard, d'où il se fit expulser avec son collègue Richard Alpert, pour avoir publié ensemble en 1964 *The Psychedelic Experience*[6]. Ils y évoquent l'« expansion de la conscience » procurée par le LSD, qui offre un « moyen d'élévation spirituelle ». Substance qu'on pouvait se procurer dans le quartier hippie de San Francisco, Haight-Ashbury, qui représentait une sorte de supermarché à ciel ouvert du champignon hallucinogène.

De son côté Ken Kesey, l'auteur de *Vol au-dessus d'un nid de coucou*[7] (1962) – un des livres fondateurs de l'antipsychiatrie – fut lui aussi l'un des inspirateurs du mouvement psychédélique. Ayant fait l'acquisition d'une propriété sur les collines de La Honda, au nord-ouest de Palo Alto, il accueillit une bande informelle de « joyeux lurons » : la communauté des Merry Pranksters. Ils achetèrent un bus de ramassage scolaire qu'ils peignirent de couleurs vives et sillonnèrent le pays au cours d'un long périple fait d'exaltation psychique et sensorielle. Sorte de « nef des fous » inoffensifs haranguant à l'aide de haut-parleurs les badauds médusés, les incitant à tenter de nouvelles expériences situées aux « portes de la perception » telles que définies par William Blake, vécues et théorisées par Aldous Huxley dans le livre du même nom[8].

En 1968, Tom Wolfe relate dans *The Electric Kool-Aid Acid Test*[9] cette longue pérégrination hallucinatoire, ainsi que les *Acid Tests*, spectacles multimédias conçus par les Grateful Dead faisant se succéder concerts et lectures de poésie accompagnés de light-shows primitifs à base de lumières multicolores mouvantes. À l'instar des soirées du Trips Festival organisées par Steward Brand en 1966 en compagnie de Frank Zappa et Jefferson Airplane, notamment, ou celles organisées par Bill Graham au Fillmore.

Ce même Steward Brand créa en 1968 le *Whole Earth Catalog*[10], qui entendait aider les individus à s'affranchir des logiques marchandes et standardisées imposées par la société de consommation. La revue présentait un catalogue d'outils, d'objets, de vêtements, de semences, des méthodes de bricolage, des noms et adresses de fabricants ou fournisseurs, des livres et des cartes. La publication rencontra un large public et parut deux fois par an jusqu'en 1972. Elle se présentait comme un guide ouvert de formation pratique, en appelait à une technologie à l'échelle humaine et non autoritaire, voulait favoriser des formes de débrouillardise d'esprit situationniste et souhaitait concrétiser l'aspiration proprement américaine à la *self-reliance* (autosuffisance) prônée par Ralph Emerson dans son essai éponyme[11].

D'autres initiatives furent menées à San Francisco. La plus radicale d'entre elles, lancée par les Diggers, voulait substituer au principe mercantile celui de la gratuité, considérant que « l'argent est un mal non nécessaire ». Le collectif[12] s'installa dans un garage, le « libre cadre de référence » (*Free Frame of Reference*), mettant à disposition de la nourriture et des vêtements à l'attention de personnes en difficulté, encourageant également des pratiques de partage ou de troc. San Francisco était aussi la ville qui abritait dans le quartier de Castro une large communauté gay, et qui plus tard, en 1977, élut Harvey Milk au poste de conseiller municipal. Celui-ci entendait combattre les discriminations fondées sur le genre et étendre les droits des homosexuels au niveau local, à même d'inspirer les autres États du pays.

San Francisco ne constituait pas l'unique foyer de la contre-culture américaine. D'autres villes étaient animées d'une même et puissante énergie contestatrice, principalement New York et Chicago. La première portait tout autant des revendications politiques, mais elle était moins empreinte d'un esprit communautaire, hédoniste ou psychédélique, et davantage marquée par l'usage des drogues dures et par une scène musicale plus désenchantée, sensible par exemple dans le rock heurté et mélancolique du Velvet Underground. La seconde se caractérisait par des combats sociaux et ethniques plus frontaux et violents, autant que par une école de sociologie engagée qui cherchait à identifier les causes structurelles des difficultés rencontrées par les plus démunis et dont les représentants majeurs étaient Erving Goffman et Howard Becker qui avaient publié deux ouvrages d'importance, respectivement *Asylums*[13] en 1961 et *Outsiders*[14] en 1963.

San Francisco revêtait une spécificité, faisant se mêler des acteurs et des aspirations hétérogènes. Son esprit savait désamorcer, en de multiples occasions, certaines oppositions, notamment celles séparant militantisme et hédonisme qui, si elles existaient, pouvaient se recouper *in fine* dans la même aspiration à vivre des modalités d'existence moins coercitives et plus intenses : « Une trop stricte distinction entre militantisme et contre-culture est artificielle. On y retrouve la même énergie impatiente et audacieuse[15]. » Dans les faits, San Francisco fut le premier levier culturel et d'action du mouvement pour les droits civiques. C'est là aussi que naquit le rêve d'une écotopie : une Californie future où les automobiles disparaîtraient, où les productions techniques seraient délivrées de leur pouvoir aliénant et deviendraient écologiquement viables.

La ville formait un bouillon de culture qui cherchait à réaliser les conditions d'une démocratie locale, à promouvoir la justice sociale, à s'opposer à la répartition rigide des rôles entre les sexes, à s'engager dans des expériences communautaires, et à expérimenter des formes artistiques et culturelles privilégiant l'intensité sensorielle. Ce mélange bigarré dessinait une scène unique au monde qui, au-delà des reconstructions rétrospectives enjoliveuses, constituait une belle utopie en acte. C'est cette exception, cette aspiration à instaurer de nouveaux styles de vie créatifs et joyeux qui inspirèrent de nombreux mouvements au cours des années 1960 et qui se cristallisèrent dans les printemps de Paris, Mexico, Tokyo, Prague et dans bien d'autres foyers de la planète.

Mais l'élan utopique finit par se briser, se cognant contre les résistances de la société, s'épuisant dans des conflits internes de toutes sortes, ou dans des formes de lassitude. En décembre 1969, se tint dans la région de San Francisco le festival d'Altamont, qui avait convié les Rolling Stones à donner un concert au cours duquel un membre des Hell's Angels poignarda un spectateur tandis que d'autres se livrèrent durant la manifestation à des brutalités, particulièrement à l'encontre d'Afro-Américains. Sombre épisode qui semble marquer symboliquement la fin d'une époque, à quelques jours de l'amorce d'une nouvelle décennie : « L'expérience a échoué évidemment, et son échec a jeté une ombre sinistre sur le devenir de la culture pop. Pourquoi, entre tous les autres, les hommes et les femmes de la *Love Generation* n'ont-ils pas réellement appris à s'aimer ? Pourquoi les *sixties* se sont-elles achevées avec Altamont, et pourquoi Haight-Ashbury a-t-il fini en sordide parade de junkies et de petits braqueurs[16] ? » Moins d'un an plus tard, à 27 ans, Jimi Hendrix succomberait d'une surdose de barbituriques mêlée à un excès de consommation d'alcool, tout comme deux semaines plus tard et au même âge Janis Joplin, d'une overdose d'héroïne. Le *Summertime*, les intenses et solaires *sixties* relevaient d'un passé désormais révolu, elles s'achevaient tragiquement dans des violences absurdes et des disparitions précoces.

Clark Kerr, le président de Berkeley, avait affirmé en marge des multiples manifestations qui s'étaient déroulées sur le campus au cours des années 1960, que l'université traditionnelle ne répondait plus aux attentes des étudiants. Il avait mûri depuis 1963 son concept de *multiversity*[17], qui consistait à privilégier la formation professionnelle et à fournir des cerveaux hautement qualifiés au complexe militaro-industriel établi dans la région. Celui-là même contre lequel le Président et ancien général Eisenhower avait mis en garde dans son discours d'adieu à la nation le 17 janvier 1961, lorsqu'il avait dénoncé cette « industrie permanente de l'armement » qui rend les politiques publiques « captives d'une élite scientifique et technologique ».

Clark Kerr souhaitait faire de son institution une « *Knowledge Industry* » (industrie du savoir), et c'est exactement ce programme qui se réaliserait au tournant des années 1970. Non pas en suivant le concept trompeur de *multiversity*, mais conformément à celui qui entendait constituer une base arrière de compétences dédiées aux entreprises de haute technologie de la région. Cette orientation pédagogique allait favoriser pour partie l'essor d'un modèle technoscientifique singulier impliquant des foules d'étudiants qui commençaient à se débarrasser des fleurs qui ornaient leurs chevelures.

Si le soufflé utopique semblait retombé, certains, qui avaient côtoyé de plus ou moins près ce large mouvement, décideraient de le réactiver, mais sous des formes plus insolites, à l'écart de toute dimension collective, et en voulant se charger presque en solitaire de répondre à ces aspirations. En étant convaincu de continuer à les défendre, mais en les déplaçant vers des moyens jugés plus pragmatiques, grâce à l'avènement de l'informatique personnelle dont on supposait, on ne sait par quel abus rhétorique et rétrécissement subit du champ de l'expérience, qu'elle pouvait être porteuse des mêmes valeurs d'autonomie individuelle et d'émancipation sociale et politique.

–2
« PREMIÈRE SILICON VALLEY » ET « SECONDE SILICON VALLEY » DU COMPLEXE MILITARO-INDUSTRIEL À LA RHÉTORIQUE DE L'ÉMANCIPATION INDIVIDUELLE

La contre-culture californienne avait vécu un bel et intense été. Parallèlement, une autre forme contre-culturelle, qui n'en portait pas le nom, s'était déployée. Elle n'avait rien de solaire, et visait de tout autres objectifs. Elle agissait et se développait sur le même territoire depuis bien plus longtemps, mais de façon discrète et sans ostentation. Une contre-culture d'un tout autre genre, qui doit être entendue, non pas comme une contestation franche d'un certain état des choses, mais comme un projet destiné à favoriser l'émergence d'un environnement technoscientifique singulier. Elle était portée par diverses forces impliquées dans les technologies de pointe, dont l'excellence devait participer du « progrès » de la nation américaine et conforter sa puissance. « Une contre-culture constitue soit la critique active, soit la transformation du paradigme social, scientifique ou esthétique existant. [...] Une contre-culture apparaît lorsque ceux qui transforment la culture dans laquelle ils vivent prennent conscience de leurs actions d'un point de vue critique, élaborent une théorie de leur déviation du modèle dominant et proposent un modèle durable[18]. »

C'est exactement cette ambition à vouloir « transformer un paradigme social et scientifique existant » et à « proposer un modèle durable » qui se manifesta dans la région de San Francisco à la fin des années 1930, et qui se formalisa par la création d'un milieu infrastructurel d'un nouveau type. L'intention déclarée consistait à concentrer sur une même zone, des scientifiques, ingénieurs, chercheurs, de haute qualité et de toutes disciplines, ainsi que des responsables industriels et militaires, en vue de faire germer une fructueuse synergie entre l'ensemble des acteurs. Phénomène qui prit son origine dans l'effort de guerre américain, dont la réalisation la plus emblématique fut la mise en place en 1940 du Bureau de recherches et de développement scientifiques (Office of Scientific Research and Development, OSRD) décidée par Franklin Roosevelt d'après les conseils de Vannevar Bush[19]. L'entité regroupait nombre de collaborateurs aux compétences de tous ordres, appelés à concevoir dans les délais les plus courts, dans une ambiance transversale et peu marquée par la hiérarchie, des dispositifs militaires de pointe. Cet environnement militaro-industriel spécifique conduisit à la fabrication de puissants radars, avions, calculateurs, et entretenait des liens avec le Manhattan Project, consacré à l'élaboration de la bombe atomique, dirigé par Robert Oppenheimer à Los Alamos dans le Nouveau-Mexique.

Frederick Terman, responsable du département *Electrical Engineering* de Stanford et futur vice-président de l'université, s'inspirerait au sortir de la guerre de ce modèle et intégrerait cette même logique pluridisciplinaire au sein de son campus. Il entendait transformer son institution en une école d'ingénieurs d'« élite » appelée à alimenter l'industrie, créant en son sein un parc technologique destiné à accueillir et à faciliter la création de firmes innovantes, permettant aux étudiants de partager leur temps entre leurs cours et les entreprises. Frederick Terman fut l'un des « pères fondateurs » de la Silicon Valley ; il planta ses premières graines en quelque sorte. C'est physiquement autour de Stanford que la vallée se développa par la suite, attirant rapidement nombre d'entreprises du pays, telles Texas Instruments ou IBM. La région profita encore de fonds fédéraux affectés à la construction de systèmes d'irrigation, d'autoroutes, d'écoles, d'institutions publiques. Son essor est indissociable d'une forme d'économie mixte volontariste, mêlant État et secteur privé, et dotée de puissants moyens financiers.

Ce fut alors le moment de la « première Silicon Valley ». Celle qui fixa les principes fondateurs, établis sur le primat de la haute technologie, l'excellence universitaire, les partenariats entre l'industrie de l'électronique et le domaine militaire, et enfin un esprit valorisant l'initiative entrepreneuriale, à l'origine de ce qui fut plus tard nommé « culture du risque ». Celle qui, en 1937, vit Frederick Terman encourager ses étudiants à créer leurs propres firmes dans la région plutôt que de rejoindre celles installées à l'Est. Les deux premiers à suivre ses conseils furent William H. Hewlett et David Packard, qui, en 1938, créèrent leur produit inaugural, un audio-oscillateur, dans un garage situé au 367, Addison Avenue à Palo Alto, sur la façade duquel une plaque est apposée mentionnant : « Ce garage est le lieu de naissance de la première région au monde de haute technologie, la "Silicon Valley". »

Le garage nomme la scène primitive, celle de l'impulsion initiale, le lieu d'une forme de « rébellion originelle », mais fondée sur le repli intime, qui autorise, à l'abri des regards, y compris ceux de la famille, un bricolage libre d'inventer ce que bon lui semble, même les choses les plus insolites. Dans les faits, il faut prendre le garage comme un indicateur, car il relève davantage d'un récit légendaire que d'une réalité historique[20]. Mythe fondateur qui témoigne de la capacité de créer, non pas *ex nihilo*, mais à partir d'une intuition forte, d'une idée jugée prometteuse, à l'intérieur d'un cadre souple et léger, un *prototype* à vocation entrepreneuriale, à l'écart de toute subordination à un groupe industriel établi. L'ADN originel de la Silicon Valley, c'est la contestation d'un cadre existant jugé obsolète, mue par une vision industrielle porteuse d'avenir et à peine balbutiante, mêlée au rêve américain de la réalisation de soi grâce au courage, à l'effort et à la ténacité. Il allie intuition audacieuse, iconoclasme discret et une « vision individuelle » capable à elle seule de créer la « rupture » avec le modèle dominant.

C'est exactement cette « philosophie », plus d'une trentaine d'années plus tard, que quelques figures allaient reprendre à leur compte en s'engageant dans le même genre d'aventure. Non pas dans l'objectif de créer une vulgaire société de composants, mais en vue de participer à l'élaboration d'un nouveau paradigme : celui de la naissance de l'informatique personnelle. Défi qui supposait de s'appuyer sur l'état de l'électronique de l'époque, mais en lui faisant prendre une orientation empreinte d'une « vision » singulière, capable de lui insuffler un tout autre esprit.

Ce fut le cas de Bill Gates qui, avec son entreprise naissante Microsoft, conçut des systèmes d'exploitation et des suites bureautiques fonctionnelles. Programmes qui participèrent de l'essor de l'industrie des PC, étendant le registre de leurs usages autant que modifiant pour des décennies les conditions de travail.

Ce fut également le cas de Steve Jobs et Steve Wozniak, qui eurent le sentiment que ce n'était pas tant sur les logiciels seuls qu'il fallait travailler, mais sur l'« environnement », sur la relation « homme-machine ». Conviction qui conduisit à la conception d'ordinateurs supposés offrir une qualité ergonomique fondée sur une « convivialité » ou une forme de « proximité intuitive ». Autant de dimensions qui ont structuré l'axe cardinal d'Apple jusqu'à devenir, depuis, la norme de toute l'industrie du numérique.

En cela, ils furent les précurseurs, non pas de la Silicon Valley, mais de l'ethos qui allait la caractériser, s'inscrivant dans la continuité historique du geste iconoclaste d'Hewlett et Packard, mais en le détournant de sa stricte dimension utilitariste et en y insufflant des principes et des croyances ancrés dans un certain imaginaire, tant californien qu'américain, de cette époque.

Leurs initiatives inaugurèrent la « seconde Silicon Valley », qui fut marquée par un rejet frontal de la « première Silicon Valley ». Une conception jugeant la technique potentiellement émancipatrice s'oppose alors à son instrumentalisation à de seules fins fonctionnalistes – celle qui a donné naissance à « l'Homme qui fait preuve de rationalité, mais reste dénué de raison, l'Homme toujours plus enclin à se rationaliser alors que ne cesse de grandir son inquiétude, cet Homme-là est un Gai Robot » (Charles Wright Mills, *L'Imagination sociologique*, 1959).

C'est un combat entre deux « philosophies » de la technique, et plus largement « de la vie », qui se joue. L'une qui produit des systèmes lourds et centralisés, imposant une organisation pyramidale et rigide des choses, conformément à une tradition positiviste et rationaliste recherchant « l'ordre pour base » (Auguste Comte). L'autre qui aspire à la fabrication d'outils souples, délivrés de tout pouvoir coercitif, ouverts à une libre réappropriation, à un bricolage d'esprit situationniste. Conception qui fait écho aux écrits d'Herbert Marcuse, de l'historien des techniques Lewis Mumford[21], de l'économiste Ernst Schumacher, de l'éco-libertaire Murray Bookchin ou de Guy Debord.

Dès 1972, au moment exact de l'arrêt de la publication du *Whole Earth Catalog*, et comme le signe patent du passage d'une époque à une autre, Steward Brand affirmait envisager l'ordinateur comme un « LSD d'un genre nouveau. [...] Qu'ils le veuillent ou non, les ordinateurs arrivent chez les gens, c'est une bonne nouvelle, la meilleure peut-être depuis les drogues psychédéliques. [...] Ils sont fabriqués par et pour des révolutionnaires qui veulent désinstitutionnaliser la société et donner du pouvoir aux individus[22] ».

La machine offrirait des usages créatifs et ouvrirait un nouvel âge relationnel grâce aux premiers réseaux d'échanges électroniques, devenant des instruments de « désintermédiatisation », selon un terme qui par la suite fera florès, s'inspirant des prophéties lyriques de McLuhan : « Les médias électroniques abolissent la dimension spatiale. Par l'électronique, nous retrouvons partout les relations de personne à personne, à l'échelle d'un village. C'est une relation en profondeur, et sans délégation de fonctions ou de pouvoirs[23]... »

C'est conformément à ce principe que fut créé en 1975 le Homebrew Computer Club, qui entendait promouvoir la portée « micro-politique » de l'informatique, rassemblant des personnes de la baie de San Francisco, dont Jobs et Wozniak. L'un de ses leaders, Lee Felsenstein, autrefois impliqué dans le *Free Speech Movement* de Berkeley, souhaitait mettre en place une infrastructure de communication permettant aux citoyens d'échanger des informations de façon décentralisée, et disait s'inspirer de *La Convivialité* d'Ivan Illich. Ce fut l'avènement de ce qui a été nommé « cyberculture », qui célébrait les « médias horizontaux » et suscitait l'émergence de magazines spécialisés alternatifs, de radios communautaires, de clubs d'ordinateurs, de collectifs vidéo.

C'est au sein de ce composé qu'émergea l'esprit hacker, qui défendait en acte la possibilité pour les individus d'entretenir des rapports singuliers aux technologies, entendus comme des gestes de subjectivation : « Si la personne était l'ultime levier du changement social, alors les choix individuels de mode de vie deviendraient en eux-mêmes des actes politiques. La consommation et les technologies du quotidien, et parmi elles les technologies de l'information, se trouvaient alors dotées d'une nouvelle dimension proprement politique[24]. » De là l'axiome qui commençait à se généraliser envisageant l'informatique personnelle comme vecteur d'une « augmentation de la puissance d'agir » des êtres, et de l'instauration de liens ouverts entre personnes partageant de mêmes intérêts, d'après un « néocommunalisme digital » qui allait devenir un des gimmicks rhétoriques invariants de la Silicon Valley.

Néanmoins, à la différence de la décennie précédente qui espérait tout autant « changer le monde », mais sous de multiples formes et grâce à la pluralité contradictoire des êtres, ici, cette aspiration se réalise d'après un mode unilatéral et exclusif – l'ordinateur –, portée par quelques individus vite dominants entendant s'en charger directement et presque en solitaire. Sortes de guides du peuple ou de Che Guevara de la libération par l'électronique – *La Révolution électronique,* écrivait à la même période, en 1970, William Burroughs –, qui grâce à leur inspiration quasi divine traceraient la forme que l'informatique personnelle, alors embryonnaire, devrait prendre, libérant ainsi les foules asservies. Ils incarneraient le « designer compréhensif », selon l'expression de Buckminster Fuller[25], détenant une vision de l'ensemble des besoins non formulés des individus et de la société, formant une « synthèse nouvelle de l'artiste, de l'inventeur, du mécanicien, de l'économiste impartial et du stratège évolutionniste, agissant comme un moissonneur des potentiels du domaine[26] ». Émergea alors une figure d'un nouveau genre, l'« entrepreneur libertaire », s'opposant à l'autorité et aux normes, seulement mû par son « inspiration prémonitoire » porteuse d'un horizon salvateur. Contrairement à la « première Silicon Valley », plus discrète et « protestante » en quelque sorte, la « seconde Silicon Valley » inaugurerait un esprit de mégalomanie qui, depuis, la caractérise. Poussées de toute-puissance qui ne cesseraient de franchir des paliers supérieurs au cours des décennies suivantes. La Silicon Valley, depuis les années 1970 jusqu'à aujourd'hui, aura généré et glorifié les « génies visionnaires », ceux capables à eux seuls, tels les super-héros de Marvel,

Iron Man ou Captain America, de porter tous les espoirs de la nation et, corrélativement, de l'humanité tout entière.

Cette fusion, propre à la région et à l'époque, d'un esprit contestataire et d'un technoromantisme exalté fut dans la période qui suivit, au tournant des années 1980, vite rappelée aux réalités économiques et à des ambitions plus modestes. En 1984, lors du lancement du Mac, le clip publicitaire profitait de l'occasion pour inverser les logiques à l'œuvre dans le livre d'Orwell, *1984*, voulant invalider les craintes d'un fichage à large échelle que l'informatisation des sociétés commençait à susciter. Le slogan d'Apple proclamait: « *Think different* », écorchant implicitement Microsoft qui équipait de ses programmes fermés la quasi-intégralité des PC. Lors de sa « *keynote* », Steve Jobs, inspiré par le nouvel esprit du capitalisme, ponctuait sa présentation de portraits de Picasso, Einstein, Dylan, délaissant l'antienne éculée de l'affranchissement par l'ordinateur, privilégiant la notion alors plus porteuse de *créativité individuelle*.

Le Mac connut un échec commercial, Steve Jobs se fit évincer de l'entreprise qu'il avait fondée. Quelques années plus tard, l'ordinateur NeXT qu'il avait conçu rencontra un même échec. L'époque était à la désillusion. À partir du milieu des années 1980, la Silicon Valley semblait stagner. Le Japon dominait le marché des semi-conducteurs, des télévisions et des consoles de jeux vidéo. Plus personne n'accordait de crédit à la rhétorique de l'émancipation par l'informatique, mis à part quelques adeptes de forums d'échanges électroniques. Mais à l'aube de la décennie suivante, le credo allait de façon presque inattendue être relancé. L'avènement de l'interconnexion globale allait lui insuffler un nouvel élan, porté par une double impulsion: libertaire et libérale. Traditions philosophiques et politiques apparemment radicalement opposées, mais se rejoignant ici dans la conviction que les réseaux annonçaient rien de moins que l'harmonie universelle grâce à un monde devenu « plat », réalisant, à l'approche d'un nouveau millénaire, la fin heureuse et connectée de l'Histoire.

–3
LA «TROISIÈME SILICON VALLEY»
LA «NET ECONOMY»: INDÉFINITION DU MODÈLE ET IRRATIONALITÉ GÉNÉRALISÉE

En mars 1993, paraissait le premier numéro du magazine *Wired*, édité à San Francisco. La couverture affiche l'image du visage de Bruce Sterling, figure majeure, avec William Gibson, du mouvement Cyberpunk, qui en 1988 avait publié *Les Mailles du réseau*[27]. Dans la partie supérieure, au-dessus d'un code-barres nettement visible, est inscrit le début de la fameuse formule de Marshall McLuhan, «The Medium…», amputée de son verbe et de son complément d'objet («The Medium is the message»), étant entendu que les lecteurs la connaissent, et plaçant la publication sous le patronage du «technoprophète». Sur la même couverture, plusieurs titres sont mentionnés: «Le futur de la guerre», «Digital Sex», une contribution sur la «télévision haute définition» signée de Nicholas Negroponte, fondateur en 1985 du MIT Media Lab, ainsi qu'un dialogue entre la théoricienne Camille Paglia et Stewart Brand, à propos du même McLuhan. À l'intérieur, des articles sont par exemple consacrés aux ordinateurs dotés d'«implants neuronaux», ou aux «bibliothèques sans murs avec des livres sans pages».

Dès sa fondation, le projet éditorial mêlait une fascination sans borne pour les technologies numériques, un enthousiasme affiché à l'égard de l'initiative entrepreneuriale, autant qu'une espérance en un surcroît démocratique et en un accroissement du pouvoir d'agir des individus induit par l'usage des ordinateurs et l'avènement récent de l'Internet. Soit un registre de croyances correspondant précisément à « l'idéologie californienne », qui « reflète simultanément les disciplines de l'économie de marché et les libertés de l'artisanat hippie. [...] Qui aurait cru qu'un tel mélange contradictoire de déterminisme technologique et d'individualisme libertaire deviendrait l'orthodoxie hybride de l'âge de l'information[28] ? »

C'est exactement la même année, deux mois plus tôt, en janvier 1993, que Bill Clinton entra à la Maison Blanche. Son vice-président, Al Gore, qui en 1991 avait porté le projet de loi High-Performance Computing Act[29], le pressa aussitôt de faire du concept à consonance futuriste d'« autoroutes de l'information » un des axes majeurs de la stratégie économique du pays : « Là où autrefois notre puissance économique était déterminée par la profondeur de nos ports ou l'état de nos routes, aujourd'hui elle est déterminée aussi par notre capacité à transmettre de grandes quantités d'informations rapidement et sûrement et par notre capacité à utiliser ces informations et à les comprendre. De même que le réseau d'autoroute fédéral a marqué un virage historique pour notre commerce, les autoroutes de l'information d'aujourd'hui – capables de transporter des idées, des données et des images à travers le pays et à travers le monde – sont essentielles à la compétitivité et à la puissance économique de l'Amérique[30]. » Un ensemble de mesures visant à mettre en place une National Information Infrastructure est alors annoncé et formalisé en septembre 1993 dans *The Agenda for Action.*

Alors que le protocole HTTP, à l'origine du World Wide Web, avait été mis au point en 1990 par Tim Berners-Lee, en vue de permettre l'échange d'informations entre chercheurs *via* leurs ordinateurs, quelques années plus tard, une volonté politique s'en empare, entendant favoriser son développement à des fins prioritairement économiques. Un projet de libre mise en relation entre scientifiques est vite devenu un axe industriel cardinal massivement soutenu par le gouvernement des États-Unis. L'opposition idéologique fondamentale entre la « première Silicon Valley » et la « seconde Silicon Valley » fut une vingtaine d'années plus tard puissamment relancée. Certaines forces voulaient encore croire au potentiel « émancipateur », non plus des seuls ordinateurs personnels, mais de l'interconnexion. Les réseaux annonçaient l'avènement d'une « agora électronique globale », selon Howard Rheingold[31], acteur marquant des forums Well créés en 1985, relançant la vision macluhanienne du « Village global ».

Le 8 février 1996, au Forum économique de Davos, John Barlow, ancien parolier des Grateful Dead, libertarien revendiqué et cofondateur en 1990 de l'Electronic Frontier Foundation, une association de « défense des libertés civiles sur Internet », déclarait rien de moins que « l'indépendance du cyberespace » : « Gouvernements du monde industriel, vous, géants fatigués de chair et d'acier, je viens du cyberespace, la nouvelle demeure de l'esprit. Au nom du futur, je vous demande à vous, du passé, de nous laisser tranquilles. Vous n'êtes pas les bienvenus parmi nous. Vous n'avez pas de souveraineté là où nous nous rassemblons. Vos concepts juridiques de la propriété et d'expression ne s'appliquent pas à nous. Ils sont issus de la matière, et il n'y a pas de matière là où nous sommes. C'est de l'éthique, de la recherche éclairée de l'intérêt personnel et du bien commun qu'émergera notre gouvernement[32]. »

Discours empreint d'un lyrisme exalté, dont il ne relevait pas du hasard qu'il se tînt à Davos, témoignant, malgré son prétendu esprit de contestation, de « l'idéologie californienne » de l'époque. Celle qui célébrait une liberté sans entrave, les vertus des communications électroniques, l'audace entrepreneuriale, et qui manifestait une méfiance à l'égard de toute instance de pouvoir.

Autant de credo qui, à y voir de plus près, correspondent exactement au dogme libéral siliconien mêlant épanouissement individuel et refus de toute régulation jugée coercitive. Vision « existentialo-économique » qui remonte à la « seconde Silicon Valley » et qui court jusqu'à aujourd'hui. Les différends n'étaient que de façade entre les « géants fatigués de chair et d'acier » et les êtres évoluant dans le « cyberespace, nouvelle demeure de l'esprit ». Ce qui les rassemblait, c'était cette foi dans les vertus des réseaux à bientôt rendre le monde plus « plat » et « lisse », voyant le concept deleuzien de « déterritorialisation », alors très en vogue, se réaliser. Celui qui appelait le désir à s'aventurer allègrement dans l'infinité des « lignes de fuite » – culturelles et économiques – désormais virtuellement offertes par la Toile.

Le processus de mondialisation allait entrer dans un nouveau stade, en partie libéré des contraintes spatiales, reliant de partout les esprits et dégageant des perspectives commerciales porteuses de gigantesques profits. Un modèle industriel d'un nouveau genre semblait émerger. Néanmoins, ses contours demeuraient flous. Quantité de personnes subitement affublées du titre d'« experts du Web » cherchaient à le définir, mais sans que ne soient exactement déterminées sa nature exacte et surtout sa viabilité. Cependant, c'est cette imprécision qui, paradoxalement, conditionnait l'ampleur des espoirs suscités. L'incertitude offrait la promesse de grands succès à ceux qui sauraient lui donner une substance. En cela, elle réactivait la culture du risque, l'axiome proprement américain, et plus spécifiquement californien, qui postule que toute aventure potentiellement fructueuse suppose *de facto* une dimension audacieuse. Des pionniers avaient bâti dans l'adversité la puissance d'une nation. Les pionniers d'une « nouvelle économie » allaient lui redonner son éclat et réaffirmer sa suprématie.

Cet écart entre la conscience de l'émergence d'un nouveau paradigme et son indéfinition quant à ses modalités de réalisation a caractérisé ce qui fut alors nommé « *net economy* ». Soit le moment de la « troisième Silicon Valley », qui a entrevu une nouvelle « Nouvelle Frontière », mais aux bordures fuyantes. Mirage réfléchi sur les rives du Pacifique qui semblait offrir à tous ceux qui voulaient s'en approcher l'occasion de renouer avec l'esprit libertaire du San Francisco des années 1960. L'horizon à atteindre appelait une pleine inventivité et des jeux d'excentricité proches de l'esprit bohème de l'époque, se détournant des normes et affirmant en acte la liberté d'expérimenter toutes les initiatives imaginables.

Apparurent alors quelques acteurs s'engageant dans de nouveaux secteurs d'activité, tous liés à l'interconnexion. En 1993, le premier navigateur Internet grand public, Mosaic, fut lancé, devenant l'année suivante Netscape Navigator. En 1994, deux étudiants de Stanford, Jerry Yang et David Filo, sélectionnèrent et recensèrent manuellement des listes de sites au sein d'un annuaire Internet. Yahoo! fut créé et deviendrait presque aussitôt le portail le plus utilisé. La même année, Jeff Bezos fonda Amazon, plateforme initialement destinée à la vente de livres, inaugurant la pratique industrielle du commerce en ligne. Les fournisseurs d'accès et de téléphonie mobile investirent lourdement dans les infrastructures réseau, comptant sur les abonnements pour les rentabiliser. Plus tard, en 1998, un moteur de recherche performant fut mis au point, Google, aux méthodes d'indexation fondées sur la popularité des liens hypertextes. De son côté, la publicité en ligne vécut son âge de pierre dans une forme d'indifférence du secteur, proposant ici ou là des bandeaux au graphisme sommaire s'incrustant dans les pages.

Rien qui, dans les faits, aurait dû susciter un tel engouement. Néanmoins, l'ambition suprême supposait en pure théorie que «tout» devait être «mis dans les tuyaux», afin de joindre le «contenu» et le «contenant». Dimension emblématique dans le rapprochement historique qui s'opéra entre le géant des médias Time Warner et la jeune entreprise à la réussite fulgurante AOL, décrit comme le «mariage du siècle», et censé représenter la fusion entre la «nouvelle» et l'«ancienne» économie. Finalement, la stratégie totalisante de la «convergence» ne produisit aucun résultat patent et connut l'échec, notamment par le fait de la faiblesse des débits, de la relative lenteur des ordinateurs et d'un nombre d'usagers alors trop réduit. En 2002, les pertes affichées suite à cette alliance furent les plus importantes de l'histoire de l'économie américaine, atteignant près de 100 milliards de dollars.

Jamais autant que dans le dernier tiers des années 1990 des investissements n'avaient été à ce point réalisés sans garantie, uniquement à partir de projections hasardeuses, conformément à un optimisme technologique entretenu par des études menées par des agences de prospective ou par des discours exaltés. Tels ceux de Kevin Kelly, le fondateur de *Wired*, affirmant que: «L'atome est le passé, le réseau est l'avenir. Désormais, grâce à l'invention matricielle de neurones de verre et silicium, un million de nouvelles structures sont possibles. Boom! Une variété infinie de nouvelles formes et tailles d'organisations sociales deviennent possibles. Des formes inimaginables de commerce peuvent aujourd'hui s'agréger dans cette Nouvelle Économie. Nous sommes sur le point d'assister à un déferlement d'entités construites sur les relations et la technologie, qui rivaliseront avec les premiers jours de la vie sur terre dans leur multitude[33].»

Moment d'irrationalité économique qui fut rétrospectivement nommé la «vague de folie des "point-com"». Entre septembre 1998 et mars 2000, les cotations boursières ne cessaient de progresser hors de toute réalité comptable. À son entrée en

Bourse en mai 1997, Yahoo! était valorisé 848 millions de dollars, Amazon 438 ; au printemps 1998, le cours des deux groupes avait quadruplé : « Lorsque je me trouvais à la tête de PayPal, fin 1999, j'étais pétrifié – non parce que je ne croyais pas en notre entreprise, mais parce que tout le monde dans la Silicon Valley semblait prêt à croire à tout et à n'importe quoi. Partout, autour de moi, des gens lançaient ou lâchaient des sociétés avec une désinvolture alarmante[34]. »

On se souviendrait de cette séquence comme celle d'une *hubris* généralisée, d'un envoûtement à la technologie confinant au pathologique. Cette période a plus précisément témoigné du premier « déchaînement psychiatrique » de la Silicon Valley. Poussée d'hystérie collective qui n'avait pas été seulement manifestée par les grandes entreprises, les startuppers ou les capital-risqueurs, mais également par les responsables politiques ou les médias, tous aveuglés par l'expansion d'une *doxa* vite devenue dominante qui avait atténué tout sens critique. À force d'initier des projets sans fondement et de prendre des risques inconsidérés, porté par un soudain sentiment de toute-puissance, le conte de fées siliconien a viré au cauchemar. En mars 2000, les cours du Nasdaq alors à leur pic s'effondrèrent, occasionnant un krach proportionnellement aussi important que celui de 1929.

À l'aube d'un nouveau millénaire, l'Amérique vit des avions de ligne s'écraser contre le World Trade Center et le Pentagone. Une manie sécuritaire et guerrière l'obsèderait. L'heure n'était plus à l'extase procurée par le LSD des « *dot-com* », mais au pragmatisme. Et la Silicon Valley sait passer de l'exaltation frénétique à la raison froide et calculatrice. C'est peut-être même sa capacité à continuellement permuter, selon les circonstances, de l'une à l'autre, qui caractérise son « ADN ». C'est ce qu'elle saura très bien faire sur les décombres de la désillusion, se régénérant aussitôt, en accordant désormais la priorité à quelques axes au nombre réduit, moins grandiloquents, mais qui, eux, commençaient déjà à témoigner de leur valeur.

–4
LA « QUATRIÈME SILICON VALLEY » « L'ÉCONOMIE DE LA CONNAISSANCE » N'ÉTAIT PAS CELLE QUE L'ON IMAGINAIT

Au moment même de l'éclatement de la bulle boursière en mars 2000 à New York, se tint le sommet européen de Lisbonne dans une sorte d'euphorie suscitée par l'avènement d'un nouveau millénaire. Le communiqué final déclarait, dans un accès d'optimisme emphatique rarement vu en politique, que : « L'Union européenne se trouve face à un formidable bouleversement induit par la mondialisation et par les défis inhérents à une nouvelle économie fondée sur la connaissance. Elle s'est fixé un nouvel objectif stratégique pour la décennie à venir : devenir l'économie de la connaissance la plus compétitive et la plus dynamique du monde, capable d'une croissance économique durable accompagnée d'une amélioration quantitative et qualitative de l'emploi et d'une plus grande cohésion sociale[35]. » Le texte témoigne d'abord de la volonté manifestée par les instances européennes de se raccrocher à un mouvement alors puissamment à l'œuvre aux États-Unis. Il atteste ensuite, rétrospectivement, de l'échec, non seulement à avoir réalisé cette ambition, celle de devenir l'économie « la plus compétitive et la plus dynamique du monde », mais plus encore, du résultat contraire. L'Europe ayant connu au cours de cette décennie un recul ou une stagnation économique en comparaison d'autres continents.

Si personne, à la fin des années 1990, n'avait compris le sens de l'« e-économie », personne ne comprenait non plus ce que signifiait, à l'aube du nouveau siècle, l'« économie de la connaissance », parfois aussi indifféremment nommée « économie du savoir » ou « capitalisme cognitif ». Termes indéfinis qui voulaient probablement indiquer que l'économie en construction serait fondée sur la haute compétence des personnes, susceptibles de contribuer à un accroissement de la richesse des entreprises et à l'épanouissement des individus grâce à leur savoir et à leur apport créatif. Sorte de dogme directement inspiré de l'idéologie managériale *New Age* californienne, qui avait, depuis le milieu des années 1990, à grand renfort de traités théoriques, associé capacité imaginative – soit, en d'autres termes, « ultra-réactive » – du personnel, et structure horizontale des organisations : « L'entreprise doit désormais être distribuée, décentralisée, collaborative et adaptative[36]. » Dans les faits, il s'agissait bien de l'avènement d'une économie de la connaissance, mais pas celle qui avait été imaginée.

En septembre 2001, les attentats qui frappèrent la première puissance économique et militaire de la planète entraînèrent une pression sécuritaire accrue, poussant les agences de renseignement à intercepter à l'échelle globale les plus grands volumes de flux de communication traités par des systèmes chargés de détecter tout profil menaçant. Visée qui a ambitionné une forme de saisie intégrale manifeste dans le projet Total Information Awareness[37]. Une soif de destruction a généré la folie de vouloir collecter la quasi-totalité des données à caractère personnel circulant sur les réseaux ou stockées sur des disques durs. Tentative qui a été en grande partie rendue possible par l'accès, bon gré mal gré, aux serveurs des opérateurs et des plateformes privés, qui détenaient des masses considérables d'informations relatives aux utilisateurs.

Dimension particulièrement emblématique chez Google, qui fut presque malgré lui, sans que cela réponde à son objectif initial, l'acteur majeur de cette récolte colossale de données. Son modèle économique s'est imposé de lui-même, grâce à la qualité de ses algorithmes d'indexation, le rendant très vite populaire. L'objectif ne visait plus ici la convergence, celle rêvant de « tout mettre dans les tuyaux », mais cherchait plus spécifiquement à traquer sans relâche les navigations en vue de dresser une cartographie détaillée et évolutive des pratiques *via* les adresses IP. Activité que la firme ne cessa d'intensifier et de perfectionner, à un point tel qu'elle en arrivait à clamer sans fin son slogan : « *Don't be evil* », sans qu'on sache exactement à qui l'injonction était adressée, probablement à elle-même, dans une forme de dénégation inconsciente désavouant en creux l'indignité de l'entreprise.

Car le modèle qui s'est développé et qui s'est rapidement imposé comme la norme a consisté, à l'amorce du XXIe siècle, à chercher à capter massivement l'attention des internautes. Ce principe-là a entraîné un suivi toujours plus détaillé des usages. L'incertitude qui a caractérisé la fin des années 1990 n'a plus cours. L'*interprétation industrielle des conduites* est devenue le principal pivot de l'économie numérique. Cet axiome a formé la colonne vertébrale de la « quatrième Silicon Valley », non plus fondée sur la convergence ou la systématisation du commerce en ligne, mais sur la collecte massive des traces des individus, laissées généralement sans conscience, en vue de constituer de gigantesques bases de données à caractère personnel dotées de hautes valeurs commerciales. En effet, elle a fait émerger l'« économie de la connaissance » – mais celle des *comportements*.

Il ne relève pas du hasard que l'avènement des réseaux sociaux en ligne date du milieu de cette décennie, réactualisant l'héritage communautaire de la contre-culture et des forums électroniques. Plateformes qui ont su s'emparer de la disponibilité des utilisateurs de façon toujours plus soutenue, ne se contentant pas seulement d'analyser la nature de leurs clics, mais également celle de leur expressivité. Ce phénomène correspond à ce qui avait alors été nommé Web 2.0, soit la capacité récemment offerte aux individus de ne plus simplement avoir accès à des informations, mais de pouvoir taguer des contenus et poster aisément des textes ou des images. MySpace, Facebook, LinkedIn, Twitter, tous basés dans la Silicon Valley, sous couvert de favoriser les liens entre personnes, ont amassé des masses exponentielles de données relatives à leurs pratiques en ligne, à leurs modes de vie, à leurs opinions et à leurs affinités.

C'est la raison pour laquelle la valorisation boursière de Facebook a atteint à la fin des années 2000 des niveaux extrêmement élevés, pouvant faire craindre l'éclatement d'une nouvelle bulle. Mais à la différence de la séquence précédente, il était maintenant entendu que l'intelligibilité continue et évolutive des comportements constituait le ressort principal de toute une économie fondée sur la *suggestion personnalisée de masse*. Ce fut là le premier moment, à la fois apparemment *cool*, « social », et hautement prédateur de la Silicon Valley. La rhétorique macluhanienne du « Village global » était reprise par les entreprises privées, occultant l'unique objectif, celui de la constitution d'immenses bases de données comportementales, les situant au point de jonction désormais incontournable, non seulement de l'économie numérique, mais de l'économie dans son ensemble.

Durant la même période, en 2005, IBM prit une décision radicale. La firme vendit au Chinois Lenovo sa branche de construction d'ordinateurs, pour se consacrer uniquement à l'offre de services à l'attention d'entités privées ou publiques. L'entreprise ne conçoit désormais que des programmes, non plus seulement destinés à répondre à de la gestion de tâches, mais à assurer une organisation automatisée de divers secteurs. Des systèmes collectent et traitent des données internes ou externes, leur permettant d'interpréter en temps réel des situations et de rétroagir, soit par la suggestion de solutions, soit par la prise de décisions de façon autonome. Principe par exemple à l'œuvre dans les architectures dites « intelligentes » de régulation énergétique implantées dans certaines métropoles, qui évaluent en continu les courbes de consommation et les réserves disponibles, et qui, en fonction des états, limitent d'elles-mêmes l'approvisionnement dans certaines zones ou passent commande de stocks auprès de territoires limitrophes. Ce fut là, grâce à la brusque sophistication de l'intelligence artificielle qui sortait d'un « long hiver[38] », le moment de l'avènement d'une *administration robotisée des choses*. Microsoft et d'autres entreprises s'engagèrent également dans cette nouvelle activité, inaugurant, vers le milieu des années 2000, la régulation algorithmique, d'abord de certains secteurs professionnels, pour gagner ensuite différents champs de la société au cours des années qui suivirent[39].

Enfin, un des événements décisifs de cette séquence fut l'introduction du smartphone en 2007, qui a institué une connexion spatiotemporelle virtuellement ininterrompue. Il a surtout autorisé l'usage d'applications ne permettant pas seulement d'accéder à des sites adaptés à la taille de l'écran et à l'ergonomie spécifique de l'appareil, mais de bénéficier de services *personnalisés* et *géolocalisés* ajustés à diverses séquences du quotidien. On retiendra plus tard, dans l'histoire de l'humanité, qu'à partir de cette innovation émergèrent les prémices de l'*accompagnement algorithmique* de la vie. L'horizon d'une infinité de « possibilités applicatives » se dégageait, faisant apparaître un nouvel « Ouest » aussitôt arpenté par la Silicon Valley.

L'« économie des applications » a entraîné un foisonnement sans précédent de créations de start-up, dont l'impulsion première était moins fondée sur la maîtrise de la programmation, sur laquelle Mark Zuckerberg, par exemple, avait su capitaliser, que sur le primat de la « bonne idée », offrant en théorie l'occasion à quiconque d'y participer. Elle stimula un vif engouement entrepreneurial à l'échelle planétaire, directement inspiré de la Silicon Valley. Néanmoins, cette « démocratisation » globale devait passer au filtre d'Apple (et plus tard de celui de Google et de son système Android) qui, pour son « magasin d'applications » iTunes, sélectionnait les offres, ouvrant aux heureux élus, contre un pourcentage ponctionné sur chaque opération tarifée, un marché de centaines de millions d'utilisateurs. Principe qui imposait au monde entier une norme culturelle et économique dictée par un des acteurs majeurs de la Silicon Valley.

À la fin de la première décennie du siècle, et au contraire de la précédente, trois modèles industriels structurants étaient désormais clairement définis : 1. constitution de bases de données comportementales ; 2. organisation algorithmique de la vie collective ; 3. conception d'applications destinées aux individus. Chacun d'entre eux dégageant des perspectives virtuellement illimitées.

C'est alors que s'opéra un passage décisif qui, probablement, ne fut pas approché dans sa pleine mesure. Celui de la substitution d'une utopie numérique à dimension culturelle et relationnelle à une utopie numérique à dimension strictement économique. La rhétorique de l'émancipation par les réseaux avait fait la preuve de son étroitesse de vue et de l'inconséquence de ses présupposés. En revanche, la duplication numérique du monde a fait émerger un horizon de profits intarissables qui, sous couvert de bonnes intentions déclarées visant à « améliorer le sort l'humanité », excite toutes les convoitises et les désirs. L'écotopie californienne qui autrefois rêvait de « productions techniques délivrées de leur pouvoir aliénant », a aujourd'hui laissé place à une « *écononumériacotopie* » globale entendant exploiter, « pour le meilleur » et sous une infinité de formes, les traces émises par nos gestes, mobilisant désormais, avec ferveur, la Terre entière.

–5
LA « CINQUIÈME SILICON VALLEY »
GLOBAL « SILICON DREAM »

En cette fin de deuxième décennie du XXIe siècle, la Silicon Valley n'existe plus seulement en tant que territoire, elle a débordé de son lit tel un fleuve sans cesse grossissant. Dorénavant, elle désigne autant une zone géographique qu'un esprit, « *l'Esprit de la Silicon Valley* ». Elle déborde de partout pendant qu'un autre débordement concomitant est à l'œuvre. Celui qui voit l'éruption de l'Internet hors du strict cadre de son usage *via* les écrans et les interfaces tactiles pour s'infiltrer dans des couches sans cesse plus diverses de nos réalités. C'est un double débordement qui actuellement s'opère, prenant la forme d'une double conquête : celle du monde et celle de la vie. D'un côté, l'infrastructure industrielle, institutionnelle et financière de la Silicon Valley tend à être reproduite plus ou moins à l'identique dans de nombreuses régions de la planète. De l'autre, le modèle qu'elle a engendré vise à exploiter chaque impulsion de la vie. La conjonction entre l'expansion territoriale et l'avènement d'une « industrie de la vie » caractérise la « cinquième Silicon Valley ».

Ce qui rend possible le modèle économique de la « cinquième Silicon Valley », qui au-delà de la *Bay Area* entend de par le monde être exploité, est à l'instar du globe terrestre formé de quatre couches concentriques. En son cœur se situe le « noyau solide », soit la génération de données dont les volumes sont appelés à s'accroître selon des courbes de progression exponentielle, notamment par le fait de l'extension des objets connectés au sein de nos environnements domestiques et professionnels. « Noyau solide » de partout encerclé par un « noyau liquide »

–interprétatif et réactif– formé par l'intelligence artificielle en continuelle sophistication, dotée d'aptitudes interprétatives et d'autonomie décisionnelle. Noyaux en interaction croissante qui rendent possible la constitution d'une troisième couche : son « manteau », soit l'élaboration de systèmes destinés à répondre à terme à chaque occurrence de la vie et à instituer une organisation automatisée du monde. Enfin, le « manteau » est recouvert par la « croûte », « notre croûte », composée de la totalité de nos usages qui assurent le dynamisme ininterrompu et sans cesse intensifié de la structure.

Cette architecture est claire, elle est appelée à rester longtemps en place. L'incertitude, qui était à la fois le moteur et la limite de la « nouvelle économie », n'a plus cours. Ce qui maintenant prime, c'est la netteté d'un chemin dont les contours sont virtuellement tracés et qu'il reste à paver par une infinité d'« innovations ». Cet horizon, porteur de richesses intarissables, fait l'objet d'une ruée qui engage des bataillons de pionniers pullulant depuis peu sur les cinq continents, cherchant à s'inspirer directement de la Silicon Valley, sorte de « mère patrie » originelle[40].

Ce sont d'abord les autres États des États-Unis qui érigent la Silicon Valley comme la référence absolue qu'il faudrait reproduire, voire à terme supplanter : « Beaucoup de villes rêvent de devenir la prochaine Silicon Valley. Seattle est en train de le faire. » « Los Angeles émerge comme la nouvelle Silicon Valley. Ces dernières années, la ville a patiemment bâti les fondations lui permettant de devenir le prochain hub de l'entrepreneuriat technologique. » « Les leaders du Dakota du Nord pensent que leur État pourrait devenir la prochaine Silicon Valley : la Silicon Prairie. » « Miami : la Silicon Beach. » « Dumbo, Brooklyn, New York : la prochaine Silicon Valley. » « Boston est à peu près similaire à San Francisco dans sa capacité à attirer de jeunes talents de la technologie qui apprécient de vivre et de travailler dans un agréable cadre urbain. Boston battra-t-elle la Silicon Valley ? »

De nombreuses forces économiques et politiques d'Amérique du Sud rêvent de rivaliser avec le puissant voisin du Nord et sa région phare : « Santiago du Chili est la prochaine Silicon Valley de l'Amérique du Sud. » « Bienvenue dans "El Barrio Silicon", la Silicon Valley argentine. » « Sao Paulo, qui abrite de nombreux sièges d'entreprises *high-tech*, d'incubateurs et de multinationales, est devenue la Silicon Valley de l'Amérique du Sud. » L'Afrique, le Moyen-Orient, l'Asie aspirent à la même ambition. Le Cap, Afrique du Sud : « Silicon Cape Town ». Lagos, Nigeria : « La Silicon Valley africaine. » Nairobi, Kenya : « La Silicon Valley africaine. » Tel-Aviv et Haïfa, Israël : « Silicon Wadi. » « Dubaï Silicon Oasis est un parc technologique pour l'instant peu développé, mais qui ambitionne de faire de Dubaï l'équivalent de la Silicon Valley. » « Bangalore, la Silicon Valley de l'Inde. »

« Désormais, les responsables chinois appellent à un grand changement : ils souhaitent que les entrepreneurs du pays deviennent également des innovateurs, l'objectif étant de supplanter la production de biens manufacturiers. Dalian est la prochaine Silicon Valley. » « Zhongguancun, un quartier de Pékin, est une nouvelle Silicon Valley. Il s'y dresse de nouveaux buildings autour de la prestigieuse université Tsinghua, l'ensemble devenant un incubateur de rang mondial. » « Hsinchu, la Silicon Valley taiwanaise. » « Incheon, Corée du Sud, est la nouvelle Silicon Valley asiatique. » « Sydney : la Silicon Beach. »

L'Europe, qui a vu son tissu industriel se dissoudre depuis le milieu des années 1970, fonde ses espoirs de revitalisation sur la startupisation du continent : « Dublin, la réponse irlandaise à la Silicon Valley. Le rêve du gouvernement est de favoriser l'émergence d'un écosystème capable de rivaliser avec la Silicon Valley californienne, afin de permettre à des personnes créatives de créer à terme l'équivalent de Google, Oracle ou Facebook.» «Entre Glasgow et Édimbourg se trouve la Silicon Glen, soit la plus grande concentration d'industries *high-tech* d'Europe qui emploient plus de monde que l'industrie du whisky.» «Berlin, la prochaine Silicon Valley? Il y a tant de personnes créatives dans cette ville qui vont construire des start-up incroyables.» «La Russie envisage de faire de Moscou une Silicon Valley. Le gouvernement russe souhaite copier le modèle californien fondé sur la libre culture entrepreneuriale.»

La France se situe maintenant aux avant-postes de ce mouvement pavlo-mimétique global. Elle soutient par des fonds publics l'«économie de la donnée» et octroie un label, «La French Tech», à des villes soutenant le développement de «pôles d'innovation»: Grenoble, Bordeaux, Nantes, Lille, Rennes, Montpellier, ou encore «Loire Vallée» (!), parmi d'autres agglomérations. Certaines d'entre elles ont chargé des agences publicitaires de concevoir un slogan, «Toulouse, *so* start-up!» par exemple. La municipalité a affecté à cet effet un bâtiment d'une valeur de plusieurs dizaines de millions d'euros situé dans le centre historique, entraînant une augmentation des loyers et une reconfiguration sociale similaires à celles à l'œuvre à San Francisco et dans toutes les autres métropoles silicolonisées. À Paris, a été aménagée la Halle Freyssinet, le «plus grand incubateur au monde», qui vise à «faire de Paris la nouvelle Silicon Valley».

L'objectif déclaré consiste à transformer le pays, d'après la novlangue officielle, en un «vaste accélérateur de start-up» en construisant un «réseau d'écosystèmes attractifs[41]». Depuis 2016, le label a été complété par celui de «French Tech Culture», dont Avignon a été le premier «bénéficiaire»: «Présence de nombreux pôles universitaires, douceur du climat, qualité de vie, réseaux européens routiers et de transports collectifs performants: la

Provence avait tous les atouts pour se positionner comme une Silicon Valley à la française[42]. » La ville qui abrite le plus grand festival de théâtre au monde, art de la présence commune des corps, entend développer des systèmes de réalité augmentée ou de visite des monuments historiques *via* des images transmises par des drones. Soit l'ultra-riche industrie hollywoodienne des effets spéciaux et des images de synthèse, celle de James Cameron et d'*Avatar* par exemple, qui tend à être reproduite en version du pauvre dans la Cité des papes sur les bords du Rhône.

La Silicon Valley ne représente pas une « économie-monde » telle que définie par Fernand Braudel[43]. Celle qui nommait les grandes places historiques, qui successivement déterminaient les contours de l'industrie ou du commerce depuis un cœur central et unique, d'où tout partait et vers lequel tout revenait sous la forme de produits de toutes sortes et de capital. En revanche, la « cinquième Silicon Valley » renvoie à un « concept-monde ». La *silicolonisation* le réalise en acte, engageant un modèle industrialo-civilisationnel érigé sur des bases structurelles identiques, qui achève, dans un même mouvement aux allures paradoxales, le processus historique de la mondialisation. Elle lui porte ses coups de grâce au moment même de son apogée, marginalisant un schéma fondé sur la circulation de biens manufacturés, au profit de la mise en ligne globale et synchrone de protocoles aussitôt utilisés de façon tout aussi synchrone par des entités privées ou publiques ou par les individus. La « cinquième Silicon Valley » s'inscrit dans le prolongement du principe de l'échange de marchandises et de flux financiers à l'échelle globale, mais lui fait franchir un seuil qui modifie sa nature et amplifie, suivant une tout autre portée, sa puissance de pénétration. Elle se fonde sur un axiome qui ne fait plus de la mobilité des actifs le rouage principal de son moteur, mais qui capitalise sur l'offre d'innovations de partout accessibles.

Un modèle économico-industriel se déploie, reposant sur le primat d'équations mathématiques et de l'instantanéité temporelle. Au poids et à la nécessaire latence des choses, se substituent progressivement des séquences algorithmiques chargées de fournir des solutions à l'attention de tous les points de la planète et de chaque séquence du quotidien. Il ne s'agit pas là d'un schéma qui, selon la vulgate, s'adosserait à une illusoire immatérialité et se jouerait des frontières. Non, c'est que la numérisation tendanciellement intégrale instaure un nouveau paradigme, fondé sur l'exploitation de la connaissance en temps réel et ultra-détaillée d'un nombre sans cesse étendu de phénomènes, prenant la forme d'une infinité de fonctionnalités accessibles de toute part.

La réduction du monde à des données opère une mise en boucle sur lui-même qui n'abolit pas les distances, mais qui en fait un même terrain de jeu arpenté par des myriades d'entités. La Terre, au moment de l'achèvement d'une mondialisation faite de différés et de différends, s'unifie, car ce sont d'innombrables systèmes situés hors-sol ou dans les « nuages » qui déterminent à l'unisson le comportement de milliards d'individus. Le rythme de nos quotidiens est scandé par les mêmes grilles logiques qui agissent de partout et dont le rayon d'action n'est pas fonction de leur localisation, mais de leur puissance interprétative et suggestive.

La « cinquième Silicon Valley » détient l'extrême privilège d'entretenir un *lien direct* et virtuellement continu avec les usagers. Rapports soutenus et « désintermédiés » en quelque sorte, qui lui permettent de faire valoir, au plus près des corps et des consciences, et dans une liberté sans entrave, sa « vision du monde ». Celle qui, en vue de la seule quête du profit et d'après de mêmes principes réducteurs, entend infléchir toujours plus fermement, à tout instant et en tout lieu, le cours de nos existences individuelles et collectives.

II

-

LA SILICON VALLEY : UNE « VISION DU MONDE »

–1
ŒUVRER AU « BIEN DE L'HUMANITÉ »

Les jeunes gens portent des baskets, de larges jeans lâchement boutonnés au bas des hanches et des *hoodies* sur la face desquels est imprimé en gros caractères : « Nous voulons faire du monde un endroit meilleur. » Lorsqu'ils ne programment pas en silence, le teint blafard, devant leurs écrans et dans un quasi-autisme, ils répètent en continu, lors de chaque *brainstorming*, « vouloir faire du monde un endroit meilleur ». Dans leurs espaces de travail, plutôt sommaires, garnis de tables et d'ordinateurs, sont apposées sur les murs des affiches appelant à « faire du monde un endroit meilleur ». Aspirations formulées en toute circonstance au long de la série sobrement intitulée *Silicon Valley*[1]. Les épisodes exposent la vie au quotidien de *techies*, startuppers et autres ingénieurs, voulant concourir au bien de l'humanité grâce à des applications « innovantes », qui devront au plus vite faire l'objet de levées de fonds et être mises en ligne afin de répondre à leur fonction première, celle de « faire du monde un endroit meilleur ».

Si la série adopte un ton ironique qui l'apparente à une comédie de mœurs et sociale, cette obsession, qui ici prête à sourire, doit dans les faits être prise au sérieux. Car elle correspond à une réalité qui s'est manifestée depuis la « seconde Silicon Valley », inaugurée en fanfare en 1984 par une déclaration de Steve Jobs, qui avait affirmé que le « Mac sauverait le monde[2] ». Profession de foi quasi christique, sempiternellement reprise depuis, à l'instar du récent communiqué principiel de Google qui proclame : « Nous avons la conviction qu'il est possible de rendre le monde meilleur grâce à la technologie. C'est, en quelque sorte, dans nos gènes. »

« Vouloir faire du monde un endroit meilleur » constitue une déclaration d'intention aussi vide qu'« aime ton prochain ». Non pas ici animée par la foi en la parole de Dieu, mais par un autre type de foi, considérant les technologies numériques comme les vecteurs principaux du bien-être, présent et plus encore à venir, de l'humanité. En cela, et contrairement à ce qui est parfois énoncé, l'Esprit de la Silicon Valley ne répond pas à un projet politique, entendu comme un registre de principes déterminés destinés à organiser la vie publique et appelés à se réaliser par des actions concrètes. S'il produit des conséquences politiques, il ne constitue en aucune manière un programme politique.

Dans son dessein, aux contours vagues, associant « les technologies », « le monde » et « le bien », il relève plus précisément d'une *Weltanschauung*, d'une « vision du monde ». La notion fut précisée par Wilhelm Dilthey qui, vers le milieu du XIXe siècle, a cherché à définir l'esprit d'une époque, la façon dont une communauté envisage l'action humaine, le milieu naturel, les rapports sociaux, les productions économiques et les œuvres artistiques. Soit une représentation collective de nombreux phénomènes qui forment, plus ou moins sensiblement, le cadre général de la vie en commun.

L'Esprit de la Silicon Valley porte une vision du monde qui estime que la technique a dorénavant atteint un tel degré de sophistication que sa nature s'est en quelque sorte transmuée. Elle ne correspond plus à celle qui accablait les corps au cours de la révolution industrielle et ne profitait qu'aux classes aisées (Charles Dickens), ni non plus à celle standardisée et encombrante du XXe siècle qui requérait des manipulations plus ou moins fastidieuses (Jacques Tati). Désormais, l'extrême légèreté des dispositifs et la réactivité algorithmique prévalent, favorisant l'accès à tous les savoirs du monde, l'accroissement de l'« autonomie individuelle », l'instauration de « structures collaboratives », la mise en concordance robotisée et opportune de toute chose avec toute autre. La puissance et l'évanescence du computationnel répondent à la vitalité organique des sociétés tout en étant garantes d'un monde mieux organisé et pacifié.

Conception qui semble empreinte de bonne foi, venant d'une Californie qui sait jouir avec mesure de la vie sous un soleil quasi permanent et qui célèbre les valeurs cardinales de la tolérance et du *cool*. Et qui cultive les pratiques du surf, du yoga, de la méditation, exposant des êtres en bonne santé au teint hâlé prêts à s'engager pour le bien commun. *Ethos* qui s'épanouit librement dans une ville dont l'origine du nom témoigne d'une dette à l'égard de saint François d'Assise, figure insoumise vivant dans le dénuement et venant en aide aux pauvres. Tout au long de son histoire, *San Francisco* ne s'est jamais contenté de l'ordre existant, cherchant continuellement à expérimenter des modes de vie supposés plus vertueux, portés par le désir de convivialité et l'audace créative. Il semble presque difficile de ne pas être pris au jeu de ces bonnes intentions, de ne pas être sensible à cet « esprit caritatif », et de ne pas leur accorder quelque crédit.

Cette mentalité s'inscrit dans une double généalogie historique. Elle correspond d'abord à une tradition spécifiquement américaine imprégnée par un « protestantisme vernaculaire » qui a glorifié, au nom de l'ampleur du projet de la construction du pays, l'initiative individuelle. Les entrepreneurs, et plus encore les ingénieurs, incarnant les forces capables de contribuer à l'amélioration des conditions générales de vie et, plus largement, conformément à une perspective téléologique, d'œuvrer de façon décisive au « salut de l'humanité »[3]. Croisement entre théologie et industrie qui a généré un « messianisme technique » « qui se retrouve par exemple dans les écrits et projets de John Etzler, un émigrant allemand installé aux États-Unis et auteur en 1833 d'un livre où il annonce l'avènement du "Paradis à la portée de tous les hommes, sans travail et au moyen des forces de la nature et des machines". Etzler voit l'Amérique comme un nouvel Éden où l'homme, être rationnel, peut construire, grâce aux machines, une société pacifiée et heureuse[4]. » On peut comprendre l'histoire du gigantesque développement industriel et économique des États-Unis durant deux siècles à la lumière de cette croyance, qui conduisit notamment le pays à élire, en 1928, un ingénieur à la Maison Blanche, Herbert Hoover.

Cette foi prend aussi son origine dans une tradition européenne. Celle inaugurée durant les Lumières au XVIIIe siècle, manifeste dans les planches de l'*Encyclopédie* de Diderot et d'Alembert, peignant avec minutie la structure des objets techniques, dont les vertus civilisatrices devaient être enseignées au plus grand nombre. Ou chez Condorcet, philosophe et mathématicien, qui cherchait à instituer une organisation administrative mieux coordonnée et planifiée grâce, notamment, à l'usage des statistiques naissantes. Lignée qui s'est prolongée et renforcée au siècle suivant chez Saint-Simon qui, dans le *Catéchisme des industriels*, envisageait le développement des machines et de la grande industrie comme condition de la liberté et du bonheur des sociétés. Et qui a connu une sorte d'apogée dans le positivisme d'Auguste Comte, aspirant à une disposition ordonnée et optimale des choses grâce aux pouvoirs rationalisant des techniques.

Les Expositions universelles devaient rendre visible la grandeur de l'industrie, capable non seulement d'améliorer les conditions d'existence, mais également d'« enchanter la vie ». Tout l'imaginaire de l'*American Way of Life* et de la société de consommation à l'œuvre en Occident à partir des années 1950 s'inspire directement de la puissance de la technique. Mode de perception qui s'est progressivement inversé depuis la crise économique des années 1970, vite aggravée par l'intensification de la mondialisation qui a entraîné des délocalisations et des destructions d'emplois. Les risques associés au nucléaire civil et militaire, la conscience de l'épuisement des ressources naturelles, ainsi que les dégâts dus à la pollution, plus tard rendus manifestes par la destruction de la couche d'ozone, ont parachevé la décrédibilisation de l'idée de « progrès », lui ôtant toute connotation positive.

L'Esprit de la Silicon Valley entend clore cette période de désenchantement, redonner tout son éclat à l'« optimisme technologique » historique et réintroduire cette confiance en la « perfectibilité indéfinie de l'homme », caractéristique, selon Tocqueville, du credo américain. Mais non plus en faisant valoir l'idée de « progrès », qui supposait dans son nom même une temporalité saccadée inhérente aux développements technologiques, autant que les délais nécessaires à leur imprégnation, parfois génératrice de résistances ou de conflits, dans la société. Car l'époque est tout autre, elle est aux *technologies de l'exponentiel et de l'intégral*. Leur vitesse de développement sans cesse augmentée, leur sophistication indéfiniment amplifiée et leur vocation à gagner tous les pans de la vie sont appelées à continuellement emporter le monde et la condition humaine vers le « meilleur ». « Quand les technologies du XXIe siècle convergeront, l'humanité pourra enfin, grâce à elles, atteindre un état marqué par la paix mondiale, la prospérité universelle et la marche vers un degré supérieur de compassion et d'accomplissement », indiquait le document officiel américain lançant, en 2002, le programme interdisciplinaire de recherche sur la convergence entre nanotechnologies, biotechnologies, technologies de l'information et sciences cognitives.

La vision siliconienne du monde représente l'*acmé du positivisme*, tenant la rationalité technoscientifique comme le vecteur privilégié du perfectionnement de l'organisation des sociétés et des conditions de vie. Mais elle lui fait franchir un seuil, en lui attribuant une *position omnipotente.* D'abord, dans la mesure où elle ne peut être confrontée à aucun doute ou opposition, qui seraient aussitôt repoussés par le souffle « immaîtrisable » des évolutions techniques. Celles-ci s'imposent à la vie humaine comme un fait structurel inéluctable. Ensuite, dans la mesure où elle fait de ce tourbillon technologique la source exclusive de tout espoir, accaparant le monopole des notions de « bien » et de « bonheur », et opérant un coup d'État sur les conditions de leur réalisation. Enfin, ces nobles objectifs légitiment toutes les innovations, autant que toutes les pulsions des entrepreneurs qui ne font que témoigner de leur vive passion à œuvrer sans attendre au bien de l'humanité.

Le technolibéralisme rompt avec le capitalisme classique, qui est « sans doute la seule, ou au moins la principale forme historique ordonnatrice de pratiques collectives à être parfaitement détachée de la sphère morale au sens où elle trouve sa finalité en elle-même[5] ». Car la vision siliconienne du monde est implicitement garante d'une morale, assurant l'accomplissement prochain d'une vie idéale. En cela, elle relève d'un millénarisme, car à l'instar de toute vision du monde, elle dessine l'unique « voie de salut ». Dimension exclusive et ultime que Carl Jung avait relevée au cours des années 1930 : « Avoir une vision du monde [*Weltanschauung*], c'est se former une image du monde et de soi-même, savoir ce qu'est le monde, savoir ce que l'on est. […] Toute vision du monde a une singulière tendance à se considérer comme la vérité dernière sur l'univers[6]. »

–2
TECHNOLOGIES DE L'EXPONENTIEL ET ÉLAN VITAL

Le monde est constitué de substances en transformation continue et interagissant à tout instant entre elles. Le principe explicatif premier renvoie à la perpétuelle tension dynamique entre ses éléments qui assurent dans l'attirance ou la répulsion le maintien de l'édifice. L'incessante circulation des flux structure son ossature. Plus ils sont nombreux et denses, plus ils participent naturellement de son meilleur équilibre. Vivre en pleine adéquation avec le milieu consiste à faire corps avec ce mouvement. L'Esprit de la Silicon Valley mêle une vision zen, panthéiste et quantique du monde. Il ne faut pas faire barrage à son «élan vital», juste s'y accorder et l'entretenir au rythme le plus *intense*, afin de concourir à l'harmonie universelle et à celle des êtres qui y participent. La raison et l'action humaines doivent tendre vers cet objectif.

Mais le tragique, c'est qu'elles se situent toujours à la traîne en regard de la vitesse des choses. Cependant, une merveille a été offerte à l'humanité : les technologies de l'exponentiel et de l'intégral qui offrent l'occasion quasi miraculeuse de s'y raccorder continûment et avec aisance. C'est leur mission fondamentale, celle de pouvoir nous confondre avec le tempo du monde, qui conditionne la plénitude de l'existence. Elles nous font éprouver le « sentiment océanique[7] », réalisant l'unité avec l'univers ou opérant un perpétuel «retour au tout» (Lou Andreas-Salomé). En cela, elles représentent un don du Ciel : « Les miracles portent un nom : la technologie[8]. » Formule énoncée par un des lumineux «visionnaires» de la Silicon Valley, Peter Thiel, fondateur de PayPal et *serial startupper*.

Si le monde est fait d'incessantes circulations de flux, c'est parce que sa structure est en réseau : c'est dans ses nœuds et l'infinité des « lignes de fuite » qu'ils dégagent que réside sa vitalité dynamique. C'est ce principe fondamental qui avait été occulté par toute une tradition scientifique, philosophique et politique, fondée sur un ordre statique, privilégiant les principes de centralité et de hiérarchie, et dont leur envers – le réseau – deviendra le mantra de l'idéologie californienne *New Age* et technolibérale des années 1990 : « L'atome est l'icône de la science du XXe siècle. L'atome tournoie seul, il est le symbole même de la solitude. Il est la métaphore de l'individualité : atomique. Il est l'indéfectible place forte. L'atome représente le pouvoir, le savoir, la certitude. [...] L'atome, c'est le passé. Le symbole de la science pour le siècle prochain, c'est le Réseau dynamique. Le réseau n'a pas de centre, c'est une multitude de points connectés à d'autres points, une toile d'araignée de flèches déferlant les unes sur les autres, se contorsionnant ensemble comme des serpents dans leur nid. Il représente tous les circuits, toute l'intelligence, toute interdépendance, toute chose économique, sociale, écologique, toute communication, toute démocratie, tout groupe, tout système de grande taille[9]. »

Certains avaient su pressentir cette vérité physico-ontologique, tels Saint-Simon et les saint-simoniens qui, au cours du XIXe siècle, avaient cherché à favoriser l'extension des voies de circulation et à ériger de nouveaux canaux de communication, envisagés comme des vecteurs d'amélioration des conditions de vie, des relations entre les humains, et indispensables à un plein essor économique. C'est sur ce postulat que s'est développé le capitalisme industriel jusqu'à la mondialisation à l'œuvre au tournant des années 1980, fondée sur une intensification des échanges de biens et d'informations entre un nombre toujours plus important de points de la planète. L'avènement de l'interconnexion globale, au milieu des années 1990, a laissé entrevoir la réalisation universelle de ce principe, qui allait toucher « toute chose économique, sociale, écologique, toute communication, toute démocratie », comme l'augurait Kevin Kelly. Une architecture technologique se confondait avec un axiome physique fondamental. La puissance de cette concordance allait déchaîner tous les fantasmes d'une économie « déhiérarchisée », d'une démocratie « horizontale », et d'une fin « fukuyamesque[10] » de l'histoire.

Deux décennies plus tard, il ne reste plus grand monde pour croire encore à la rhétorique de la vérité rhizomatique du monde qui demanderait à être exaltée afin de lisser toutes les aspérités du réel. À l'exclusion des forces économiques qui continuent de miser leur expansion sur l'infrastructure du réseau, qui se voit plus que jamais parée de propriétés bienfaitrices, capables de « réconcilier » *ad vitam æternam* l'humanité avec elle-même. « Thérapeutique de la connectivité » sensible dans de nombreuses formules empreintes d'une confondante naïveté, telle celle de Mark Zuckerberg affirmant que « les animosités au Moyen-Orient ne proviennent pas d'une haine profonde envers quiconque, mais plutôt d'un manque de connexion et de communication, d'empathie et de compréhension[11] ».

C'est d'après ce brillant constat que Facebook a développé le projet Internet.org, qui vise à permettre aux populations du globe les plus démunies de se connecter et dont le slogan initial affirmait : *The more we connect, the better it gets* (« Plus nous nous connectons, mieux les choses se passent »), et qui fut ensuite remplacé par *Connecting the world means the whole world, not just some of us* (« Connecter le monde suppose de le faire pour le monde entier, pas seulement pour certains d'entre nous »). L'initiative cherche à intensifier la « noosphère » de Teilhard de Chardin, cette « pellicule de pensée enveloppant la Terre, formée des communications humaines». C'est pour mieux répondre à sa vocation universaliste que la firme a inauguré un laboratoire, le Connectivity Lab, rassemblant notamment des experts de la Nasa. En son sein a été conçu un prototype de drone géant appelé à se maintenir à dix-huit kilomètres au-dessus du sol pour des durées de trois mois.

D'autres projets sont développés, tel celui d'Elon Musk, OneWeb, qui compte déployer une constellation de quatre mille minisatellites en orbite, ou celui conçu par l'unité de recherche Google X, Loon, consistant en un réseau de ballons gonflés à l'hélium suspendus dans la stratosphère. Ici, des entreprises privées se parent des atours de sauveuses des nouveaux « damnés de la Terre », œuvrant à leur libération à l'échelle du globe. San Francisco sort de son Ombrie natale et vient offrir à tous les peuples relégués les instruments de leur libération par les ondes.

Mais la connectivité, aujourd'hui, ne doit plus seulement être entendue comme faisant appel à des gestes délibérés, elle a été agrégée à une autre fonction qui lui est corollaire, celle de mettre en relation toute chose avec toute autre de façon robotisée. Disposition qui renvoie à un stade ultérieur ou supérieur de la connectivité, celui de la *concordance algorithmique*. « La moindre chose qui se forme au monde est toujours le produit d'une formidable coïncidence[12]. » Mais les concordances, considérées comme toujours potentiellement fructueuses, ne se produisent jamais autant qu'il le faudrait. Car le monde est le résultat d'une imperfection primordiale, tout ne coïncide pas systématiquement, conformément à une tradition gnostique qui considère que Dieu n'a pas eu le temps de parachever la Création.

Les technologies de l'exponentiel vont *automatiser les conjonctions*, appelées à terme à rectifier le défaut fondamental de l'univers. L'Esprit de la Silicon Valley entretient un lien non dit avec l'antiquité gréco-égyptienne, celle de la philosophie hermétique d'Hermès Trismégiste qui était à la recherche du code universel. La philosophie siliconienne, grâce à sa science avancée de la combinatoire faite de 0 et de 1, va pouvoir rectifier le manque de perfection, en résolvant l'intégralité des énigmes du réel et en corrigeant toutes les anomalies. De la composition du génome à la naissance des étoiles, jusqu'aux secrets les plus reculés de l'esprit et de la vie. C'est pourquoi les tenants des technologies de l'exponentiel ambitionnent « légitimement » de renouer avec la réalité parfaite d'avant la Chute et d'instaurer un ordre idéal des choses.

D'ici là, la « route est longue » comme le proférait Lao Tseu. Elle sera jonchée d'une infinité d'« innovations » destinées à combler toutes les lacunes de la Création. Raison pour laquelle cette vision du monde s'accompagne d'un appareil rhétorique érigeant l'« augmentation » comme un axiome technico-ontologique cardinal. De la réalité qui serait pauvre en elle-même, et qui devrait être « augmentée », à l'enseignement trop restreint par la seule figure du professeur et qui appelle des interfaces « enrichies », aux livres dont les lignes seraient ternes dans la sécheresse de leur linéarité et qui demanderaient des ajouts d'images ou de vidéos, jusqu'à l'infiltration du corps par des « prothèses augmentatives », ou du cerveau par des implants de silicium.

Mais le cœur de l'imperfection fondamentale du monde, le vecteur majeur qui asphyxie sa dynamique en fusion, qui s'attache à la neutraliser, c'est l'humain. Car l'humain, selon la *Weltanschauung* siliconienne, dans sa finitude cognitive, ses croyances, ses hésitations, ses doutes, ses erreurs de jugement, constitue le facteur d'inertie majeur. Il représente l'ennemi. Mais un miracle a lieu. L'humanité vit un moment exceptionnel de son histoire. Elle a érigé un instrument capable de le racheter et de le guider pour le meilleur et en toute occasion, étant bientôt appelé à être délivré de son misérable *Dasein* heideggerien.

Ce sésame magique, cette force plus grande que l'humain et néanmoins conçue par lui, c'est la puissance surnaturelle de l'intelligence artificielle.

–3
L'INTELLIGENCE ARTIFICIELLE : LE SURMOI DU XXIe SIÈCLE

Hitoshi Matsubara, professeur à la Future University Hakodate (Japon), a mis au point avec son équipe un système destiné à rédiger un « texte littéraire ». Des intervenants humains ont fixé la trame narrative et les types de personnages, laissant ensuite au programme le soin de sélectionner des mots et des phrases au sein d'un corpus préalablement établi. Le résultat a pour titre *Le jour où un ordinateur écrira un roman*, soit une fiction procédant à une mise en abyme qui a été sélectionnée dans le cadre d'un concours de nouvelles par un jury ignorant son origine. Le responsable du projet souhaite développer une méthode plus élaborée, permettant à une intelligence artificielle de concevoir elle-même et intégralement un texte.

En 2015, Google a mis en ligne des images « créées » par des algorithmes « peignant » des motifs oscillant entre réalisme et abstraction, à l'intérêt nul et à l'aspect psychédélique, mais qui ont émerveillé dans la mesure où elles ont témoigné pour la première fois d'une « faculté artiste » détenue par des processeurs. Ces recherches ont été prolongées en 2016 par l'écriture d'une mélodie au piano composée à partir de quatre notes par un logiciel nommé TensorFlow, imaginé dans le cadre de Magenta, un projet du Google Brain Team cherchant à faire réaliser par des systèmes des productions « artistiques ».

Ces initiatives et productions récentes s'inspirent d'un imaginaire ancestral de la technique, supposée, dans une extrême sophistication fantasmée, incarner un double de la figure humaine. Propension qui fut exacerbée par la cybernétique, particulièrement par Norbert Wiener qui, à partir de 1948, chercha à développer une machine reproduisant les mécanismes du cerveau humain. Sorte de passion narcissique et névrotique à vouloir dupliquer notre nature, telle la création du docteur Frankenstein, mais toujours envisagée sous une forme supérieure ou « augmentée ».

La victoire, en 1997, de Deep Blue, conçu par IBM, contre le champion du monde d'échecs Gary Kasparov, s'inscrit dans cette lignée, qui, dans ce cas, a témoigné de la faculté de certains programmes à traiter des masses d'informations à des vitesses extrêmement élevées et à engager des décisions en fonction de modèles répertoriés. À l'instar de la victoire en 2016 d'AlphaGo face au champion du monde de go, qui résulte de l'accroissement exponentiel de la puissance de calcul et du perfectionnement continu de la science algorithmique, ayant autorisé l'évaluation à vitesse astronomique d'un nombre de combinatoires encore plus étendu. Demis Hassabis, le fondateur de la société DeepMind, conceptrice du programme, acquise par Google en 2014, avait déclaré « vouloir distiller l'intelligence dans une construction algorithmique afin de mieux comprendre le fonctionnement de nos esprits[13] ». Conception qui procède d'une équivalence, ou plus exactement d'un réductionnisme, entre une structure technique et une configuration biologique, sensible dans le principe anthropomorphique de « réseaux neuronaux artificiels ».

Procédés qui, malgré la dimension spectaculaire de leurs prouesses, relèvent *in fine* d'un folklore dans la mesure où ils cherchent à rivaliser frontalement avec certaines de nos facultés. Or, ce qui caractérise la nature de l'intelligence artificielle actuellement en expansion, ce n'est pas cette capacité à dupliquer nos ressources imaginatives, créatives ou ludiques, pour chercher finalement à les dépasser, mais son aptitude à outrepasser sans commune mesure la puissance cérébrale et cognitive humaine sur certaines taches spécifiques, en vue d'assurer la gestion d'activités existantes ou nouvelles de façon infiniment plus rapide, optimisée et fiable.

L'intelligence artificielle se trouve aujourd'hui dotée d'une triple faculté. D'abord, celle de pouvoir *interpréter* des situations de tous ordres. Disposition inaugurée au tournant des années 1990 par les systèmes experts, capables d'évaluer de façon automatisée des états de fait au sein d'un corpus de données. Dispositif utilisé par exemple à l'occasion de l'établissement d'un diagnostic portant sur l'état d'un réacteur dans le cadre de la maintenance aéronautique.

Au cours de la décennie suivante s'opéra un saut qualitatif par le *data mining*, qui nomme la capacité acquise par des programmes à saisir, à de hautes vitesses, des corrélations entre des séries de faits faisant apparaître des phénomènes qui demeuraient jusque-là non immédiatement sensibles à la perception humaine. Par exemple, l'état de solvabilité d'une personne voulant souscrire un crédit, projeté sur des années et établi en fonction d'une multitude de critères.

Ensuite, l'intelligence artificielle détient un pouvoir de *suggestion.* Telle la formulation de « solutions » conseillant, par exemple, à une entreprise de passer commande à tel sous-traitant plutôt qu'à tel autre, en fonction de multiples paramètres traités de façon automatisée, ou la transmission de notifications à un smartphone, signalant, *via* la géolocalisation, des offres situées alentour et supposées correspondre au profil de l'utilisateur.

Enfin, elle est capable d'une *autonomie décisionnelle.* Soit la capacité d'*engager* des actions sans validation humaine préalable, à l'instar des robots numériques qui, dans le *trading* à haute fréquence, procèdent d'eux-mêmes à l'achat ou à la vente de titres.

Autant de dispositions qui ne cessent de se perfectionner, grâce notamment à la faculté autoapprenante des systèmes :

le *machine learning*. Récente aptitude qui conçoit le langage de programmation, non plus comme déterminant de part en part le « comportement » d'un système, mais comme un premier socle à partir duquel son niveau de compétence va régulièrement s'améliorer au long de ses « expériences ».

Dans le champ de l'intelligence artificielle, ce sont principalement les puissantes entreprises de la Silicon Valley qui se situent aux avant-postes des recherches et des développements, disposant des budgets, des équipes et des infrastructures. Particulièrement Alphabet qui, au sein de ses laboratoires Google Brain et Google DeepMind, travaille, parmi bien d'autres chantiers, sur l'interprétation automatisée du langage naturel. Ou IBM qui, avec Watson, conçoit des architectures d'expertise robotisée s'appliquant à divers domaines. Ou encore Facebook et Microsoft qui élaborent des programmes capables de décrire des images ou de mener des conversations avec les utilisateurs *via* les *chatbots*. Toutes entendent détenir la maîtrise de « l'informatique cognitive » actuellement en plein essor, faisant suite à celle « de la programmation » et antérieurement à celle « du calcul », voyant aujourd'hui l'émergence de l'ère d'une *suprématie symbolique* de l'évaluation et de la décision algorithmiques dans les affaires humaines.

Dimension particulièrement emblématique dans la Google Car, équipée de capteurs qui saisissent des myriades de données, notamment celles se rapportant au milieu immédiat et aux véhicules environnants, reliées à d'autres informations embarquées, telle la cartographie des routes, ou stockées sur des serveurs, tel l'état du trafic, et qui engage à chaque instant des actions en fonction de multiples conditions locales et générales interprétées en temps réel. Dispositif qui répond parfaitement à la récente vocation de l'intelligence artificielle : celle de pallier certaines de nos déficiences irréductibles et de nous « piloter » sans risque dans le meilleur des mondes. Car la Google Car entend réaliser le « rêve de zéro accident ». Si certains prototypes en ont occasionné, c'était – selon la version de l'entreprise – lorsqu'ils ont été actionnés en mode manuel, induisant *de facto* un comparatif qui nous renvoie piteusement à notre faillible condition : « Nous le prenons comme un signal qui nous permet de comparer favorablement nos voitures en regard des conducteurs humains. » Paroles implacables prononcées par le chef de projet, Chris Urmson, ajoutant encore : « Nos voitures autonomes peuvent faire attention à des centaines d'objets en même temps, à 360 degrés dans toutes les directions, et elles ne sont jamais fatiguées, irritables ou distraites. » Elles.

Le facteur humain est neutralisé. Vision défendue comme une évidence par Sergey Brin, président d'Alphabet, la maison-mère : « Mon but est que le grand public considère les voitures sans conducteur comme plus sûres que celles conduites par les hommes. [...] Nous travaillons beaucoup et allons mettre au point des véhicules plus sûrs, car les êtres humains ont de nombreuses limites, comme le manque d'attention[14]. » Google se pense comme un bienfaiteur de l'humanité. Nous sommes alors sommés d'agir le moins possible mais de beaucoup dépenser. Car le même véhicule, grâce encore à la magie de l'intelligence artificielle, *via* des logiciels d'analyse des visages et d'interprétation des états physiologiques ou psychologiques, ou des éventuelles conversations tenues en son sein, est appelé de lui-même à *suggérer* quantité d'« animations » durant les parcours, tel un « gentil organisateur » d'un club de vacances. Proposer par exemple, en fonction de l'état de fatigue « constaté », un arrêt dans la pharmacie la plus proche, ou une pause dans un hôtel ou un restaurant supposés être en adéquation avec le profil des passagers, ou quelques rencontres avec des personnes situées alentour. La meilleure concordance des choses *via* des systèmes omniscients réalise le monde parfait qui était jusque-là totalement inenvisageable.

C'est également à un *guidage de la décision humaine* que va progressivement procéder l'intelligence artificielle. À l'instar de la version destinée au milieu médical du système Watson, conçu par IBM, qui analyse les dossiers des patients et établit des diagnostics, rédige des prescriptions, répertorie les effets secondaires des médicaments et les rapporte à chaque cas, « lit » les articles scientifiques disponibles en ligne, affinant continuellement son degré d'expertise grâce à l'accumulation et au traitement ininterrompus d'informations de tous ordres. Dispositif qui d'ores et déjà surpasse la compétence des médecins aux yeux de certaines compagnies d'assurance qui privilégient son évaluation « objective » et froide lors de la souscription à des contrats.

BakerHostetler, un des plus importants cabinets d'avocats américains, s'est doté d'un programme nommé Ross, qui a pour fonction de mieux contextualiser chaque cas de figure en allant fouiller dans des masses de documents juridiques. Ross s'enquiert également de l'actualité et signale toute décision judiciaire jugée pertinente susceptible d'informer le traitement d'affaires en cours. Principe qui s'apparente au clone Mimi, personnage féminin de la série suédoise *Real Humans* qui, lors d'un épisode, travaille dans un cabinet d'avocats dont les responsables sont soudainement pris de panique, étant sur le point d'accueillir des clients importants alors qu'ils ne s'étaient pas annoncés. La mise en connexion de ses « processeurs cérébraux » à des bases de données, associée à sa haute vitesse de traitement, fera qu'un dossier impeccable sera établi en quelques secondes, laissant ses « collègues » interloqués.

Autant de faits qui annoncent, tout comme les robots mécaniques qui, vers la fin des années 1970, ont remplacé nombre d'ouvriers sur les chaînes de travail, la substitution à terme d'emplois qualifiés à forte dimension cognitive par des systèmes robotisés. Une étude menée en 2014 par l'agence McKinsey a conclu que quarante pour cent du travail actuellement réalisé par les humains serait déjà automatisable par des technologies existantes, et que ce sera encore bien plus à terme. Perspective qui semble faire saliver Andy Kessler, investisseur en capital-risque, ayant affirmé que le meilleur moyen de créer de la productivité « consiste à se débarrasser des humains[15] ». Dans les faits, c'est un double repositionnement de la figure humaine qui s'opère. D'abord de type ontologique, dans la mesure où c'est la conception de l'humain par les humains qui est redéfinie. Ces derniers ne sont plus considérés comme détenant l'exclusive de la faculté de jugement, et sont symboliquement *supplantés* par une nouvelle instance de vérité estimée supérieure. De type anthropologique ensuite, dans la mesure où ce n'est plus l'humain qui exerce son pouvoir agissant, à l'aide de son esprit, de ses sens et de son savoir propre, mais une force interprétative et décisionnelle tenue pour plus efficace, « légitimement » vouée à l'évincer dans des secteurs sans cesse plus étendus de la vie.

C'est une telle humiliation infligée à la condition humaine que les tenants de l'intelligence artificielle s'échinent à avancer, comme ils le peuvent, des arguments susceptibles de la légitimer aux yeux de la société. Le premier d'entre eux renvoie à la fiction de la « complémentarité » depuis peu partout assenée, entendant annoncer l'avènement de nouveaux types de « partenariat » entre humains et machines, autant qu'une valorisation de nos qualités créatives déclarées inégalables. « Les métiers créatifs et relationnels ont plutôt un bon avenir. Pour autant, la machine ne va que rarement remplacer l'humain. La situation la plus efficace est quand l'humain s'associe à la machine[16] », affirme avec une bonne foi feinte l'*ingénieur* Yann LeCun, dirigeant du département d'intelligence artificielle de Facebook.

La colonisation de nombreux champs de la vie par l'intelligence artificielle se réalise dans une unité destinée à couvrir des séquences toujours plus variées du quotidien : les assistants dits « virtuels ». Systèmes actuellement implantés dans les smartphones, tels Siri d'Apple, Google Now, ou Cortana de Microsoft, qui visent à répondre à toutes les questions et souhaits des utilisateurs, et à leur suggérer des offres ou produits adaptés à chaque moment de leur existence. Ils portent le juste nom d'« assistants » ; ils pourraient tout autant être nommés « compagnons numériques », tant au vu de la diversité des fonctionnalités auxquelles ils vont progressivement répondre, qu'au vu de la place qu'ils sont appelés à prendre dans la vie de chacun. Un autre genre d'altérité s'instaure, ne faisant que répondre à nos besoins et désirs supposés et destinée à nous seconder, nous guider, voire nous divertir ou nous consoler. Dimension autorisée par le traitement de nos requêtes et le suivi de nombre de nos activités, et à terme par l'interprétation émotionnelle *via* l'analyse des expressions du visage et des fréquences vocales. Une altérité d'une nouvelle espèce, sans visage et sans corps, se dérobant à toute confrontation ou à tout conflit, seulement vouée à nous offrir le « meilleur » à chaque instant[17].

C'est une interaction diffuse entre systèmes et personnes qui sera instaurée, *via* des capteurs logés dans les surfaces domestiques et professionnelles analysant les gestes, les paroles, les « émotions ». Relations établies sur des interfaces homme-machine, qui font l'objet de brusques améliorations du fait du *deep learning*, permettant notamment des échanges en langage naturel fluidifiés entre processeurs et humains. Dimension qui institue des « rapports spontanés » qui verront nos actions, des plus banales aux plus décisives, orientées par la puissance suggestive des assistants personnels, et plus tard par celle de l'« intelligence ambiante ». La place actuelle et future occupée par l'intelligence artificielle se dresse comme un *surmoi*, appelé à combler nos failles et à nous conduire *ad vitam æternam* sur le chemin de la vérité. L'Esprit de la Silicon Valley réalise la fin de l'histoire, faisant émerger un monde nouveau, dénué de toute friction et aspérité, vivant de la pleine concordance.

De nombreux scientifiques, chercheurs et industriels, avaient manifesté, en 2014, leur inquiétude quant à la perspective d'une possible extinction de la race humaine par l'intelligence artificielle qui, par l'effet de son perfectionnement continu, gagnerait une totale autonomie et voudrait finalement exterminer ses géniteurs. Vision fantasmatique, qui correspond encore à un imaginaire de la technique dotée d'un instinct libidinal, pouvant se dresser comme une rivale jalouse et être à terme dévorée par une violence destructrice. Loin de cette vision erronée, apocalyptique et spectaculaire, ce n'est pas l'extinction de la « race humaine » qu'instaure la *Weltanschauung* siliconienne, mais plus précisément et bien plus sournoisement l'éradication de la *figure humaine*. Soit la « mort de l'homme », celui du XXIe siècle, certes envisagé comme un être agissant, mais qui, pour son bien et celui de l'humanité tout entière, doit désormais se dessaisir de ses prérogatives historiques pour les déléguer à des systèmes autrement plus aptes à parfaitement ordonner le monde et à lui assurer une vie débarrassée de ses imperfections.

–4
LE TECHNOLIBERTARISME : LA DISQUALIFICATION DE L'ACTION HUMAINE

La raison moderne s'est constituée sur le principe de l'évidence cartésienne dont est *a priori* doué chaque individu : « Ne jamais tenir aucune chose pour vraie que je ne la connusse évidemment être telle[18]. » Pleine conscience des choses qui conditionne l'autonomie de l'action humaine et l'engagement, corollaire, de la responsabilité. Le paradoxe veut que cette raison cartésienne se trouve aujourd'hui marginalisée par l'avènement d'une « raison numérique siliconienne » qu'elle a pourtant contribué à féconder. Car il s'opère une sournoise et massive « passation de pouvoir » de la raison humaine à des systèmes chargés d'éclairer de leurs « lumières » des pans sans cesse plus étendus de nos existences.

C'est conformément à cette visée, non explicitement dite, que se développe une large partie de l'« innovation » numérique. Dans la plupart des cas, par le biais de startuppers imaginant des protocoles fondés sur le postulat de la défectuosité de la nature humaine et destinés à nous éviter de nous comporter de façon inconsidérée. À l'instar du porte-biberon connecté Baby Gigl, qui « analyse, corrige et surveille le comportement des adultes lorsqu'ils donnent le biberon, grâce à un inclinomètre qui émet un signal sonore et lumineux lorsque le geste est mal accompli[19] ». Il va de soi que des programmeurs, souvent à peine sortis de l'adolescence et « tapant du code » en continu de façon quasi autiste, connaissent bien mieux que les pauvres parents aux instincts défaillants les bons gestes à adopter.

C'est une nouvelle et définitive séquence de l'histoire qu'entend inaugurer la *Weltanschauung* siliconienne, celle d'une humanité débarrassée de ses scories et déléguant à des suites algorithmiques la tâche de mieux organiser la marche du monde. Elle entend faire advenir la « vision cybernétique » de la société, qui n'avait pu, au cours des années 1950 et 1960, être réalisée, faute de maturité technique. Elle est aujourd'hui rendue possible grâce à l'extrême sophistication de la science computationnelle. Norbert Wiener avait théorisé le principe d'une société structurée comme un large système d'information et constamment régulée par le *feedback* généré. De la tension dynamique viendrait l'équilibre, l'« homéostasie », neutralisant *in fine* toute forme de négativité : « La désorganisation et l'entropie, que ce soit dans le domaine de l'information ou celui de la politique, sont des choses que nous pouvons, sans que la formule soit exagérée, considérer comme le mal absolu[20]. »

Une vision « néowienerienne » ou « néocybernéticienne » spécifie ce qui, aujourd'hui, doit être nommé *technolibertarisme*. Il diffère du libertarisme historique qui défendait prioritairement le droit absolu à la liberté des personnes et celui de se soustraire à toute autorité. Il correspondait à un principe politique tenant la pleine autonomie individuelle comme la condition primordiale présidant à une bonne société, laissant à chacun le soin de vivre comme bon lui semble et de mener ses initiatives sans se soumettre à la loi de quiconque. Une entière et absolue liberté serait consubstantielle à l'existence. Tous les modèles politiques n'auraient fait que la restreindre au nom de l'impératif d'instaurer un ordre commun.

Exigence poussée à l'extrême par Hobbes dans le *Léviathan* (1651), qui exige le monopole de la force par l'État, entériné par les lois, en vue de contenir la violence humaine fondamentale. Nécessité, pour le bien des sociétés, de freiner la volonté de puissance des êtres et leur pulsion libidinale, entraînant *de facto* une frustration, qui a été analysée par Freud dans *Malaise dans la civilisation* (1930). Toute la philosophie politique moderne s'est efforcée d'évaluer le meilleur équilibre entre l'élan individuel et le devoir d'aménager une vie collective durable. Depuis le XVIIe siècle, les querelles majeures se sont déployées à l'intérieur de ce ring idéologique.

Le libertarisme originel est radical, dans la mesure où il congédie sans nuance toutes ces oppositions historiques, estimant que les jeux de balanciers, d'où qu'ils penchent, ne revêtent aucune valeur, étant soit abusifs, soit restrictifs, en tout état de cause illégitimes. La seule et inconditionnelle liberté des individus doit prévaloir, sans tenir compte du deuxième terme de l'équation, la chose publique. Aucune idéologie n'a à ce point méprisé le principe d'un cadre collectif institué, jusqu'à l'anarchisme, qui affirmait la valeur du mutualisme et du fédéralisme appelant *de facto* des jeux de négociation continus entre les individus et la collectivité librement constituée[21].

Rien de cela dans le libertarisme, l'individu incarne le premier et ultime but. L'État, quelle que soit la nature de son régime, dans son fondement même, présuppose à un degré ou à un autre la négation d'une partie de notre liberté, et cela est jugé inacceptable : « Nos principales conclusions se résument à ceci : un État minimal, qui se limite à des fonctions étroites de protection contre la force, le vol, la fraude, à l'application des contrats, et ainsi de suite, est justifié ; tout État un tant soit peu plus étendu enfreindra les droits des personnes libres de refuser d'accomplir certaines choses, et il n'est donc pas justifié[22]. »

Une articulation en quelque sorte « naturelle », ou « lockienne[23] », s'impose entre liberté inconditionnelle des personnes et initiative économique non régulée. Chacun disposant du droit d'entreprendre, sans s'embarrasser d'aucune loi ou règle contrariant la mise en relation organique permise par le marché. Forme idéale d'échanges entre individus, dans la mesure où elle n'implique pas de passer par des institutions extérieures aux processus, susceptibles d'imposer une autorité illégitime portant atteinte à la liberté naturelle. L'État-providence et son corollaire – l'impôt –, sont considérés comme abusifs, puisque fondant la condition d'un bien commun sur la ponction de ressources issues de l'initiative individuelle, seule créatrice, à la base, de richesses.

Sorte de summum du libéralisme économique mais dans une version résolument antiétatique, alors que le libéralisme, et davantage le néolibéralisme, s'appuient sur l'État afin d'être soutenus dans leur développement par le droit, sous la forme politico-juridique d'un « ordolibéralisme[24] ». Malgré ces différends fondamentaux, libertarisme et libéralisme ont défendu depuis l'après-guerre nombre de positions convergentes : « La période de la fin des années 1950 et du tout début des années 1960 ouvre l'âge d'or de la collaboration entre les libertariens du Volker Fund, de la Foundation for Economic Education et la Société du Mont-Pèlerin. Ainsi, le Volker Fund financera les réunions qui donnent naissance à trois livres capitaux dans l'histoire de la Société et du libéralisme extrême : *La Constitution de la liberté* de Hayek, *Capitalisme et Liberté* de Friedman et *Freedom and the Law* de Leoni, publié par le Volker Fund dans sa collection "Humane Studies"[25]. »

Le technolibertarisme s'inscrit dans le prolongement du libertarisme historique, celui de Ludwig von Mises (1881-1973), d'Ayn Rand (1905-1982), de Murray Rothbard (1926-1995), ou de Robert Nozick (1938-2002). Mais il le *fait muter*, car il ne se fonde plus sur l'affirmation du primat de la liberté individuelle. Il l'impose *de facto*, n'éprouvant plus le besoin de le revendiquer explicitement, s'exprimant aujourd'hui de façon emblématique dans l'esprit « anarcho-libéral » des start-up qui libèrent toutes les « énergies créatives » de la planète et *disruptent* la vie. Il ne consiste plus à défendre, dans une forme de marginalité, un libéralisme économique irréfréné, étant dorénavant adopté à l'unisson par toutes les démocraties social-libérales. Il ne consiste plus à honnir l'État, puisqu'il profite, lorsque nécessaire, des subsides publics, et sait se jouer allègrement des règles fiscales grâce à de savants montages financiers.

Non, il consiste seulement à instituer une *organisation automatisée du monde* par le biais de systèmes algorithmiques régulant le cours des choses et dégageant des horizons virtuellement infinis de profits. C'est là que se situe la singularité du technolibertarisme, qui dissout progressivement tous les fondements historiques de l'économie et du politique. L'ontologie technolibertarienne consiste à *disqualifier l'action humaine* au profit d'un « être computationnel » jugé supérieur. Son *ethos* économique brise tout principe d'intégrité, et entend s'adosser à la vie, faire corps avec elle et capitaliser sur chacun de nos souffles. Sa philosophie politique fait office d'une *a-politique* ou d'une *techno-politique*, voulant définitivement congédier le politique, entendu comme la libre capacité des individus et des peuples à décider, en commun et dans la contradiction, de leur destin.

Même si la *Weltanschauung* siliconienne ne cesse de gagner les esprits et les territoires, certains, dopés par sa grandeur, éprouvent de l'impatience et voudraient créer des « ZAD technolibertariennes », affranchies de toute obligation et de tout principe démocratique. À l'instar du projet d'île artificielle, ou cité offshore flottante, conçu par Patri Friedman, ancien ingénieur chez Google et petit-fils de l'économiste Milton Friedman. C'est dans l'objectif de sa réalisation qu'il a fondé le Seasteading Institute, en vue de rassembler les financements et de délivrer le monde numérico-industriel de l'insoutenable étau étatique, et de pouvoir enfin, par exemple, défaire de sa pesante frustration Larry Page, cofondateur de Google, qui avait affirmé qu'« il y a tellement de choses importantes et enthousiasmantes que nous pourrions faire, mais nous en sommes empêchés parce qu'elles seraient illégales[26] ». Velléité qui reproduit le schéma à l'œuvre dans le roman d'Ayn Rand, *La Grève*[27] (1957), qui voit les esprits « les plus brillants », les chefs d'entreprise les plus dynamiques des États-Unis, décider de ne plus participer à la vie du pays et refuser de financer les « racketteurs du fisc ». Réunis dans une *vallée* isolée, ces « êtres libres » vivent en autarcie et échappent aux « pillards », laissant l'État-providence sombrer dans la pauvreté.

Si cette initiative peine à prendre forme, notamment par son impopularité, Alphabet a créé une filiale, Sidewalk Labs, dédiée à la conception d'une ville continuellement « drivée en *feedback* ». Dan Doctoroff, son responsable, décrit ses objectifs : « Construire une ville à partir de rien pourrait aider l'entreprise à repenser la gouvernance, la politique sociale et la gestion basée sur les données. [...] Il est tentant de penser à une ville construite à partir de l'Internet. Les villes actuelles sont complexes. Vous avez des gens qui sont chargés d'intérêts, de politiques, d'espaces physiques... Mais en définitive, la technologie ne peut-être arrêtée et devra tout gérer. Une ville nouvelle pourrait par exemple servir à tester des solutions aux questions de cybersécurité et d'intimité. Si on crée ce genre d'endroit, il serait un laboratoire d'expérimentation sur ces problématiques[28]. »

Rhétorique qui affirme l'inéluctabilité des évolutions technologiques, autant que leur vocation à se charger à terme de tous les champs de la vie. La ville d'Alphabet semble s'inscrire dans la longue tradition des cités utopiques qui cherchaient à ériger des modèles jugés plus viables en profitant notamment des capacités techniques de leur époque. Telle la ville de New Harmony (Indiana, États-Unis), qui fut conçue par les rappites, groupe de religieux d'origine allemande, au début du XIXe siècle, ou celle imaginée par Walt Disney, Epcot, (Prototype expérimental d'une communauté du futur). Néanmoins, il s'agissait là de projets urbains précisément circonscrits, alors que dans le cas des recherches de Sidewalk Labs, c'est l'échelle du monde qui est visée. Sorte de *smart city planétarisée* qui, à tout instant, générerait des données permettant à des systèmes de rétroagir en temps réel à toute situation locale ou globale et aux humains d'être continuellement portés par la clairvoyance omnisciente de l'intelligence artificielle.

Cette automatisation de la vie appelée à être intégrale achève et congédie toute politique, conformément à l'aspiration libertarienne originelle. Mais à y voir de plus près, elle qui historiquement aspirait à s'affranchir de toute autorité réintroduit, de façon discrète et presque insensible, de nouvelles et puissantes formes d'autorité. Car le paradoxe veut que les techno-libertariens, qui proclament sans relâche le droit naturel à une absolue liberté, instituent un modèle industrialo-civilisationnel qui neutralise notre droit *naturel* à user de notre subjectivité, en orientant ou en dictant un nombre sans cesse plus étendu et varié de nos gestes. Quelques dizaines de milliers d'individus rêvant de faire sécession et de se soustraire à tout joug élaborent, dans le même temps, des protocoles destinés à déterminer toujours plus profondément et continûment le cadre de l'existence de milliards d'individus.

Les systèmes algorithmiques, sous leur allure efficace et impersonnelle, matérialisent de façon imperceptible les intentions de leurs concepteurs ou de leurs commanditaires, induisant un pouvoir agissant et asymétrique de personnes sur la vie d'autres personnes. C'est aussi cela l'Esprit de la Silicon Valley, organiser le monde en fonction d'intérêts propres, tout en laissant croire que nous n'avons jamais connu une période historique aussi «*cool*», «collaborative» et «créative». Les puissants techno-discours s'imposent sans rencontrer d'oppositions majeures, alors qu'à coup sûr ils auraient même effrayé Friedrich Hayek, une des figures centrales du libéralisme –classique– économique: «S'il y avait des hommes omniscients, si nous pouvions connaître tout ce qui affecte non seulement l'accomplissement de nos souhaits présents, mais aussi ce que seront nos besoins et désirs à l'avenir, il n'y aurait guère de raisons de plaider pour la liberté[29].»

–5
UN SOFT-TOTALITARISME NUMÉRIQUE

Il est faux d'affirmer que les plateformes de l'Internet imposent des *formes de gouvernementalité*. Si toute recommandation notifiée sur un écran se signale en fonction d'un contexte toujours plus personnalisé, cherchant à opérer une pression sur la décision, néanmoins elle ne la détermine pas, puisqu'il est toujours possible de s'en détourner. Les réponses à une requête, par exemple, exposent certes un ordre de liens implicitement hiérarchisés, mais nul n'est en théorie tenu de cliquer sur les premiers d'entre eux. Chacun, dans le cadre de sa navigation, détient la faculté de faire valoir sa propre volonté, et ce même si l'économie du numérique ne cesse d'affiner les stratégies destinées à l'orienter.

On se tromperait en voyant dans le cadre de l'usage de l'Internet des phénomènes de gouvernementalité au sens foucaldien[30], entendue comme la capacité de personnes à intervenir sur le cadre d'action d'autres personnes. Dans les faits, il est procédé à une organisation spécifique de l'information en vue d'exercer un *pouvoir d'influence* sur nos usages (durées de consultation, émissions de posts, actes d'achat...), qui en dernier lieu sont du ressort de chacun. Ce sont précisément ces capacités manifestées par les individus qui désespèrent le monde numérico-industriel et les agences de marketing, qui sont en train d'être repoussées. Car nous passons actuellement du stade de l'*infléchissement algorithmique* de la décision humaine à celui d'un *guidage robotisé des gestes*.

L'expansion massivement en cours d'objets connectés sur les surfaces corporelles, domestiques et professionnelles, croisée à la sophistication indéfiniment croissante de l'intelligence artificielle, entraîne la dissémination de données relatives à nombre de nos actes. Des systèmes les récoltent et les traitent, non plus en vue de seulement mobiliser notre attention, mais dans le but d'*accompagner* un registre appelé à être toujours plus étendu de séquences de nos quotidiens. Disposition qui s'exerce d'après différents niveaux, se formalisant suivant des modalités et des puissances d'intervention distinctes.

Par exemple, un compteur d'électricité dit « intelligent » suggérera des rythmes et des modes orientés de consommation, afin d'assurer en temps réel la meilleure gestion générale des stocks d'énergie disponibles, concédant en retour des gains tarifaires aux abonnés. Ce qui est visé ici, c'est un *encadrement* de certaines actions, établi sur des règles *a priori* explicites et supposées profiter à toutes les parties. Ce serait là un premier niveau, non directement contraignant, à dimension incitative.

Les bracelets connectés mesurent les gestes ou les flux physiologiques, induisant l'offre de « conseils » ou de services *via* des applications *ad hoc*. Il s'agit là moins de recommandation, que d'une *prescription* validée par des « coachs numériques » ou des instances paramédicales ou médicales, poussant à adopter tel type de comportement, et éventuellement à consommer telle substance. Ce cas de figure correspond à un deuxième niveau, qui cherche à *ordonner* certaines pratiques, ici d'après des experts aux qualifications plus ou moins reconnues.

La vocation de la Google Car, ou de toute autre voiture sans pilote, ne consiste pas seulement à assurer la prise en charge automatisée d'un trajet, mais à exploiter le temps de présence des passagers, afin d'enrichir la connaissance de leurs comportements et de leur proposer par exemple de visionner telle vidéo payante en son sein, ou de les mener à tel centre commercial correspondant à leurs besoins supposés du moment. On comprend l'intérêt pour Alphabet-Google de passer à l'étape ultérieure, non plus celle consistant à offrir la « meilleure » et la plus rapide réponse à toute requête *formulée*, mais celle ambitionnant de littéralement *piloter le cours de la vie*. Il s'agit là d'un troisième niveau, caractérisé par sa capacité à guider le quotidien de la façon la plus « éclairée ». Il indique, à coup sûr, la *tendance forte* appelée à se développer à l'avenir.

Il existe d'ores et déjà un niveau encore supérieur de la conduite robotisée des gestes : celle qui est à l'œuvre dans le monde du travail. Depuis la publication, en 2009, du livre de Martin Ford, *The Lights in the Tunnel*[31], et celle de plusieurs études menées par la suite, sont régulièrement évoquées les destructions d'emplois induites par les développements ininterrompus des technologies numériques. Enjeux certes décisifs, mais marqués par leur dimension spectaculaire. En revanche, ce qui est autrement moins mentionné, probablement parce que le phénomène semble plus discret, voire insensible, ce sont les systèmes d'*encadrement de l'action humaine* dans les entreprises.

Depuis le début de la deuxième décennie du XXIe siècle, des capteurs ne cessent d'être implantés dans les espaces professionnels, récoltant des données relatives à l'ensemble des chaînons (conception, production, logistique, distribution), permettant de cartographier précisément la marche des différentes étapes. Architecture rendant possible une mesure toujours plus précise et en temps réel des pratiques, nommée *Quantified Work*. Procédés qui, selon Pierre Nanterme, président d'Accenture, première entreprise mondiale de consulting, rendent désormais l'entretien annuel en face à face obsolète : « Nous ne sommes pas certains qu'il soit très rentable de consacrer autant de temps à l'évaluation des performances. Une fois par an, je vous dis ce que je pense de vous. Ça n'a plus aucun sens. Les managers veulent maintenant savoir si les salariés font les choses comme il le faut au moment où ils les font. Personne ne veut attendre un an pour avoir un retour. Aujourd'hui, il faut de l'évaluation instantanée[32]. »

Mais les systèmes de récolte et de traitement des données ne se limitent pas à la seule interprétation des conduites, ils sont maintenant dotés de la faculté de *commander* la nature et le rythme de certains gestes. Dimension à l'œuvre dans la *data driven manufacture*. Mécanique industrielle complexe, orchestrée par un « cerveau électronique » réagissant continuellement en *feedback*, chargé de suivre et d'harmoniser en temps réel la marche des différents « *process* ». Protocoles automatisés d'*ingénierie organisationnelle* implantés dans un nombre croissant d'entreprises, dont la plupart sont conçus par IBM, Microsoft, SAP, Accenture. Groupes opérant à l'échelle mondiale, fixant le cadre général du travail en fonction de critères similaires, strictement établis sur les seules recherches de la maximalisation de tous les secteurs d'activité et de la plus haute réactivité du personnel.

Guidage robotisé des gestes, à l'œuvre par exemple dans les « drives » ou dans la gestion logistique des entrepôts, qui voit des personnes équipées de casques audio recevant l'ordre de se diriger vers tel rayon en vue de saisir tel produit et de le déposer dans tel chariot ou telle palette, en fonction des instructions et des cadences dictées par les systèmes[33]. Ici, les individus n'agissent pas d'après leur faculté de jugement et d'action, ils ne font que *rétroagir* à des signaux. Neutralisation de la spontanéité naturelle qui correspond, selon Hannah Arendt, à l'une des caractéristiques majeures du totalitarisme : « C'est à une abolition et même à l'élimination de toute spontanéité humaine en général que tend la domination totalitaire, et non simplement à une restriction, si tyrannique qu'elle soit, de la liberté[34]. »

Une *disqualification du jugement subjectif* s'instaure, au profit d'un *management algorithmique* tendant à tout instant à l'efficacité maximale. Et ce *via* des paramètres ne faisant l'objet d'aucune publicité, généralement définis par des consultants ou des cabinets extérieurs : « Ces dispositifs mettent en rapport un prescripteur et un opérationnel, mais sans qu'ils entrent en interaction : les prescripteurs encadrent à distance l'activité humaine. Ils exercent un management désincarné[35]. » Dispositifs impersonnels qui agissent sur les conduites recouvrant l'apparence d'un « management sans manager ». Or, jusque-là, une figure occupait une place centrale dans l'entreprise, le contremaître, chargé de s'assurer, sur le terrain, du « meilleur » respect des instructions fixées par la direction. Corps de chair et d'os auprès de qui il était possible d'exprimer des réticences, des récriminations, des différends, et dont la nature des ordres ou la manière de les donner pouvaient générer des conflits. Toutes sortes de frictions plus ou moins importantes, qui débouchaient généralement sur de la concertation, de la négociation, voire générant de nouveaux règlements intérieurs plus avantageux, éventuellement repris dans la loi, devenant alors des acquis sociaux valables pour toute une communauté nationale.

Si ce personnage, autrefois honni, permettait d'engager de salutaires rapports de force lorsque nécessaire, sa disparition entraîne celle de la possibilité même du rapport de force. Car il est autrement plus ardu, voire impossible, d'aller s'opposer à des résultats d'équations pour large partie déterminés par des *planners* situés on ne sait où et dont on ne sait rien. Kant, dans son traité *Vers la paix perpétuelle* (1795), faisait de la *publicité* l'un des critères décisifs de la légalité, soutenant qu'à chaque fois qu'elle n'est pas à l'œuvre, c'est un divorce entre la politique et la morale qui se manifeste. Il s'opère à grands pas une décomposition de ce qu'Erwin Goffman a qualifié de « monde commun » entre ceux qui planifient et ceux qui exécutent, autant que du « sens attribué à une situation[36] ». Or, en démocratie, toute contrainte suppose l'assentiment de celui qui est contraint, induisant corrélativement la possibilité du refus, voire de la plainte en justice. On voit ici le dessaisissement de la faculté à se déterminer en pleine conscience des choses qu'entraîne la généralisation des systèmes organisationnels robotisés en entreprise, engendrant une « subjectivité diminuée[37] » (Marx), ou des « processus sans sujet » (Althusser).

Dessaisissement redoublé par l'« invisibilité du computationnel[38] ». Aucune théorie du complot ici, il s'agit d'un fait technique structurel interdisant à la perception de saisir le fonctionnement interne des systèmes autant que les intentions à l'œuvre. Dimension qui a été exemplifiée en 2015 dans le « Dieselgate », le scandale des logiciels truqués de Volkswagen dont les résultats des tests antipollution ne correspondaient pas à la réalité. Cette affaire, et d'autres apparues à la suite, ont tout autant révélé la difficulté d'identifier les coupables, due à l'imbrication des différentes compétences élaborant les protocoles. Enchaînement indistinct des interventions qui entraîne une troublante *dissolution de la responsabilité* relativement à toutes sortes de programmes interférant de façon toujours plus décisive dans les affaires humaines. Principe d'invisibilité et hypercomplexité des processus de conception qui neutralisent ou annihilent à terme notre droit d'agir en pleine conscience : « La complexification des processus de production menace le droit de l'homme à la parole, c'est-à-dire à la *politique*[39]. » Jamais autant qu'aujourd'hui nombre de mécanismes participant de la vie des sociétés sont à ce point soustraits à l'exigence démocratique de la publicité. On pensait que cette opacité relevait des seuls régimes autoritaires, alors qu'elle est massivement instituée et entretenue par le technolibertarisme qui sait parfaitement en jouer et en profiter.

C'est exactement ce qui est à l'œuvre dans la remarquable série télévisée *M. Robot*[40], dont le personnage principal est un éminent hacker, ayant en quelque sorte accès à tout le savoir du monde par son génie à pirater n'importe quel serveur. Comme les données numériques sont devenues en une vingtaine d'années l'instance majeure de l'intelligibilité du réel, sa science lui permet d'être au fait d'une multitude d'informations privées ou confidentielles. Travaillant lui-même pour une société de sécurité, il constate ou assiste en temps réel à de nombreux actes frauduleux, notamment ceux commis par une agence financière. Ses pouvoirs l'amènent à observer les choses du monde dans leur vérité crue, générant dans son comportement un sentiment de toute-puissance, une paranoïa aiguë et une schizophrénie, il consomme des drogues dures, et consulte une psychiatre dont il sait presque tout de la vie intime. Lui-même se qualifie de « fou », probablement gagné par la folie des protagonistes qu'il ne cesse de guetter « à l'abri », depuis les « tréfonds numériques » recouverts d'un voile qui encourage des actions illégales ou de sournoises manipulations. Magnifique production qui témoigne d'un moment hautement pathologique de l'histoire, celui de notre contemporanéité, de part en part modelée par des codes abstraits dont les lois échappent à la conscience humaine, autorisant des *processus asymétriques et insensibles de gouvernementalité*.

Le guidage robotisé des gestes, appelé à s'étendre à de nombreux champs de la vie, sape le régime politique de la démocratie fondé sur l'autonomie du jugement des personnes. Celui dont Spinoza avait fait le socle de son *Traité politique* (1677) : « Nul ne peut céder sa faculté de juger. » À l'autonomie du jugement est substituée une *hétéronomie* croissante, *via* des systèmes algorithmiques chargés d'administrer le cours de nos existences individuelles et collectives. En cela, c'est un *soft-totalitarisme numérique* qui s'impose, nous défaisant *in fine* de notre droit d'agir en conscience et d'après notre libre arbitre.

« Il y a eu, et il y a en Italie un nouveau fascisme qui fonde son pouvoir propre sur la promesse de "confort et bien-être" et c'est bien celui que Marco Pannella appelle avec un peu d'imagination, mais justement, le nouveau régime[41]. » Ce régime à l'œuvre durant les années 1970, et que réprouvait férocement Pasolini, est si pauvre et lacunaire en regard de celui mis en place par le technolibertarisme, qui réussit, sous couvert d'assurer notre « confort et notre bien-être », la prouesse de détruire, en moins d'une génération, les principes fondamentaux de l'héritage humaniste moderne, jusque-là constitutif de notre culture et de notre politique.

Le plus grand paradoxe de notre temps veut que ce *soft-totalitarisme* soit célébré par tous les acteurs dits « progressistes » ou libéraux, puisque relançant l'idéal du progrès, mais sous une version dorénavant « égalitaire », permettant à quiconque d'y contribuer grâce à sa « créativité », ou d'en bénéficier sous la forme d'applications, à coût quasi nul, « augmentant » la vie. *L'obsolescence de l'homme*[42], théorisée par Günther Anders, est parachevée par les banderilles de la *Weltanschauung* siliconienne, qui entend instituer une marche automatisée du monde à de seules fins de profits, et œuvrer au bien de l'humanité, en bannissant à jamais son ennemi : l'être humain et ses intolérables limites et vulnérabilités.

III

–

LE TECHNOLIBERTARISME : UN MONDE SANS LIMITES

–1
L'AVÈNEMENT D'UNE «INDUSTRIE DE LA VIE»

Le 10 août 2015, Google annonce la création d'Alphabet, une entité englobant le moteur de recherche ainsi que tous les autres départements de la firme. Cette décision visait à clarifier, aux yeux de la Bourse et des investisseurs, le statut de l'ensemble des unités de recherche créées depuis la naissance de l'entreprise. Certaines d'entre elles étant jugées financièrement risquées, des experts estimaient qu'il valait mieux privilégier le cœur de métier et se concentrer sur les secteurs les plus rentables. Cette nouvelle structure permet l'établissement de bilans comptables séparés, ne mettant pas en danger l'activité principale, tout en autorisant le développement, présent et futur, de nombreux autres projets. Mais au-delà de ces impératifs statutaires, ce qui alors n'a pas été relevé, c'est qu'Alphabet témoigne de l'ambition du monde numérico-industriel à vouloir dorénavant s'immiscer dans *tous les champs de la vie*.

Le groupe comprend un moteur de recherche et sa régie publicitaire (AdWords) ; une plateforme de vidéos en ligne (YouTube) ; un système d'exploitation (Android) ; des services de cartographie (Google Map et Street View) ; des départements de recherche sur la santé (Calico), sur l'éducation (Google for Education), sur les objets connectés et la domotique (Nest Labs), sur les infrastructures réseau (Google Fiber), sur la robotique (Boston Robotics), sur l'urbanisme (Sidewalk Lab), sur l'intelligence artificielle (Google Brain et Google DeepMind) ; un laboratoire dédié aux «projets les plus fous» (Google X), impliqué notamment dans les développements sur les véhicules autonomes ;

ainsi qu'un fonds de placement (Google Capital), et un autre d'investissement (GV), spécialisé dans le soutien aux start-up.

Son nom, Alphabet, doit être pris « au pied de la lettre » en quelque sorte, attestant d'une aspiration à jouer avec l'alphabet de la vie, à envahir et à maîtriser toutes les sphères de l'existence. Alphabet-Google, autant que d'autres sociétés de l'économie de la donnée, ne cherche pas à reproduire les schémas caractéristiques des grands conglomérats historiques, tels General Electric ou Mitsubishi, fondés sur la multiplication d'activités industrielles et commerciales sans rapport direct entre elles. C'est une tout autre étendue qui est visée : *capitaliser sur les moindres manifestations de la vie*, faisant émerger une économie adossée aux flux ininterrompus de la vie et du monde : une « industrie de la vie ».

Objectif aujourd'hui rendu possible par l'extension des objets connectés s'agrégeant aux surfaces corporelles, domestiques, urbaines, professionnelles. Mouvement conduisant, à terme, à ce que la quasi-totalité des gestes individuels et collectifs génère des données, traitées en vue d'ériger une connaissance approfondie des comportements et de nombre de phénomènes du réel, faisant l'objet de multiples exploitations, d'ordre prioritairement commercial. Une brosse à dents connectée signalera des inflammations de la gencive, des dégradations de l'émail, et suggérera par exemple des dentifrices ou des bains de bouche supposés adaptés, ou une consultation auprès d'une clinique dentaire. Une tétine équipée de capteurs sera reliée au carnet de santé de l'enfant, procédera en continu à un examen salivaire, préconisera un lait « approprié » ou quelques produits alimentaires ou paramédicaux. Le téléviseur suivra les pratiques de visionnage, analysera les conversations tenues à proximité par chacun, et recommandera des programmes personnalisés, autant que des produits ou services en fonction des différents profils.

Soudainement, un horizon économique virtuellement infini se dessine. Comme la vie ne cesse de se manifester à tout moment, c'est une source inépuisable de richesse qui jaillit. C'est la vie dans *ses flux physiologiques*, dans ses différentes actions, dans ses états émotionnels, qui est appelée à être captée et traitée par des systèmes rétroactifs offrant à des milliards d'individus des produits ou services ajustés à chaque instant. Jusqu'au sommeil, continent jusqu'ici inaccessible, qui peut désormais être quantifié et faire l'objet d'une exploitation commerciale. Le technolibertarisme aura abattu cette limite, ainsi que bien d'autres digues cognitives supposées jusque-là infranchissables : « Après quelques années de pouvoir et de mise au pas systématique, les nazis pouvaient proclamer avec raison : "La seule personne qui soit encore un individu privé en Allemagne, c'est celui qui dort"[1]. » La route aura été longue, dans l'histoire du capitalisme, avant que plus rien ne résiste à la possibilité de faire feu de tout bois.

Le capitalisme industriel entendait produire le plus grand volume possible de biens et les écouler dans les délais les plus courts. La publicité devait susciter l'attrait, et le crédit faciliter l'acte d'achat. Mais cette ambition était limitée par le fait que nombre d'activités humaines ne pouvaient faire l'objet d'une marchandisation. C'est l'extension croissante de l'offre à l'attention de territoires sans cesse plus variés de la vie qui a été nommée « société de consommation ». Mais la vie, à un moment ou un autre, reprenait ses droits à agir comme bon lui semble, hors de toute incitation. On ne force pas une personne si facilement, même en cherchant par de subtils procédés à la séduire, surtout si elle doit au bout du compte sortir son porte-monnaie. La grande machine capitaliste rencontrait irrémédiablement des formes de résistance à son insatiable appétit d'expansion.

À partir du tournant des années 1980, le libéralisme a cherché à repousser ces contraintes, en élargissant sans cesse son rayon d'action. Par la création permanente de nouveaux produits et services, par l'instauration de logiques de production abaissant les coûts et de modes de distribution déployés à l'échelle globale, autant que par une financiarisation progressive de l'économie, jouant de titres boursiers circulant à toute heure entre les cinq continents et dégageant des perspectives de profits infinis. Malgré cette extension continue de la logique du marché, des « angles morts » demeuraient : une promenade à la campagne, des dîners et conversations entre amis, les moments de soins intimes, ou encore le sommeil. Registre non exhaustif d'activités rétives à une exploitation commerciale, représentant des volumes considérables du temps d'une journée, et cela multiplié par des milliards d'individus. C'est une perte incommensurable. Elle incarne la part maudite du libéralisme qui, malgré ses airs de terrible prédateur, est finalement pour partie circonscrit et rappelé à ses limites par la structure, jusque-là incontournable, de la vie humaine.

Le libéralisme de la fin du XXe siècle, tout comme la nature, avait horreur du vide, et s'en accommodait tant bien que mal, s'efforçant malgré tout de continuellement le combler. Le technolibertarisme, lui, *annule ce vide*, supprimant tout espace vacant et réalise le rêve ultime du capitalisme historique : *se lancer à l'assaut de la vie, de toute la vie*. La récolte permanente de données relatives à nos gestes menace à terme l'activité du marketing, qui témoignait de la *distance* entre le producteur et le consommateur, devant bientôt laisser place à la formulation d'offres rapportées, en temps réel, aux flux de l'existence.

Car l'industrie de la vie procède d'une continuelle mise en *adéquation robotisée* entre l'offre et la demande. Par exemple : une infinité d'applications intégrant Google Map mettent en concordance chaque profil avec une multitude de services disponibles dans la zone environnante. Les bracelets connectés mesurent les flux physiologiques, préconisant, en fonction des résultats, de se rendre dans un restaurant diététique, de profiter d'une séance de yoga, de commander des compléments alimentaires, ou de programmer sans attendre un rendez-vous auprès d'une clinique. Les domaines paramédicaux et médicaux font l'objet d'une soudaine et massive conquête par l'économie de la donnée qui, grâce au traçage des comportements, à la sophistication des algorithmes interprétatifs et à la géolocalisation, entend occuper le terrain de la santé dite « mobile » (*Mobile Health*).

Apple, qui à l'origine concevait des micro-ordinateurs, s'est pour partie transformé en un acteur de la santé *via* sa plateforme, HealthKit. De la même manière, Google, dont l'activité était initialement centrée sur le seul moteur de recherche, propose aujourd'hui le même type de plateforme, Google Fit, développant également des recherches portant sur la « santé des données », au sein de son département Calico. IBM aussi, qui autrefois fabriquait des calculateurs, a élaboré un système d'intelligence artificielle d'expertise médicale et d'établissement de diagnostics, Watson. Autant d'évolutions qui attestent du passage de l'âge de l'accès à celui de « la mesure de la vie », ou de celui d'une économie ayant jusque-là prioritairement cherché à exploiter l'attention des internautes, à une économie ambitionnant désormais de « capter le vivant », ou d'*orienter la vie des personnes.*

L'industrie de la vie ne se contente pas de *faire corps* avec chacun d'entre nous, elle entend abattre un autre obstacle ralentissant son rythme vital : la *décision d'achat.* Elle cherche à lui substituer une *automatisation personnalisée de la gestion de nos besoins.* À l'instar du dispositif conçu par Amazon, Dash, mettant en vente des imprimantes, des machines à laver, ou des moniteurs mesurant le taux de glucose, capables de commander d'*eux-mêmes* leurs consommables auprès de la boutique en ligne. Le responsable du projet, Daniel Rausch, souhaite « rendre la vie des consommateurs plus facile en leur évitant de tomber en panne de lessive, de nourriture pour leurs animaux ou d'encre pour l'imprimante[2] ». Le drame de la séparation entre les entreprises et les individus s'abolit, un lien quasi ombilical maintenant les relie. Résultant d'une expertise automatisée tendanciellement anticipative, assurée par un système destiné à détecter, sans même que nous en ayons conscience, nos besoins, et à nous délivrer du poids de l'entretien de nos objets autant que de celui de l'acte d'achat. De nombreux autres appareils sont appelés à remplir la même fonction, grâce notamment à la libre mise à disposition, à l'attention des fabricants, de l'interface de programmation (API) nécessaire à l'intégration du service. Les plateformes siliconiennes administrent les besoins, réalisant le rêve d'une économie « sans couture » (*Seamless Economy*), voyant des robots numériques s'agréger à la vie des personnes et à leur environnement, et se charger inlassablement d'alléger leur quotidien.

Le mouvement supposé attirer le consommateur « vers le produit » s'inverse. C'est le produit qui dorénavant va vers le consommateur, et s'infiltre discrètement dans son existence. Renversement qui représente le fantasme, jusqu'ici non réalisable, de toute agence marketing, et que l'économie de la donnée peut désormais accomplir. Il faut saisir la neutralisation du libre choix à l'œuvre qui, même s'il était orienté par toute une série de techniques, relevait au bout du compte de la seule prérogative de chacun. Ici, une estimation automatisée prévaut, s'imposant comme une évidence, fluidifiant la vie, et repoussant l'hypothèse de la latence, d'un changement de fournisseur, ou tout simplement celle de l'interruption de l'achat. On peut par exemple supposer que la voiture autonome va assurer elle-même sa maintenance, dont une large partie sera réalisée à distance par des programmes dédiés, et décider « elle-même » du renouvellement de certains de ses composants, en se rendant auprès de tel garage ou de tel concessionnaire participant à de discrètes enchères. La figure historique du consommateur s'efface, laissant place à un individu continuellement porté par des systèmes, chargés non seulement d'estimer ses besoins et ses désirs, mais également de les satisfaire sans faire appel à sa volonté.

Fluidifier et automatiser l'acte d'achat, c'est aussi *faire disparaître l'argent* en quelque sorte. MasterCard a lancé un programme visant à transformer tout objet, smartphones, bracelets ou montres connectées, jusqu'aux vêtements, en moyen de paiement *sans contact*. Soit le corps, insensiblement et à tout instant, transformé en carte bancaire. Le dessein de l'entreprise consiste à ce que « dans un futur proche, il soit possible de payer sans s'en rendre compte[3] ». Il ne s'agit pas seulement d'intensifier indéfiniment nos rapports au commerce, mais de faire en sorte que la dépense s'efface, qu'elle devienne évanescente, nous délivrant de sa culpabilité inhérente, et déléguant la conduite de ces fastidieuses opérations à des systèmes destinés à y répondre au mieux et en silence.

Le monde marchand, qui supposait jusque-là un rapport frontal entre marques et individus, semble relever d'une époque révolue. Il se mue en une « économie de l'ambiance », en un compagnonnage avenant, se chargeant, sous le régime d'une efficacité optimale, mais dans la plus grande discrétion, de la parfaite gestion de nos besoins ou aspirations plus ou moins conscientes. Reed Hastings, cofondateur de la plateforme de vidéos en ligne Netflix, assure avoir en perspective de proposer aux abonnés le « bon film ou la bonne série en fonction de leur humeur du moment[4] ».

L'industrie de la vie ambitionne de s'affranchir de toute limite, se lançant d'ores et déjà à l'assaut de la *psyché humaine*, à l'aide de programmes d'interprétation émotionnelle *via* l'analyse des fréquences vocales et de l'expression des visages. Tel le « miroir intelligent[5] » de Microsoft, qui « comprend » notre condition physiologique ou psychologique, et formule en retour, sous la forme de lettres incrustées à sa surface, des conseils, ou suggère l'achat de produits pouvant être commandés sur l'écran tactile.

Une sorte de *physio-psycho*-économie émerge, s'imprégnant de nos états physiologiques et psychologiques, capable à tout instant d'orienter, pour le meilleur, le cours de notre vie. Abolition progressive de toute distance, par la pénétration sans cesse approfondie de notre intimité ou de notre âme, appelée à s'accroître par l'essor des sciences cognitives, cartographiant, grâce notamment à l'imagerie cérébrale, l'architecture complexe du cerveau. Le marketing neuronal représente un procédé récent et balbutiant ambitionnant d'interpréter les processus présidant à l'attrait et à la décision. Mais il est voué à devenir obsolète. Car l'industrie de la vie ne cherchera pas à influencer les comportements de façon mécaniste, mais à accompagner notre quotidien dans une sorte de proximité, de complicité conviviale et « douce », où chaque offre revêtira l'apparence d'un « soin » bienveillant porté à la personne.

Le projet siliconien voulant faire du monde un « endroit meilleur » se réalise grâce au « *care* » de l'intelligence artificielle, prenant soin des sujets, les protégeant, leur garantissant le meilleur de ce à quoi ils peuvent s'attendre. Propension anthropologique des individus à se laisser porter, qui remonte à l'enfance, désormais prise en charge par des robots numériques, suivant un schéma quasi régressif : « Le directeur montre aux étudiants l'élevage des Deltas. […] Jusqu'à ce qu'enfin l'esprit de l'enfant, ce *soit* ces choses suggérées, et que la somme de ces choses suggérées, ce *soit* l'esprit de l'enfant. Et non pas seulement l'esprit de l'enfant. Mais également l'esprit de l'adulte – pour toute sa vie. L'esprit qui juge, et désire, et décide – constitué par ces choses suggérées[6]. » L'inclination humaine à se laisser aller à des formes de paresse se mêle à la pulsion libidinale du technolibertarisme à monétiser tous les flux de la vie. *Une pulsion répond à une autre pulsion.* Leur télescopage assure la plus large adhésion à l'industrie de la vie, autant que son expansion dorénavant affranchie de toute limite.

–2
LA START-UP : L'ÉTERNELLE JEUNESSE DU CAPITALISME

Le mythe du garage, celui d'Hewlett et Packard (première Silicon Valley), ou celui de Jobs et Wozniak (seconde Silicon Valley), incarnait la version extrême de l'audace et de l'inventivité entrepreneuriales. En son sein incubait la vision de génies libres de se laisser porter par la grandeur de leur intuition. Leur rareté et leur succès ont engendré quelques héros planétaires. Le garage était élitiste, quasi aristocratique. La start-up représente la version contemporaine du garage, mais dans une dimension populaire. Chacun peut désormais, à partir de presque rien, espérer « devenir milliardaire[7] ». Même depuis sa cuisine, en étant équipé d'un ordinateur et éventuellement soutenu par deux ou trois compagnons maîtrisant le code. Facilité et semblant d'autonomie faisant appel à la « créativité » des personnes, donnant l'impression de vivre une soudaine époque de liberté, de voir partout renaître le San Francisco contre-culturel, *cool* et contestataire des années 1960.

Mouvement concomitant à l'opposition toujours plus appuyée au libéralisme, particulièrement sensible dans les manifestations qui se sont tenues depuis la fin des années 1990 contre les sommets du G7 puis du G8. C'est une revitalisation du libéralisme, mais sous sa forme technolibertarienne, que permet la start-up. Elle lui offre une cure de jouvence, lui inoculant un sérum de rajeunissement qui modifie en apparence sa nature, lui délivrant un certificat de virginité et le parant d'un éclat historiquement inédit. La start-up, c'est le sang vif de la jeunesse du monde mû par une énergie fondamentalement iconoclaste qui insuffle un nouvel esprit à un capitalisme majoritairement discrédité.

La jeunesse supposant l'audace, l'inventivité, voire la rébellion, elle seule, finalement, peut faire vaciller les assises historiques de l'entreprise et du travail, fondées sur la sélection, la hiérarchie, la nécessité de suivre de longues études afin d'accéder à des postes de valeur, la lenteur de la progression d'une carrière, autant que sur des formes lénifiantes de routine conduisant inévitablement à la sclérose. En cela, cette tournure techno-libertarienne de l'entrepreneuriat qui abat les « barrières à l'entrée » du monde du travail et du marché revêt une *dynamique révolutionnaire*, entraînant une subite destruction des structures existantes et une inclusion organique et « égalitaire » de toutes les volontés à la marche générale de l'économie. Elle relève d'une sorte d'utopie sociale en actes, tout en étant le moteur principal du capitalisme contemporain. Double impulsion tenue jusque-là pour contradictoire qui s'entremêle, produisant une synthèse économico-politique inédite. C'est pourquoi elle est adoubée par les forces tant « progressistes » que libérales, faisant l'objet d'une quasi-unanimité puisque chacun peut aller y piocher des arguments répondant à sa sensibilité. La start-up incarne de façon paradigmatique le consensus idéologique social-libéral de notre temps.

Si la création d'une « jeune pousse » semble à la portée de tous, c'est d'abord parce que son impulsion première procède d'une idée. L'origine de la start-up est à l'image des bulles qui, dans les bandes dessinées, contiennent une ampoule qui s'éclaire, signalant une soudaine révélation. Elle relève toujours d'une illumination qui s'impose dans une sorte d'évidence. Travis Kalanick, le fondateur d'Uber, a souvent raconté que, se trouvant un soir dans une rue de Paris, il recherchait vainement un taxi.

Devant la difficulté d'en trouver un disponible, tout à coup, il s'est dit : « Tiens, on pourrait concevoir une plateforme qui mettrait en contact des individus avec des personnes offrant un service de voiturage. Il n'y a pas à cette heure suffisamment de taxis sur la zone, ce défaut peut et doit être rectifié. »

Car la start-up ne découle pas de n'importe quelle idée, mais d'une idée d'un genre particulier, répondant au postulat selon lequel la vie quotidienne est faite de quantité de manques. Le flash de la trouvaille comble, comme naturellement, une déficience qui appauvrit la vie, la rend plus pesante, amoindrit son intensité. Il s'agit moins d'imaginer positivement un objet ou une prestation que de saisir où se trouvent des trous et de chercher à les remplir. La technologie pourra y parvenir et racheter, à cette occasion, un des défauts du monde, conformément au positivisme radical siliconien. La start-up actionne ce levier de transformation qualitative des choses, organisant une mutinerie à l'égard de l'immobilisme de la société et de toutes ses structures obsolètes, devenant la figure rebelle de notre temps[8].

Puisque le nombre de lacunes est infini, et que chacun est capable d'avoir des idées – rien n'est plus facile que d'avoir une idée –, quiconque peut alors s'inscrire dans ce modèle. L'impulsion initiale prévalant à l'ouverture d'une start-up s'oppose radicalement à la formation historique de l'entreprise *fondée sur le projet*. Celui supposant un plan industriel, la prise en compte d'un contexte, l'évaluation minutieuse de son adéquation à la demande, et nécessitant, la plupart du temps, un emprunt bancaire, ainsi que des espaces adaptés à l'activité et la constitution d'une équipe. Soit une initiative faisant appel à une forme de maturation, à de la projection dans le temps et induisant nombre d'écueils potentiellement paralysants. La création d'une entreprise relevait précisément d'une audace et d'une prise de risques.

La start-up, elle, peut démarrer de presque rien, et vite bénéficier d'une infrastructure logistique favorable à son développement. C'est la fonction à laquelle répondent les « écosystèmes » et autres « incubateurs », destinés à offrir des locaux à loyers réduits, à fournir des conseils, à organiser des réunions de « réseautage », et à favoriser les partenariats autant que l'émulation. Bref, à faire germer un « bouillon de culture » fructueux, sorte de « couveuse artificielle » pour les nouveau-nés de l'économie de la donnée. En outre, il est relativement aisé de bénéficier d'un financement grâce aux *business angels* prêts à miser des sommes considérables en fonction de la pertinence d'un dossier. Il suffit par exemple de participer à des « start-up *speed dating* » et de « pitcher » son « concept » en quelques minutes afin d'être sélectionné et d'éventuellement lever des fonds. Ce n'est plus l'entrepreneur qui prend un risque en engageant presque sa vie, c'est le capital-risqueur qui s'engage ou non sur une idée jugée opportune.

C'est pourquoi la forme d'impulsivité et de spontanéisme qui préside à la création de la start-up fait fi d'une valeur fondamentale de l'entreprise classique : l'*engagement*. Le primat de l'idée et la facilité entrepreneuriale poussent à une forme non dite d'irresponsabilité instituée. Car neuf start-up sur dix, à brève échéance, échouent. Il faut soit qu'elle se développe très rapidement à partir de sa forme initialement embryonnaire, et que son produit ait en peu de temps suscité un large intérêt et « *matché* le monde », conformément au « *Think big, start small, grow fast* » (pensez grand, commencez modestement, développez-vous rapidement). Soit en cas d'échec, qu'il soit alors vite constaté, et que, sans états d'âme, on n'insiste pas, conformément au « *If you fail, fail fast* » (si vous échouez, que ce soit rapidement). Le rythme vital imprimant toute activité technolibertarienne ne doit pas être ralenti, le jeu suppose *de facto* des pertes et profits continus. Ce qui compte, ce n'est pas tant l'idée présente que la suivante, conformément à une frénésie d'investissements s'apparentant à un casino voyant des individus en costume-cravate sucer le sang de post-adolescents en sweat-shirt, convaincus de leur « génie », ou du moins de celui de leur « idée » : « Einstein serait le dernier génie et tout le monde aujourd'hui est un génie[9]. »

L'hypothèse de la chute rapide fait partie de l'« ADN » de la start-up. La moyenne ou la longue durée ne s'inscrivent pas dans son horizon. Elle relève d'une « forme Kleenex », vivant dès l'origine sur des braises, la délivrant *de facto* de toute attache pérenne. On ne saisit pas encore l'ampleur des répercussions sur la société induites par ce modèle *in fine* affranchi de toute responsabilité et d'implication sur le long terme. En dépit des discours majoritaires obsédés par le productivisme et la croissance, la start-up ne crée que peu d'emplois, occasionnant de surcroît une insécurité et une précarité structurelles occultées par son apparence « juvénile et dynamique », autant que par un aveuglement généralisé. Marx y décèlerait, sous de trompeurs contours enjoliveurs, un invariant de l'économie capitaliste : « Le capitalisme industriel se caractérise par l'insécurité et l'agitation perpétuelle[10]. »

Malgré son esprit prétendument iconoclaste et *cool* – s'inspirant des ancêtres Hewlett et Packard qui furent les premiers à refuser une hiérarchie trop rigide, à privilégier l'initiative individuelle, les échanges informels, les équipes souples, ce qui fut nommé la « *HP way* » et le « *management by wandering about* » –, la start-up, vue de près, est saturée de normes. D'abord, d'ordre vestimentaire. Les startuppers s'accoutrant sur les cinq continents des mêmes oripeaux, manifestant un signe d'appartenance à une nouvelle classe d'individus déambulant allègrement le long des réseaux ou flottant sur les semelles compensées de leurs Reebok. *Techies* libres de pianoter jour et nuit sur leur clavier grâce à la souplesse de leur sweat-shirt ; leur capuche les protégeant du regard d'autrui lors de passagères crises d'angoisse par effet de *burn-out*. Ensuite, les responsables de start-up, et presque autant les personnes qui y travaillent, sont caractérisés par une écrasante représentation masculine. Enfin, l'absence de structure pyramidale renvoie à une fiction ne correspondant pas à la réalité.

Dès qu'elle se développe, la start-up procède à une division du travail induisant inévitablement des formes de hiérarchisation, mais supposées dissoutes par les séances de brainstorming, le tutoiement généralisé, ou les parties de ping-pong jouées à l'improviste au milieu des rangées d'ordinateurs. Malgré son apparence joviale, la start-up reproduit les schémas à l'œuvre dans l'entreprise classique. Plus encore, elle ignore certains acquis sociaux ou règles élémentaires, infligeant continûment une pression horaire par le fait de l'obligation de résultat rapide, manifeste par exemple dans le terme « *bootcamp* ». Vocable inspiré des camps d'entraînement militaire américains qui nomme des sessions intensives de regroupement et d'émulation collective, se déroulant durant une semaine, destinées à « accélérer » un projet. Les « *Start-up week-end* » s'inscrivent dans le même esprit, se tenant sans discontinuer sur deux ou trois jours. Car la norme se manifeste également dans le vocabulaire utilisé.

« *Bootstrapper* » désigne le développement d'un projet avec le minimum de ressources possibles ; « *burn rate* », le volume de liquidités dont dispose une start-up avant le prochain appel de fonds ; « *runway* », le moyen de calculer le temps de survie d'une start-up avant qu'elle ne fasse faillite, en se basant sur la valeur de ses avoirs en banque ; « *scalable* », l'aptitude à adapter son *business model* à une forte augmentation de son activité. Autant de termes et d'expressions qui témoignent de cadrages, tous fondés sur la vitesse de réaction et la nécessité de franchir le plus rapidement possible des paliers, au risque de mourir en chemin. Le quotidien d'une start-up s'apparente moins au cliché d'une continuelle *garden-party* regroupant des jeunes gens « rêvant de faire du monde un endroit meilleur », qu'à une version contemporaine des *Temps modernes*, voyant des individus scotchés devant leurs écrans, pressés de toute part, et rêvant d'une subite hausse du cours de leurs stock-options.

Car, au-delà des apparences de camaraderie et de l'esprit joyeusement iconoclaste qui semble y régner, il y a du prédateur enfoui dans la start-up – aussi bien dans son modèle organisationnel que dans son fantasme plus ou moins déclaré à vouloir devenir une « licorne » (valorisation à plus d'un milliard de dollars). La start-up, c'est un petit animal mignon, qui à sa naissance semble affable, et qui, dès qu'il grandira, cherchera à écraser toute concurrence et à conquérir le monde. Syndrome qui a frappé Google, qui naquit « dans un garage » en 1998, et qui depuis, telle une pieuvre impitoyable, étend ses tentacules sur la totalité de la Terre et de la vie, symbolisant le modèle ultime, conscient ou inconscient, de toute start-up.

Le « bébé », lorsqu'il a grandi, peut, à l'adolescence, faire l'objet d'une acquisition par de grands groupes, manifestant une forme de vampirisme juvénile ou de pédophilie industrielle, destinée à endiguer l'« enlisement » qui inévitablement les frappe et à les revivifier. Le rachat de start-up constitue dorénavant un mode de gouvernance économique, permettant d'importer une autre « culture » de R&D (recherche et développement), susceptible de « dynamiter de l'intérieur » les vieilles habitudes et d'engager des axes d'« innovation » inédits. Les ex-startuppers voient leur activité se stabiliser, intègrent éventuellement les locaux, profitent de ressources et d'une expertise, apportant en retour la fougue et la « niaque » de leur jeunesse, qui insuffleront une nouvelle dynamique à l'entreprise.

La start-up, dont l'activité est exclusivement tendue vers la réalisation d'« innovations de rupture » et mue par des énergies acharnées, représente aujourd'hui le parangon dont s'inspire toute l'économie. L'intuition, l'ultra-réactivité, la ténacité – qualités caractérisant les unités militaires de commandos d'élite – spécifient tout autant l'« esprit start-up », devenu en quelques années la référence mondiale célébrée et adoptée par le libéralisme. Elle ouvre à des pratiques managériales, entrepreneuriales et commerciales en prise avec l'esprit du temps, emportant l'adhésion générale et garantissant une expansion optimale. Qu'elle échoue, qu'elle grandisse ou qu'elle soit rachetée, la start-up imprime désormais le *tempo* de l'économie du monde. Elle se trouve portée par l'extrême vitalité de la jeunesse, continuellement au bord de la rupture par son trop-plein d'énergie, mais seule capable de s'engager pleinement dans l'ultime ambition industrielle de notre temps : la conquête de l'intégralité de la vie.

–3
DISRUPTION ET «INNOVATION DE RUPTURE»

Disruption provient de *disrumpere*, qui en latin signifie rompre, briser ou faire éclater une chose. Après un relatif abandon de son usage au cours de l'histoire, le terme a été introduit au cours des années 1990 dans le lexique économique, particulièrement dans celui du marketing, pour indiquer de brusques bouleversements frappant un secteur d'activité dus à la conception de nouveaux produits ou de nouvelles méthodes. Il s'est presque aussitôt éclipsé, pour soudainement revenir au début des années 2010, jusqu'à intégrer aujourd'hui le vocabulaire courant et être fréquemment utilisé. Ce mouvement d'apparition, de disparition et de réapparition est à l'image des évolutions qui se sont succédé au cours de cette période. La dernière décennie du XXe siècle a vu une accélération des développements techniques, majoritairement dus aux sciences informatiques, qui ont progressivement modifié un nombre croissant de pratiques et de métiers. La disruption devait nommer ces transformations, mais, probablement parce qu'elle définissait davantage un résultat à connotation négative qu'une cause agissante jugée positive, elle ne fut pas adoptée.

Un vocable plus consensuel s'imposa: celui d'innovation numérique. Elle désignait la conception et l'élaboration sans cesse accélérées d'objets et de protocoles électroniques destinés à assurer le perpétuel renouvellement d'un marché porteur. Elle permettait de mettre des mots sur des procédés massivement développés par une partie du monde industriel au tournant du XXIe siècle, cherchant à relancer en permanence, jusqu'au vertige, le désir du consommateur. Depuis peu, la disruption semble supplanter cette expression, car plus apte à qualifier la nature de certaines mutations contemporaines. À la différence d'il y a vingt ans, elle ne renvoie plus seulement à des événements technologiques et économiques produisant des effets plus ou moins cantonnés à leur sphère directe d'influence, mais plus largement à leur extension à l'échelle de toute la société.

La disruption ne découle pas d'une volonté, mais relève d'une *conséquence*. Celle produite aujourd'hui par la génération exponentielle de données croisée à la sophistication de l'intelligence artificielle qui fonde l'industrie de la vie, opérant de soudains effets de bourrasque sur des pans toujours plus étendus de nos existences individuelles et collectives. Uber représente l'exemple le plus cité et le plus emblématique de disruption. La plateforme met en relation des clients avec des chauffeurs de VTC, perturbant et menaçant l'activité historique du taxi. C'est à partir de ce modèle que l'on évoque une « ubérisation du monde », appelée à toucher de plus en plus de secteurs. Mais il s'agit là d'une facilité de langage, ou d'une faiblesse de vue, dans la mesure où ce phénomène en masque un autre, autrement plus décisif. Celui de la mise à disposition d'une infrastructure technologique aisément accessible et à coût relativement bas – fondée sur le traitement en temps réel de masses de données traitées par des systèmes algorithmiques complexes –, à partir de laquelle une *infinité d'applications deviennent concevables*. Car on voudrait croire qu'Uber serait le « premier fauteur de troubles », ayant à la suite inspiré de nombreux autres entrepreneurs. Or, Uber procède seulement d'une idée (apparue, paraît-il, lors de ce moment « de vide » éprouvé dans une rue de Paris) qui a aussitôt pu *se raccorder à un état actuel de la technique*, la rendant alors réalisable.

La disruption témoigne d'une *forme passive de l'innovation*, se contentant de profiter de qui est à portée de main et de l'*appliquer* en théorie à n'importe quel domaine. Par exemple, laisser le soin à une intelligence artificielle de présenter la météo dans le cadre d'un journal télévisé[11] ne renvoie en aucune manière à une « innovation ». Il s'agit là d'un procédé s'appuyant sur une configuration technologique spécifique qui autorise la mise en place d'un nouveau dispositif, ayant ici comme effet collatéral de révoquer la fonction et la figure classiques du présentateur. Pratique vouée à s'étendre à quantité de secteurs et de professions : « Il y a par exemple 99 % de chances qu'en 2033 les démarcheurs téléphoniques et les assureurs disparaissent et soient remplacés par des algorithmes. Le risque est de 98 % pour les arbitres sportifs et de 97 % pour les caissières. Pour les assistants juridiques, les guides touristiques, les boulangers, les conducteurs de bus, les ouvriers en bâtiment, les auxiliaires vétérinaires, les agents de sécurité, les serveurs, les barmans, les archivistes, les charpentiers et les maîtres nageurs, la probabilité de se faire remplacer s'étend de 67 à 94 %[12]. »

Le terme innovation remonte au moyen français : « action d'introduire une chose nouvelle ». Il est issu de l'ancien français, *innovacion*, emprunté au latin *innovatio*, signifiant « renouvellement ». Son utilisation dans le français moderne résulte d'un emprunt à l'anglais, *innovation*, qui, à partir des années 1950 aux États-Unis, a nommé les pratiques développées au sein des unités de recherche et de développement peu à peu implantées dans les entreprises. Leur mission consistait à assurer, tant une avance concurrentielle par la régulière mise sur le marché de nouveaux produits, qu'à stimuler sans relâche la demande par l'introduction de nouvelles versions d'un même produit. L'innovation engageait des processus technico-économiques formalisant de façon exemplaire le principe schumpetérien de

« destruction créatrice ». Elle rendit possible le passage du capitalisme classique au néolibéralisme qui cherchait à continuellement accroître le capital grâce à une diversification permanente de l'offre.

L'innovation répond à une stricte vocation utilitariste visant uniquement le profit, qui, depuis l'après-guerre jusqu'à récemment, requérait néanmoins des formes d'inventivité. Par exemple, le Mac de Steve Jobs et Steve Wozniak est le résultat de leur talent à avoir su élaborer un micro-ordinateur à la configuration pour une bonne part inédite. L'innovation pouvait créer de la surprise, de l'étonnement, faire surgir des objets littéralement inouïs. Or, dans le cas de l'économie de la donnée et des applications, contrairement à ce qu'affirme la *doxa*, il ne s'agit pas d'innover, mais simplement de concrétiser une idée en exploitant des *ressources technologiques disponibles*. Même une voiture autonome ne découle pas d'une innovation, mais de l'intégration de capteurs et de programmes à un ensemble mécanique déjà existant.

L'innovation moderne cherchait à dépasser des cadres, se fixant comme but ultime de produire une originalité radicale. En cas de réussite, elle pouvait aller jusqu'à exercer de la fascination. À l'instar de l'avènement de l'iPhone en 2007, qui représenta le pic symbolique et historique de cette forme d'innovation. L'« innovation disruptive », elle, n'essaie en aucune manière de dépasser un cadre, *elle se soumet à un cadre technologique* et l'exploite de façon quasi mécanique. Elle relève d'un *conformisme* revêtant l'apparence trompeuse d'une nouveauté. À chaque annonce d'une nouvelle application ou d'un nouveau système, peut désormais être systématiquement dressé le constat que les choses s'inscrivent comme dans un « cours normal », qu'elles sont écrites « à l'avance » en quelque sorte. Une start-up s'enorgueillit d'avoir mis au point un matelas connecté, une autre un bikini connecté, une autre un ours en peluche connecté, demain une chevelure connectée ou un tampon hygiénique tout autant connecté ? En dépit de ce que l'expression laisse supposer, l'innovation disruptive témoigne de l'extrême banalité de l'économie de la donnée et des plateformes.

L'état actuel de la technique *impose sa loi* aux prétendus innovateurs qui ne sont que de piètres exécutants soumis à sa puissance et cherchant sans imagination créative à platement la capitaliser. Dans les faits, l'innovation dite « de rupture » opère une fracture avec l'innovation prévalant jusqu'à récemment, en ce qu'elle ne s'efforce plus d'élaborer de nouvelles techniques, mais *se laisse porter par celles existantes*. Elle atteste d'une forme de paresse et d'automatisme non dits, voyant des startuppers pavloviens saisis par une énième « idée » relevant d'un même registre et s'évertuant à la réaliser. Stade ultime de l'innovation numérique, avant qu'elle ne soit probablement prise en charge par des robots « concevant » de nouvelles applications en fonction de leur connaissance de l'infrastructure technologique disponible. Ceux qui actuellement, dans la boucle, innovent sont les concepteurs de systèmes de traitement de données et d'intelligence artificielle. Ce ne sont pas les mêmes. Les premiers développent dans une forme d'irresponsabilité des protocoles. Les seconds ne font que les appliquer à des domaines de la vie. C'est un subit rétrécissement de l'« imaginaire industriel » qui s'opère au moment même où est célébré le « génie de l'innovation numérique ».

« Philippine Dolbeau a 16 ans, est encore au lycée, et déjà entrepreneuse, elle a inventé New School, une solution technique qui modernise la manière de faire l'appel. Le principe : chaque élève accroche à son porte-clés une sorte de capsule connectée. L'application New School, un cahier d'appel électronique installé sur le téléphone du professeur, entre en contact avec ces petits boîtiers. Elle vérifie la présence de chacun automatiquement. Si un élève manque, un e-mail et un SMS sont immédiatement envoyés aux parents de l'enfant absent, sans que le professeur n'ait à faire quoi que ce soit. Ce dernier reçoit simplement une notification qui lui communique le nom des absents. "Un moyen d'assurer la sécurité des élèves et de lutter contre l'absentéisme", souligne la lycéenne[13]. » Ici, point d'innovation au sens usuel du terme, une idée se forme, mais déterminée ou « prédéterminée » par un état de la technique. Probablement est-elle tout autant inspirée par l'environnement familial de cette jeune fille. Il vaut mieux la plaindre plutôt que de l'accabler. À coup sûr n'a-t-elle pas conscience, comme tant d'autres « jeunes entrepreneurs », de toutes les conséquences induites par son « idée ». N'importe quel adolescent rédigeant avec attention un poème, même maladroit, ou interprétant un morceau de musique, fait preuve d'infiniment plus de créativité que cette Philippine. Cette lycéenne a seulement eu la présence d'esprit de saisir qu'il est aujourd'hui en théorie possible de traiter n'importe quelle donnée en vue de concevoir, à partir d'un « flash », une infinité de fonctionnalités de tous ordres. Au final, tous les startuppers de l'économie de la donnée sont des Philippine.

La disruption, en physique nucléaire, nomme l'apparition brutale d'instabilités dans la chambre de confinement magnétique destinée à l'analyse des plasmas, en vue notamment d'étudier la possibilité de la production d'énergie par fusion nucléaire. Elle désigne un phénomène physique, autant que maintenant un phénomène technico-économique générant de continuelles et « brutales instabilités » frappant la société tout entière. Le paradoxe est que ce ne sont pas les « grandes innovations », dont certaines ont été historiquement produites par le génie humain, qui aujourd'hui redéfinissent nos existences. Mais la plus grande banalité qui ne cesse de transformer le monde en une immense « chambre de confinement » emmurée par les mêmes logiques restrictives. Lorsque ce qui est célébré comme relevant de la plus grande créativité provient de formes d'une extrême médiocrité, alors il s'opère à la fois une défaite de l'esprit et un recul entériné de la vie à pouvoir affirmer à tout instant et dans une absolue singularité sa pleine puissance d'inventivité. La disruption est le nom de cette défaite, de ce cataclysme qui, à la vitesse de la lumière et au nom de l'intérêt de quelques-uns, renverse tous les socles de nos sociétés, instituant dorénavant le degré zéro de l'imagination humaine comme le vecteur majeur présidant à l'édification d'un « monde meilleur ».

–4
SAUVAGERIE ENTREPRENEURIALE ET CRIMINALITÉ EN SWEAT-SHIRT

La conjonction entre la génération exponentielle de données et le continuel perfectionnement de l'intelligence artificielle ne conditionne pas seulement la naissance et le développement de l'industrie de la vie, ses potentialités laissent présager l'instauration future de modes organisationnels, au sein de l'entreprise, fondés sur une automatisation quasi intégrale. Néanmoins, avant de réaliser ce but suprême, il est besoin de prophètes avisés sachant judicieusement mettre en place les conditions de sa réalisation prochaine, par une rigoureuse distribution des différentes forces de travail. Tout en haut, presque au ciel, loge la race des seigneurs, celle des « entrepreneurs visionnaires ». Ce ne sont plus les grands industriels plus ou moins paternalistes du passé, ce sont des personnes qui ont parfaitement intégré l'esprit de l'époque et toutes les « virtualités » qu'elle contient, et qui ont conçu des méthodes managériales hautement sophistiquées destinées à donner le plus grand essor à l'industrie de la vie. Ils représentent les empereurs du techno-libertarisme qui ont su instituer un système néoféodal formé de quatre castes distinctes.

La première d'entre elles est composée des *king coders*, individus maîtrisant à un niveau d'excellence les mathématiques, la science de la programmation et la conception d'algorithmes complexes. Ils savent précisément saisir la nature et l'esprit d'un projet, synthétiser les exigences techniques requises et fournir des solutions adéquates, généralement inédites. De leur talent dépendra l'efficacité fonctionnelle et ergonomique d'une application ou d'un système. La plupart sont supposés être atypiques, ou « excentriques », alliant qualités créatives et rigueur méthodologique. Nombre d'entre eux ont été formés dans des pays dits « émergents » et peuvent, grâce à leurs hautes compétences, franchir aisément les frontières, étant de partout demandés et jouissant des plus grands avantages financiers. Vu leur importance cruciale, ils forment une sorte d'élite mondiale que les entrepreneurs s'arrachent.

La deuxième caste est formée d'une légion autrement plus nombreuse et variée. Elle regroupe les autres métiers de l'économie de la donnée, allant des départements de recherche et développement, de design, de marketing, des relations publiques, aux ressources humaines, aux services financiers, jusqu'au cœur de l'activité, les armées de programmeurs postés devant leurs écrans à taper du code, ou à veiller au bon fonctionnement des systèmes. Ce qui aujourd'hui caractérise leur environnement professionnel, c'est qu'il ne se situe plus exactement dans une entreprise, mais se déploie au sein d'une atmosphère, à l'intérieur de sortes de bulles à la fois protectrices et stimulantes. Puisque chacun participe au bien-être de l'humanité, et comme il convient d'abord d'appliquer à soi-même ce à quoi on travaille pour les autres, alors tout est fait pour instituer un état d'esprit concourant au plus large épanouissement des collaborateurs et à leur meilleur apport créatif et contributif.

Alphabet-Google représente l'entreprise « pionnière » ayant instauré un « nouvel esprit du management », et qui a vite donné le ton partout ailleurs. Car, en plus d'avoir une vision clairvoyante du monde, la firme est tout autant visionnaire sur la façon de conduire ses bataillons, les *googlers*. « Élus » qui ont dû passer une demi-douzaine d'entretiens de recrutement avant d'obtenir le Graal. Il leur est offert des conditions de travail qui répondent à l'esprit à la fois *cool* et rigoureux caractéristique de la Californie du Nord. Une cantine est mise gratuitement à la disposition de tous. Des chefs préparent des mets diététiques à base d'ingrédients bio et locaux. Les repas sont partagés autour de grandes tables en bois de hêtre afin de favoriser des moments d'échanges informels. Des salles de jeux et de gym sont ouvertes jour et nuit. Des cours de yoga, de méditation transcendantale, ainsi que des séances de massage sont dispensés gracieusement. Il est proposé des séances d'introspection, « *Search Inside Yourself* », visant à dénouer les blocages psychologiques et à libérer les « énergies positives ».

Le soir venu, les familles peuvent venir dîner aux frais du « grand frère ». Ainsi, les épouses ou époux pourront prolonger leur journée ou leur « nuit » de travail pendant que les enfants boivent du lait d'amande ou sautent sur des trampolines dans des espaces dédiés. Des « Google bus » assurent le transport entre Mountain View, où siège l'entreprise, et San Francisco, permettant d'embarquer son vélo et disposant du Wi-Fi à bord, incitant les passagers à œuvrer à leurs tâches durant les deux heures de trajet aller-retour. Dans cette « sphère disneylandienne », la vie entière est réquisitionnée afin d'assurer le meilleur développement à l'industrie de la vie.

Mais tout cela ne saurait être suffisant au bien-être des troupes, le paradis sous le soleil de Californie doit être parfait ou ne pas être. Comme les ingénieurs incarnent le nerf de la guerre, le grand génie de la firme a consisté à leur permettre de consacrer vingt pour cent de leur temps à leur propre projet. L'entreprise, sous ses airs magnanimes, s'octroie un double avantage. D'abord, elle se montre compréhensive à l'égard des éventuelles frustrations ressenties par ses cadres et de leur désir de faire valoir leur créativité hors de tout schéma déterminé. Ensuite, elle profite du fruit de toutes ces recherches, tant par la vitalité et l'enrichissement personnel et général qu'elles favorisent, que par une éventuelle participation au capital lors du développement commercial de certaines d'entre elles. Une simple innovation managériale génère à la fois un prestige symbolique et offre la chance d'opérer, en amont, avant la concurrence, des investissements sur des projets virtuellement fructueux qui, en outre, pour nombre d'entre eux, n'auraient probablement pas été imaginés hors de ce cadre spécifique. Sorte de R&D « intra-externalisée » profitant à toutes les parties. Conditions qui semblent exalter à l'extrême, ou cultiver à tous les niveaux possibles, la théorie de l'économiste Gary Becker, qui dans son ouvrage *Human Capital*, définit le capital humain comme « l'ensemble des capacités productives qu'un individu acquiert par accumulation de connaissances générales ou spécifiques, de savoir-faire, etc.[14] ».

C'est toute une philosophie du managérial qui est à l'œuvre, laissant croire en l'avènement d'un nouveau monde de l'entreprise, non plus fondé sur des structures pyramidales tendanciellement prescriptives et coercitives, mais sur le génie de chacun, libre de s'exprimer et de s'enrichir de celui des autres, sur fond de bien-être, d'échanges et de convivialité partagés. Milieu sans heurt et épanouissant, dont le seul objectif, non ouvertement déclaré, consiste à exploiter toute la « force de travail » des personnes, pour reprendre les termes de Marx, en faisant se confondre vies personnelles et professionnelles, placées sous le sceau de la « vie bonne ». Modèle qui cherche à être reproduit, à plus petite échelle et selon les moyens disponibles, par les start-up, et qui plus largement est devenu la référence planétaire. Silicolonisation managériale par exemple sensible dans le rapport *Transformation numérique et vie au travail*[15], dirigé par Bruno Mettling, remis en septembre 2015 à la ministre du Travail, Myriam El Khomri, et dont un extrait affirme, parmi bien d'autres énoncés « googleliens », que « la transformation numérique est d'abord une chance, une opportunité pour permettre la mise en place progressive de nouvelles organisations du travail plus transversales, plus souples, de nouveaux modes de fonctionnement, plus coopératifs et plus collectifs qui répondent à des maux, à des excès de l'entreprise d'aujourd'hui et d'un modèle taylorien à bout de souffle». La plus grande exploitation par le *cool* et l'«horizontalité» doit se substituer à la plus grande rigidité représentant un frein à la croissance.

La troisième caste est formée d'une sorte de *Lumpenproletariat* embauché par des sociétés de fabrication de hardware, la plupart asiatiques, tel le groupe taïwanais Foxconn. Usines d'assemblage qui imposent des conditions et des cadences de travail implacables, reléguant les êtres au rang de robots de chair, dont un certain nombre d'entre eux finissent par se suicider. Les environnements sanitaires sont généralement déplorables, exposant, dans certains cas, les travailleurs au n-hexane, nommé «*banana oil*», substance chimique ayant entraîné des empoisonnements, suivis de séquelles neurologiques. Selon les médecins de l'hôpital de Guangzhou (Chine), rien dans le monde ne produit plus de dégâts sur le corps que ces inhalations toxiques quotidiennes[16]. En août 2015, Samsung a été contraint de créer un fonds de 78 millions d'euros destiné à indemniser les employés de ses usines dans lesquelles avaient été décelés plus de deux cents cas de leucémie. Des enfants font parfois partie des troupes de travailleurs, comme ceux employés par la société Huawei, qui pour cette raison a dû fermer un de ses ateliers en 2014. En outre, plus d'une trentaine de minerais, en provenance de plusieurs continents, sont nécessaires à la fabrication des ordinateurs et des smartphones. Ils sont extraits des sols au mépris des impacts sociaux et environnementaux, et nourrissent des conflits armés, tels ceux se déroulant en république démocratique du Congo.

C'est le retour d'une forme d'« anarchie industrielle », pour reprendre les termes d'Édouard Ducpétiaux[17], qui, au milieu du XIXe siècle, avait forgé cette expression à la vue de tous les ravages provoqués par l'activité des manufactures dans les villes et les campagnes. La distribution globalisée de la chaîne du travail provoque, dans les pays du Sud, des dommages sanitaires et écologiques semblables, par exemple, à ceux autrefois causés par la révolution industrielle dans la région de Manchester. Dans la répartition siliconienne des forces de travail, cette caste est celle des intouchables. À l'occasion d'épisodiques révélations de scandales, leurs drames font partie du fil d'actualité, pour être aussitôt balayés par d'autres nouvelles. Les apôtres de la silicolonisation apaisent leur conscience en se disant que malgré leurs terribles conditions, au moins, eux ont un travail. Ils sont les victimes collatérales de la lumineuse marche en avant de la révolution technolibertarienne, mais qu'ils se rassurent, elle travaille à la « dématérialisation » et à l'automatisation accélérées du monde. Le paradis est pour bientôt, mais d'ici là, il faut bien qu'en chemin quelques sacrifices soient faits au nom de la cause suprême de l'amélioration du monde.

La quatrième caste est formée de celles et ceux qui participent à « l'économie des plateformes », soit les prestataires, les chauffeurs de VTC, les bailleurs de logements. Population d'individus supposés indépendants et qui, de leur propre initiative, offrent leurs services, mais qui, dans les faits, dépendent des sociétés assurant l'interface avec les clients. Ce modèle ne s'appuie pas sur le salariat et aucune convention collective ne le règlemente. Chaque nouvel entrant doit accepter l'intégralité des conditions soumises. Dans le cas d'Uber, par exemple, les coûts et les risques associés à l'activité – obligation de posséder un véhicule, de souscrire une assurance, l'éventualité d'un arrêt-maladie ou la perspective de la retraite – sont tous à la charge du travailleur.

À la différence de ce qui est à maintes reprises avancé, il ne s'agit pas là de l'acmé d'un mouvement qu'avait identifié Michel Foucault à la fin des années 1970, celui de l'avènement d'une « rationalité néolibérale » mettant en concurrence tous contre tous et faisant émerger « l'individu-entreprise » : « L'*Homo œconomicus* entrepreneur de lui-même, son propre producteur, étant lui-même la source de ses revenus[18]. » Car cet individu, s'il subissait les lois toujours plus concurrentielles du marché du travail, ainsi que le retrait progressif de l'État comme garant de la stabilité de l'emploi, cherchait, au bout du compte, à « être lui-même la source de ses revenus ». Il ambitionnait de conquérir, parfois dans la difficulté et la peine, des formes d'indépendance, grâce auxquelles il pouvait avoir le sentiment d'agir positivement et de façon relativement autonome sur le cours de sa vie.

Or, ici, sous couvert d'indépendance, c'est un enchaînement, quasi invisible et à distance, qui s'opère, confiant, dans le cas d'Uber, la gestion des plannings des chauffeurs à des systèmes computationnels. Chaque prestataire voit son action continuellement guidée par des algorithmes conçus pour faciliter la « meilleure concordance » robotisée et générer les plus hauts volumes de revenus. Ce n'est pas l'individu-entreprise ayant durement acquis une relative forme d'autonomie, c'est le quotidien de l'individu-prestataire qui se trouve de part en part orienté par des programmes sur lesquels il n'a pas son mot à dire, destinés à seulement « satisfaire le client » (« Le client d'abord », Travis Kalanick, PDG d'Uber) et à enrichir la plateforme qui ponctionne un pourcentage substantiel sur chaque opération.

Charme infini de l'économie « collaborative » qui constitue une enflure rhétorique autant qu'un modèle douteux, et qui instaure un autre paramètre afin de parfaire l'excellence de l'architecture générale : la notation des prestataires par les clients, agrémentée de commentaires. Car il ne suffit pas d'exiger de chaque otage du technolibertarisme, au risque de crever, une soumission totale à ses *desiderata*, il faut encore le mettre à l'épreuve de l'évaluation continue afin qu'il maintienne sa vigilance à se soucier en permanence de la meilleure qualité des services offerts. Cadrage qui oblige chaque individu-prestataire à policer sa conduite, ses gestes, ses paroles, faute de quoi un autre mieux noté bénéficiera de la préférence des algorithmes. On pourrait, avec ironie, mais non sans chagrin, nommer cette pratique une « économie politique de la notation des corps ».

Étape provisoire, dans le cas des plateformes de VTC, avant l'introduction de véhicules sans chauffeur, appelés à révoquer cette caste encombrante d'« esclaves-indépendants », faisant se lever les corporations et ternissant l'image de la resplendissante révolution siliconienne. Le tour parfait sera alors joué et l'adéquation de toute chose avec toute autre sera intégrale, tout sera en concordance avec tout, les flux numériques se confondant avec les flux de la vie, au sein d'environnements urbains partout automatisés et paradisiaques. Il n'y aura plus qu'à faire noter les clients par les voitures robots en fonction de leurs paroles et de leurs comportements, afin que les mieux classés, en cas improbable d'attente, soient servis en priorité et soient les plus choyés par les systèmes embarqués d'enchantement algorithmique de la vie.

L'anarcho-libéralisme d'origine californienne a sournoisement banalisé un principe de gouvernance industrielle pour une bonne part délictueux. Non content, dans le plus grand cynisme, d'exploiter à leur degré maximal et sous diverses formes les forces de travail du monde, il entend de surcroît, conformément au principe libertarien, se soustraire à l'impôt. Volonté conduisant les grandes entreprises à procéder à de l'optimisation fiscale[19]. À l'instar d'Uber qui ne déclare en France qu'une fraction de ses revenus, grâce à des montages complexes d'évasion fiscale vers les Pays-Bas et des comptes *off-shore* situés dans les Bermudes et le Delaware. Ou d'Apple qui procède à des opérations similaires, même aux États-Unis. Autant d'entreprises siliconiennes qui s'inscrivent dans la grande tradition libertarienne des « barons voleurs » du XIXe siècle qui, de Carnegie à Rockefeller, ont combattu l'emprise de l'État sur leurs affaires.

Le technolibertarisme relève de la criminalité, non pas en cols blancs, mais en *hoodies*. Il produit une génération d'entrepreneurs faisant de la violation des lois et des règles un mode de vie. Dans le refus de toute limite qui les caractérise, ils ont institué une économie politique du crime. La pièce de Bertolt Brecht, *L'Opéra de quat'sous*, présentait dans l'Allemagne préhitlérienne les gangsters comme de respectables hommes d'affaires, et de respectables hommes d'affaires comme des gangsters. Les entreprises siliconiennes renouent avec la tradition de ces « hors-la-loi qui ont fait l'Amérique ». Dans leur livre, *Histoire criminelle des États-Unis*[20], Frank Browning et John Gerassi exposent la relation indissociable qui noue l'*american way of life* et l'*american way of crime*. Tension, par exemple, manifeste dans *Le Parrain* de Francis Ford Coppola (1972), qui expose le récit d'une insolente « réussite sociale » par l'illégalité, ou dans *Le Loup de Wall Street* de Martin Scorsese (2013), qui témoigne de la jouissance à faire fortune en se jouant allègrement de toute règle. Aujourd'hui, elle s'exprime dans les méthodes et pratiques siliconiennes qui, à chaque fois que leurs tenants affirment œuvrer au bien de l'humanité, masquent dans le même mouvement et au nom de ce grotesque idéal supposé, un autre idéal beaucoup plus pragmatique et immédiatement réalisable. Celui d'agir comme bon leur semble, en vue de satisfaire leur insatiable passion du profit et d'étancher, sans limite aucune, leur soif de toute-puissance.

–5
DE LA PROPAGANDE SILICONIENNE

Le technolibertarisme sait non seulement exploiter les virtualités des systèmes computationnels à leur seuil maximal, mais il a encore parfaitement intégré que nous sommes dans l'ère de la *technologie*, soit celle de la *production conjointe d'artefacts et de discours*. S'il ne cesse de s'étendre et d'exercer son emprise, c'est pour large partie parce qu'il s'appuie sur l'*arme du langage*, ou sait faire jouer la « magie des mots », selon l'expression de Sieyès (discours du 2 thermidor de l'an III). Ses tenants et thuriféraires ont mis au point une artillerie rhétorique sophistiquée, sorte de livre rouge siliconien partout diffusé, structurée par quelques axiomes majeurs : « faire du monde un endroit meilleur » ; « augmenter la vie » ; « construire un futur positif » ; « faire bouger les lignes », « miser sur une “audace de rupture” » ; « libérer les forces vives de la jeunesse ». Toute une série de principes qui, à y voir de près, mais sans que ce rapprochement lexical ne soit jamais relevé, probablement par le fait de l'aveuglement causé par la splendeur du soleil californien, s'apparentent à ceux glorifiés par le nazisme et le fascisme mussolinien.

Car, à l'instar de ces mouvements historiques totalitaires, le siliconisme est porteur d'une énergie révolutionnaire qui entend s'opposer à l'« inertie des sociétés », à leur « lente et inéluctable décomposition », et bâtir de nouvelles bases purifiées des scories et des faiblesses humaines. Similitudes – dans les discours – manifestes dans l'usage d'un même registre de mots, affirmant tous la nécessité d'opérer une transmutation des cadres institués en abattant leurs socles, en devant faire appel à des formes de violence[21], en exaltant et en réquisitionnant la jeunesse afin de réaliser ces objectifs. D'un autre côté, c'est un langage empreint d'esprit libertaire qui complète ce glossaire. Il se réjouit de la vertueuse prise du pouvoir par les individus et célèbre le « créatif », la « désintermédiation », le « collaboratif », le « participatif », le « partage », autant que le « disruptif », ici entendu dans une connotation quasi contre-culturelle. La force du technolibertarisme ne consiste pas tant à opérer une synthèse inédite entre des idéologies historiquement inconciliables, que de les rassembler en les réduisant à leur dimension *soft*, les parant ainsi d'atours séducteurs, puisque incarnant ensemble une forme d'« anticonformisme jovial, volontariste et salutaire ». Sorte de projet politique et social, agrémenté d'une note d'utopie, réalisable grâce à l'implication concrète et active de tous les esprits optimistes et frondeurs du monde.

Il s'agit là d'un appareillage rhétorique bien échafaudé, mais relativement pauvre, relevant d'un catalogue restreint d'idées, devant s'adresser à tous, qui correspond précisément à ce qui est nommé *propagande*. Mais la subtilité et la force de cette propagande, à l'instar de celle exercée par le nazisme et le fascisme, c'est qu'elle fonde son assise sur l'implantation de bases destinées à former les troupes. Non pas au sein de partis politiques chargés d'assurer l'embrigadement idéologique, mais par l'organisation de grand-messes qui ont brusquement pullulé depuis le début des années 2010, et dont la fonction vise à donner une consistance au dogme et à offrir une formation continue aux apôtres chargés de le propager.

Rencontres professionnelles, semi-publiques ou publiques, rassemblant des grands groupes de l'économie de la donnée et des start-up, qui présentent les dernières « innovations » technologiques. L'assistance déambule le long des stands d'exposition, assiste à des démonstrations, suit des conférences et participe à des débats. Le Consumer Electronics Show (CES) inaugura le principe en 1967 à New York. Il se tient désormais annuellement à Las Vegas et demeure la plus importante d'entre elles. Siggraph, dédié à l'infographie, se déroule alternativement, depuis 1974, dans des villes nord-américaines. TechCrunch Disrupt a été créé en 2011 et a eu lieu à San Francisco, New York, Londres et Pékin. Le Web Summit fut créé en 2010, il s'est tenu à Dublin et Lisbonne. La liste, qui au cours des années 2000 était encore relativement réduite, s'est brusquement allongée à la fin de cette décennie et pourrait être énumérée sur de longues pages.

La France se situe aux avant-postes de cette frénésie organisationnelle initiée par de grandes entreprises et massivement soutenue par des fonds publics. Tel Futur en Seine, qui se déroule en Ile-de-France depuis 2009, créé par Cap Digital, un « pôle de compétitivité et de transformation numérique[22] ». Un extrait du communiqué de l'édition 2016 témoigne de l'esprit qui y prévaut : « Rejoignez l'innovation ! La technologie et l'innovation seront à l'honneur ! La multiplication des objets connectés dans nos quotidiens, les drones et autres produits futuristes qui ont été déposés aux pieds de vos sapins, seront visibles… L'innovation occupe une place de plus en plus importante dans nos vies et il est temps de l'apprivoiser, la dompter, la manipuler, et la rendre fertile ! Venez embrasser ce tournant vers le numérique et participer à votre manière au futur ! Futur en Seine vous ouvre ses bras et célèbre l'innovation ! »

La manifestation VivaTech s'est tenue pour la première fois à Paris en 2016, elle se veut « à la fois enthousiaste, optimiste et collaborative ». Elle a été conçue par Axa, BNP Paribas, Orange et Google France. Dans son communiqué, parmi une accumulation de poncifs siliconiens, il est mentionné « qu'un cycle de présentations est réalisé avec le concours du Women's Forum, il mettra l'accent sur la place des femmes dans la révolution numérique. Auront lieu des tables rondes aux noms évocateurs

“Femmes de moins de 30 ans, surtout ne pas s’abstenir”, “Ces femmes qui font bouger les lignes”, “Ces startuppeuses qui déchirent”. »

Les conférences TED (*Technology, Entertainment and Design*) constituent un autre espace de propagande. Si elles exposent, depuis 1984, des enjeux relevant de différents domaines, elles sont néanmoins, dans leur quasi-intégralité, caractérisées par leur exaltation technophile. Elles prennent la forme de shows présentés devant des publics médusés et par avance acquis à la cause, diffusés en direct et archivés sur Internet, au cours desquels sont rapportées en quelques minutes chrono les merveilles produites par la science et l’innovation, principalement, grâce au génie siliconien. En outre, elles essaiment grâce à un système de franchises, les TEDx permettant de relayer le dogme sur le vaste terrain du monde.

La classification des intervenants invités à s’exprimer lors de ces différentes manifestations est précisément établie en fonction d’une rigoureuse hiérarchie. Au plus haut degré se situent les très rares prophètes visionnaires, tels Mark Zuckerberg (Facebook), Sergey Brin et Larry Page (Alphabet-Google), Elon Musk (Tesla), ou Jeff Bezos (Amazon). Tous viennent de la Silicon Valley, à part les Chinois Robin Li (Baidu) et Daniel Zhang (Alibaba). La France comprend une seule de ces figures monarchiques, Xavier Niel (Iliad/Free). Bien plus bas se trouve l’aristocratie des gourous, composée, dans sa majorité, d’auteurs de best-sellers, tels Clayton Christensen, prédicateur de l’« innovation disruptive », Jeremy Rifkin, futurologue exalté, conseiller des princes, notamment sur les questions énergétiques, et possédant lui-même des actions dans nombre d’entreprises impliquées dans ce secteur, ou encore Chris Anderson, ancien rédacteur en chef du magazine *Wired* qui, à chaque publication, annonce l’avènement d’une nouvelle révolution, celle, par exemple, de la gratuité ou du monde égalitaire et « néocoopératif » des FabLabs voué à bientôt abattre le capitalisme. Ils sont les stars de ces messes, et peuvent réclamer des cachets à six chiffres, comme on dit dans le jargon du milieu. Au bas de l'échelle, se trouvent les prêtres, toutes les petites mains de la vaste entreprise de propagande, startuppers récemment starisés, responsables de blogs ou de magazines spécialisés, sociologues des usages, souvent rémunérés par de grandes entreprises de l'économie de la donnée, et tentant de prouver, à l'aide de statistiques et à grand renfort d'études, la formidable « puissance d'agir » gagnée par les individus grâce aux productions siliconiennes.

Dans une autre zone de cette cartographie, se trouvent tous les adorateurs, convaincus que c'est au sein de cette puissante et majestueuse pyramide que réside la vérité actuelle du monde, suivant des schémas qui s'apparentent à ceux à l'œuvre dans les Églises évangélistes. Car il faut saisir la similitude avec ce type de religiosité, qui relève davantage de la secte que de la religion. Tant par la forme du spectacle : micros sans fil, projections vidéo et emphase musicale, que dans la foi qu'elle suscite, qui, à voir de près, et contrairement aux apparences, peut être motivée par des formes de souffrance sociale et d'égarement psychologique. « Le XXIe siècle sera religieux ou ne sera pas », aurait dit Malraux. « Un jour, peut-être, le XXIe siècle sera deleuzien » avait dit Foucault[23]. Probablement que le siliconisme, par la puissance synthétisante qui le caractérise, réalise la fusion de ces deux prophéties qui semblaient en théorie s'exclure.

Il ne relève pas du hasard que le terme « évangéliste » désigne une récente fonction dans l'industrie du numérique. Apple fut parmi les premières sociétés à employer des personnes dont la « mission » était celle d'« évangéliste ». Leur rôle consiste à diffuser la doctrine de l'« augmentation de la vie par la technologie » auprès des entreprises clientes, des responsables politiques, de la presse, mais dans une version correspondant aux intérêts de la société qui les rémunère. Car on ne peut uniquement s'en remettre à quelques gourous ne cherchant *in fine* qu'à satisfaire leurs propres intérêts, ou à la plèbe des fidèles, toute propagande requiert des professionnels afin d'assurer une assise solide, ils ne devront pas flancher en cas de remous imprévus. Si toute cette machinerie, formelle et informelle, sait assurer sa meilleure diffusion grâce à des cadres de plus en plus institués, elle n'en reste pas moins soumise à des aléas et à de possibles retournements. Or, l'endoctrinement siliconien, afin de conquérir la Terre entière, a besoin d'imprégner « en profondeur » les esprits. Des institutions vont s'en charger.

La première d'entre elles, la Singularity University, a été fondée en 2008 par Ray Kurzweil et Peter Diamandis. Elle est à la fois une université, un *think tank* et un centre d'« incubation » d'entreprises. Elle se situe dans la Silicon Valley et est massivement soutenue par Alphabet-Google. Son but déclaré est d'« éduquer, sensibiliser et impliquer les hauts dirigeants, à l'échelle mondiale, dans l'utilisation des technologies exponentielles pour faire face aux grands défis de l'humanité ». Où l'on retrouve l'antienne du technologisme radical qui doit être professé aux élites, celles n'ayant pas, jusque-là, totalement intégré la vérité du dogme. En premier lieu, les responsables politiques, qui, s'ils sont désormais dans leur quasi-totalité convaincus de son bien-fondé, devront néanmoins faire l'objet de puissantes et continuelles piqûres de rappel afin que l'action politique s'y conforme scrupuleusement, en matière d'éducation publique par exemple, parmi tant d'autres cas de figure. L'université de la Singularité essaime et ouvre progressivement des antennes sur les cinq continents, témoignant de la silicolonisation du monde par des institutions pédagogiques, qui bénéficient en outre de budgets autrement supérieurs à ceux dont disposent la plupart des universités publiques.

En France, a été ouverte, en 2013, l'École 42. Ses salles ne sont garnies que de rangées répétées de longues tables, sur lesquelles les étudiants, installés les uns à côté des autres, « tapent du code » jour et nuit[24] face à leurs écrans de façon quasi autiste. Apprentissage de la programmation façon *Les Temps modernes*. Ici nul professeur, seulement un « encadrement pédagogique », nul livre ni bibliothèque, seules prévalent l'illumination des pixels et l'« idée » de chacun que « l'école » va permettre de développer. Modèle éducatif qui, selon son fondateur, Xavier Niel, procède d'une « rupture » et vise tout autant à favoriser la « rupture » : « Que sortent de l'École 42 dix ou vingt *king coders* qui vont cracker le système. » Telle est l'ambition ouvertement déclarée, d'esprit anarcho-capitaliste donc, entendant « former » de jeunes individus affranchis de toute limite : « 42, c'est no-limit ! » On mesure l'écart abyssal avec l'Université humaniste qui, elle, ne cherchait pas à « cracker » quoi que ce soit, mais à ériger patiemment, par la réflexion, l'échange, les livres, le savoir et la culture, une civilisation fondée sur la responsabilité, la politique et le droit.

Si la vision technolibertarienne du monde peut à ce point s'étendre en rassemblant les foules, c'est parce qu'elle affirme avoir trouvé la solution à tous les maux grâce aux pouvoirs des technologies de l'exponentiel, appelés à s'exercer dans tous les domaines de la vie. Leur puissance témoigne d'un *franchissement de seuil* de la technique. Dans la mesure où elle n'assure plus une seule gestion de tâches, mais est dorénavant dotée d'une *faculté ordonnatrice*. En cela il s'opère actuellement, tant dans sa nature même, que dans les rapports que nous entretenons avec elle, un *passage historique du normal au pathologique*, pour reprendre les termes de Georges Canguilhem. Sa thèse, qui prolonge celle de Claude Bernard affirmant la « continuité des phénomènes », ne fait pas de la pathologie un phénomène extérieur qui s'agrégerait au corps, mais le résultat d'une excitation démesurée qui en modifie la nature, les maladies n'étant que « les effets de simples changements d'intensité[25] ». « Les phénomènes pathologiques ne sont dans les organismes vivants rien de plus que des variations quantitatives, selon le plus et le moins, des phénomènes physiologiques correspondants[26]. »

Un « changement d'intensité » a brusquement modifié la fonction du numérique, la faisant passer d'un stade « normal », celui d'une conformité à notre condition ontologique – consciente et *décidante* –, à un état pathologique, par le fait de son *autonomie décisionnelle* perturbant, dans son fondement même, notre constitution humaine. L'âge de l'accès portait quelque chose de l'encyclopédisme. L'âge de la mesure de la vie et de la capacité rétroactive des systèmes procède tant d'une « variation quantitative », que d'une « variation qualitative ». Les premiers indices de ce « changement d'intensité » se sont manifestés dans les paroles des responsables de Google qui, dès le début des années 2000, clamaient vouloir « organiser toute l'information du monde ».

L'âge de l'accès devait porter en germe l'âge de l'excès, pourrait-on dire en un facile jeu de mots. C'était une ambition unilatérale et folle dont on n'a pas su saisir la valeur symptomatique au moment où la formule a été énoncée. Elle fut le premier signe, non immédiatement visible, comme toute formation initiale d'une maladie, de ce passage du « normal » au pathologique. Soit la volonté de ne plus seulement élaborer des systèmes permettant, par exemple, une indexation efficace des corpus logés dans les serveurs, mais de viser à terme « l'organisation de toute l'information du monde », qui a vite franchi un stade encore supérieur, et qui aujourd'hui n'est plus uniquement portée par Google, celui de *piloter* la vie entière à l'aide de systèmes algorithmiques « intuitifs » et « autoapprenants ».

Le technolibertarisme sait faire jouer les *affects* en parant la technique d'un pouvoir salvateur, répondant à une inquiétude et à un trouble de l'époque. Les pouvoirs des technologies numériques, croisés à l'infinité des profits qu'elles autorisent, confirment l'adage du philosophe stoïcien Sénèque (Ier siècle après J.-C.), selon lequel « l'esprit n'a pas un siège à part et n'observe pas de l'extérieur les passions, mais se change lui-même en passion[27] ». La toute-puissance de la *technè* contemporaine *excite* une pathologie de toute-puissance auprès de ceux qui la maîtrisent et en tirent profit, et qui à leur tour *excitent*, bon gré, mal gré, et à d'autres échelles, un même sentiment de toute-puissance chez les individus. Deux pathologies aujourd'hui coexistent. Celle de Daech et celle du technolibertarisme. L'une comme l'autre promettent la suppression de toutes les imperfections du monde et de la vie. Toutes deux relèvent d'un millénarisme. Elles agissent à distance, se nourrissant parfois mutuellement, à l'instar de l'usage de nombre de ces mêmes techniques par les tenants de la première et de l'instauration d'une « data-surveillance » intégrale implicitement portée par les seconds. L'une vise une domination tyrannique, infligeant une violence gratuite et pratiquant le crime aveugle. L'autre est mue par la cupidité, et atteste, dans son refus de toute défectuosité et dans son dessein d'instituer une organisation algorithmique et parfaite du monde, d'une passion névrotique à vouloir asseoir une emprise absolue sur le cours des choses.

Volontés de toute-puissance qui sont pour large partie générées en réaction à un sentiment généralisé d'égarement. Ces deux pathologies en sont l'expression et l'exploitent. L'une est à juste titre considérée comme une maladie mortelle, l'autre comme un remède à tant de nos maux. Il y a des moments dans l'histoire où certaines pathologies du temps présent ne sont pas identifiées. Ce n'est qu'un peu plus tard, lorsque le passage du normal au pathologique devient patent, par des symptômes douloureux et souvent irréversibles, que le « changement d'intensité » et tous ses effets néfastes sont avérés. À la vérité, toute époque manifeste une folie propre, individuelle et collective, mais les sociétés s'organisent de façon, à la fois à la laisser s'exprimer sous une infinité de formes, et à la contenir par l'*imposition salutaire de limites formelles ou tacites*. Lors de la période de la contre-culture aux États-Unis, les excès étaient tenus comme relevant d'une forme de folie « solaire » et bienvenue, une démesure ouvrant au bout du compte de nouvelles perspectives. La Silicon Valley se pare des mêmes atours, faisant de la libération sans limites de son énergie libidinale la condition d'une formidable avancée de l'humanité, ouvrant à tous un horizon continuellement radieux : « Le psychiatre Ronald Laing avait rendu une idée populaire : la folie n'est pas fatalement un "effondrement" ; ce peut être aussi une "percée", un envol vers l'ailleurs de terres inconnues – une Nouvelle Frontière[28]. »

IV

-

PSYCHOPATHOLOGIE DE LA SILICON VALLEY

—1
LE « SYNDROME DE SHERLOCK HOLMES » OU LA NÉVROSE DU TEMPS RÉEL

Un château posé sur l'un des sommets enneigés des Alpes suisses s'apprête à accueillir un sommet réunissant les ambassadeurs de toutes les nations européennes. La veille de l'ouverture officielle, un bal se tient dans une grande salle de marbre décorée de moulures et emplie de chandeliers. Des gardes et des majordomes sont chargés de sa sécurité et de son bon déroulement. Les femmes portent d'élégantes robes de soirée, et la plupart des hommes, des costumes militaires. Sherlock Holmes, le visage tendu, est vêtu d'une chemise de soie, d'un nœud papillon blanc et d'un smoking. Il sait que se prépare un attentat fomenté par James Moriarty, « le plus dangereux cerveau criminel du monde occidental », susceptible de déclencher, en cette fin de XIXe siècle, une guerre mondiale qui lui profitera, vu qu'il possède d'importantes usines d'armement. Au son d'une valse viennoise, le célèbre détective convie sa compagne et complice à une danse, ce qui lui permet, en toute discrétion, de balayer l'intégralité des lieux et de traquer les signes témoignant de l'imminence de risques.

À chaque pas, son attention se fixe sur un point précis. On le voit, en une succession de plans brefs et saccadés, saisir au long des rotations effectuées par le couple, là, une main posée sur le pommeau d'une épée, là, des médailles épinglées sur un veston, là, un précieux collier de perles au cou d'une jeune femme, là, l'archet d'un violoncelliste, là, une croix de Malte. Il semble qu'à chaque information recueillie, une cartographie de l'ensemble de la scène se précise, probablement par le fait de rapides corrélations qu'il opère entre elles. Durant son investigation chorégraphique, sa partenaire, qui connaît son incomparable perspicacité, lui demande : « Que voyez-vous ? », ce à quoi il répond : « Absolument tout. Tel est mon fléau », tout en continuant à se mouvoir et à examiner de nombreux détails alentour. Ce « fléau » qu'évoque Sherlock, incarné par Robert Downey Jr., dans le film réalisé en 2010 par Guy Ritchie, *Sherlock Holmes. Jeu d'ombres*, est son don unique à non seulement pouvoir isoler certains faits jugés décisifs au moment même où ils se déroulent, mais également à pénétrer ce dont ils témoignent grâce aux liens qu'il sait, à la vitesse de l'éclair, tisser entre eux.

Sherlock possède ce don exceptionnel qu'il exploite à bon escient, traquant sans relâche des personnes malfaisantes. Mais il en souffre. Il vit la plupart du temps en solitaire, sa vie privée est un désastre, subissant échec sur échec dans ses relations avec les femmes. Il souffre et consomme de la cocaïne. S'il use d'expédients, c'est aussi parce que, dans le cadre de ses enquêtes, Sherlock n'entretient pas de distance avec les choses. Il fait corps avec elles, ne se situant pas dans un rapport frontal, mais collant aux événements au moment même où ils se déploient, les imprégnant de son esprit en quelque sorte. Sherlock Holmes peut être tenu comme le premier cas reconnu d'individu frappé par une « névrose du temps réel », et qui, à ce titre, devrait être nommée « syndrome de Sherlock ».

Arthur Conan Doyle, l'auteur de la saga, ne pouvait connaître le temps réel, mais il avait à la fois pressenti ce que serait la nature d'un tel régime et ce qu'il induirait dans le rapport au milieu environnant. Son génie, parmi bien d'autres traits, est d'avoir autant saisi la singularité d'une telle puissance de pénétration immédiate des choses, que de la lier à un tourment psychologique, constituant *in fine* un « fléau », « *curse* » écrit-il, ce qui en anglais signifie plus exactement « phénomène dévastateur ». Si Conan Doyle ne pouvait ni connaître ni éprouver le «temps réel», c'est pour la seule raison que ce dernier résulte de techniques qui à son époque n'existaient pas.

Car le temps réel, à l'origine, nomme une disposition technique. Celle de procéder à des commandes sur un ordinateur en percevant les résultats quasiment au moment où les processus les réalisent. Par exemple, taper sur les touches d'un clavier, dans le cadre de l'utilisation d'un logiciel de traitement de texte, génère une série de calculs qui vont permettre l'apparition des lettres sur l'écran, apparemment dans le même instant, mais avec un délai si infime qu'il en devient insensible. La visite d'un site web suppose de consulter des informations textuelles, iconiques ou sonores, quasi simultanément à l'exécution des procédés computationnels qui les rendent visibles ou audibles. Le temps réel désigne l'absence de différé discernable entre l'action d'un utilisateur et la satisfaction de sa demande, qui engage pourtant de nombreuses opérations menées par les processeurs, mais à une telle vitesse que la durée de leur déroulement n'induit aucune latence. Il représente une forme de transparence de la machine dans l'usage que l'on fait d'elle.

Il est souvent confondu avec le direct, avec lequel il n'a que peu de rapport. Le direct a également nommé une disposition technique, mais d'un autre genre: assurer la retransmission d'événements – par les ondes, sous la forme de sons ou d'images –, au moment où ils ont lieu. Par exemple, la radiodiffusion d'un concert ou d'un opéra qui émerveillait les foules lors de l'émergence de la TSF au début des années 1920. Ou les premières diffusions télévisées, lors de la décennie suivante, qui plus tard ont pu être réalisées à une échelle internationale. Principe qui fut inauguré lors de la retransmission en Eurovision du couronnement de la reine Élisabeth II en 1953, et en Mondovision à partir des Jeux olympiques d'été de Tokyo en 1964. Ce qui a notamment caractérisé le direct à ses débuts, et qui a prévalu durant des décennies, c'est qu'il créait du lien. Il transcendait les contraintes du corps et de la géographie et rompait l'isolement de populations, dimension qu'avait relevée Walter Benjamin[1].

Aujourd'hui, le temps réel ne se rapporte plus seulement au milieu confiné de l'ordinateur, il renvoie également à la faculté de saisir un nombre sans cesse accru de phénomènes du réel au moment même où ils se déroulent. Disposition qui diffère du direct supposant d'installer un dispositif d'enregistrement en un endroit précis et pour une durée circonscrite, par exemple dans un stade à l'occasion d'un match de football. Ce nouveau type de temps réel désigne la capacité de suivre, sans délai et dans leur dimension continuellement évolutive, quantité de faits, prioritairement grâce à l'implantation croissante de capteurs dans notre environnement.

Comme les surfaces connectées ne cessent de se multiplier et que la puissance des systèmes ne cesse de s'accroître, c'est une appréhension des choses se déployant de plus en plus en temps réel qui se généralise. « À terme tout sera connecté, affirme Luc Julia, vice-président de l'innovation chez Samsung. Il estime qu'au-delà des montres ou des appareils ménagers, les maisons entières, mais aussi les villes, ou encore les usines, devraient être connectées. "Chez Samsung, nous avons décidé que, d'ici à 2020, tous les produits créés chez nous seront connectés." Pour lui, il ne s'agira pas uniquement de vérifier les battements de son cœur, ou le nombre de pas effectués dans la journée. La connectivité permettra de connaître l'état d'usure d'un objet, la nécessité de le remplacer, ou encore l'état du trafic en temps réel dans une section particulière d'une ville[2]. » Car les objets connectés, interceptant des informations « à la source », entraînent une visibilité toujours plus intégrale de la vie à tous les instants où elle se manifeste. Ils vont induire une brusque extension du régime du temps réel dans notre anthropologie, nous permettant de saisir en continu les flux du monde dans leur perpétuelle transformation.

Deux temps réels coexistent aujourd'hui, s'exerçant suivant des modalités distinctes. D'abord, celui « vécu » par des systèmes traitant les données transmises par les capteurs et qui, en fonction des résultats et des algorithmes qui les structurent, rétroagissent de façon autonome. Par exemple, les flux de circulation dans une agglomération peuvent être saisis grâce à des caméras et des senseurs de comptage, permettant à des programmes de signaler l'état du trafic dans diverses zones, par l'émission automatisée d'informations sur des panneaux ou l'envoi de notifications suggérant d'emprunter telle voie plutôt qu'une autre. Ou alors, la Google Car, ou autre voiture sans pilote, qui interprète en permanence la constitution de l'environnement immédiat, la situation interne du véhicule, jusqu'au comportement des passagers, étant en outre au fait de conditions générales de tous ordres (embouteillages, météo, événements prévus sur le trajet, etc.) et qui engage des actions en fonction de cette « perception » multicanale « éprouvée » en temps réel.

Ensuite, celui qui est directement exploité par les personnes. En premier lieu, au sein d'entités. Tels les avions de ligne qui témoignent à chaque seconde de l'état de leurs multiples composantes, à l'instar de l'Airbus A380 équipé de 300 000 capteurs, transmettant les données à des serveurs situés au sol, permettant aux services de maintenance des compagnies aériennes d'anticiper les réparations nécessaires et d'éviter les coûteuses immobilisations des appareils[3]. De son côté, la SNCF a décidé de s'engager dans l'« Internet industriel », ayant depuis peu implanté des batteries de senseurs dans ses rames, jusqu'aux toilettes par exemple, destinés à favoriser une haute réactivité des équipes : « Nous pourrons savoir exactement quand remettre de l'eau dans les toilettes[4]. »

Temps réel, dont usent également les individus dans leur quotidien, grâce aux applications dotées d'une connaissance portant sur une infinité d'événements en cours, de surcroît accessibles en théorie de partout *via* les smartphones. Par exemple Waze, qui renseigne sur le trafic routier grâce à la « mutualisation » des informations fournies par des automobilistes en circulation, et dont le slogan affirme : « Obtenez le meilleur itinéraire, chaque jour, avec l'aide en temps réel des autres conducteurs[5]. » Ou Path to Park, Park Indigo, Parkme, qui signalent la disponibilité des places de parking au sein d'une zone grâce au traitement des données transmises par les horodateurs ou déjà, dans certains cas, *via* des puces intégrées au sol informant de l'état d'occupation. Le temps réel témoigne d'une « sherlockholmisation » de la vie quotidienne par la récente puissance d'appréhension de quantité de faits au moment où ils se déroulent, induisant un soudain accroissement de maîtrise sur le cours des choses.

Mais le temps réel ne concerne pas que la captation de phénomènes de tous ordres se déployant suivant un présent indéfiniment étendu, il engage un autre type de rapport à l'environnement immédiat. L'écart séparant les corps de leur milieu s'efface progressivement au profit d'une saisie instantanée de ce qui était jusqu'à maintenant opaque à la connaissance. À l'instar des applications permettant d'identifier, grâce au viseur d'un smartphone, des éléments situés alentour, telle Pl@ntNet, qui informe du nom et du type de plante, ou Mona, qui reconnaît et fournit des indications sur des monuments historiques. À terme, par le principe du catalogage d'une infinité possible de substances de toute nature au sein de bases de données reliées à des logiciels de reconnaissance, c'est la quasi-intégralité de la réalité qui est appelée à devenir transparente à la perception humaine, jusqu'à l'identité des personnes.

Tony Stark, la figure surpuissante des films *Iron Man* produits par Marvel (également incarné par Robert Downey Jr.), identifie à tout instant la constitution de son environnement immédiat grâce à l'intelligence artificielle embarquée dans la visière de son armure, nommée Jarvis. Elle lui confère une suprématie inégalable. Mark Zuckerberg affirme vouloir s'inspirer de Jarvis pour développer un « assistant virtuel » : « Je lui apprendrai à comprendre ma voix pour contrôler toute la maison – musique, lumières, température et autre. Je lui apprendrai à laisser les amis entrer en regardant leur visage quand ils sonnent à la porte. Je lui apprendrai à me signaler s'il se passe quelque chose dans la chambre de Max [sa fille] quand je ne suis pas avec elle[6]. » Soit le fait d'ériger chacun d'entre nous en super-héros saisissant la quasi-totalité des choses en temps réel et entretenant un rapport sans faille au monde, aux autres et à soi.

Le temps réel ne nomme pas seulement une structuration technique qui a soudainement évolué, s'extrayant du seul milieu des ordinateurs pour maintenant s'exercer dans divers champs de la vie. Il renvoie à une condition anthropologique en émergence, qui entend tout contrôler, ne rien abandonner à l'incertitude ou au hasard, libérant la volonté d'asseoir une domination absolue, non plus sur la nature, comme il était dit autrefois de la science, mais *sur le cours des choses*. Disposition récente qui ne revêt pas une forme impressionnante, s'étendant rapidement à l'échelle du monde, et se banalisant de façon quasi insensible. Lorsque des myriades d'entités et des milliards d'individus se trouvent brusquement dotés d'un tel surcroît de maîtrise, on peut imaginer quel type de société est susceptible de se former, fondée sur un ajustement continu du réel à toutes nos exigences.

Il s'agit là d'un phénomène qui n'en est qu'à ses prémices, appelé à imprégner sans cesse davantage nos existences. Ne nous trompons pas. Nous ne sommes plus dans des « sociétés de contrôle » dominées par les États et quelques entités privées surpuissantes. Situation qui a probablement connu son acmé lors des fracassantes révélations d'Edward Snowden en 2013 portant sur la collecte de données, principalement à caractère personnel, menée à une échelle globale et démesurée par la NSA. Dorénavant, une capacité de suivi des choses, au moment même où elles ont lieu, est mise à disposition de tous, instituant une sorte de « démocratisation du contrôle ». Mais un contrôle d'un nouveau genre, plus prégnant, ne se nourrissant plus seulement d'archives – anciennes ou récentes –, mais de l'état du réel à l'instant où il se forme, se défaisant peu à peu de toute forme d'opacité jusque-là structurellement constitutive de l'expérience. On peut appeler cela une « transparence permanente de la vie vécue au présent et par tous ».

Si nul ne peut mesurer l'impact produit à terme par cette « jarvisisation » de l'existence, on peut au moins supposer ce que pourrait être un monde partout constitué d'Iron Man. Il est probable que cette soudaine domination sur le cours des choses générera par un retour du refoulé des scories imprévues, des formes de déception ou des manifestations de violence suite à des expériences contrariées. Peut-être faudra-t-il bientôt ranger le « syndrome du temps réel » ou « syndrome de Sherlock » dans la liste des DSM (*Diagnostic and Statistical Manual of Mental Disorders*), manuel de classification des troubles mentaux. Celui-ci renvoyant alors au décalage éprouvé entre le sentiment de maîtriser des séquences de plus en plus étendues du quotidien, et celui de constater la vanité de ce pouvoir en regard de la difficulté à pleinement se réaliser à partir de ses propres facultés.

On sait que la vie est faite d'expérimentations, de déambulations incertaines, de « navigations à vue », ponctuées de satisfactions ou de déconvenues, de réussites ou d'échecs, de joies ou de peines. L'interfaçage continu de l'expérience par des systèmes instituant chacun d'entre nous en autant de tours de contrôle continuellement informées de l'état des choses induit un subit affaiblissement de notre capacité à composer spontanément et activement avec le réel, autant qu'un brusque recul de l'exercice de nos facultés sensibles. Condition n'étant pas sans effet sur l'équilibre physico-psychique général, ce qu'avait saisi Nicolas de Cues au XVᵉ siècle : « Quand l'homme abandonne le sensible, son âme devient comme démente[7]. » Et l'on pourrait rajouter : lorsque les sociétés dans leur ensemble cherchent à se débarrasser du sensible au profit d'une organisation algorithmique orchestrée en temps réel, alors c'est notre « âme collective » qui pourrait tout autant « devenir comme démente ».

–2
ENTREPRENEURS SUPER-HÉROS ET TOUTE-PUISSANCE

Contrairement à ce que dit l'adage, il est parfois pertinent de juger le moine d'après ses habits. Pour appréhender la psychologie d'un être, la tenue peut offrir une bonne clé d'entrée. Les usages vestimentaires ne sont jamais neutres. Roland Barthes avait compris ce qu'il pouvait tirer comme enseignement à faire sémiologie de tout. C'est une sémiotique de l'habillement des grandes figures entrepreneuriales de la Silicon Valley et de leurs clones globalisés qui devrait être entreprise afin de saisir certains traits de leur ethos. La première question qui mérite d'être posée, c'est pourquoi les maîtres de la silicolonisation, alors qu'ils ne sont plus eux-mêmes des startuppers, ne sont-ils pas vêtus du traditionnel « costume-cravate », celui porté par William Hewlett et David Packard au cours des années 1940, ou aujourd'hui par tous les PDG des grandes entreprises de la planète ? Pourquoi s'efforcent-ils de garder une apparence, non pas jeune, mais *cool* et relativement nonchalante, par le port systématique de tennis, *hoodies*, tee-shirts ou vestes « décontractées » ? Une réponse s'impose tout de go : pour la seule raison qu'ils connaissent la valeur du signe et cherchent à en jouer. Et ce, en vue de deux objectifs.

D'abord, la conformité à une mode qui exprime spontanément l'esprit nord-californien mêlant sérieux dans le travail, souci de la convivialité et culte du bien-être leur permet d'afficher la persistance de leur atavisme en dépit de leur haut niveau de richesse. Ils témoignent, presque malgré eux, de leur attache quasi viscérale au territoire et à ses traditions, maintenant un lien symbolique avec tous. Ensuite, l'autre visée cherche moins à témoigner positivement d'une dimension, qu'à instiller du doute et à brouiller notre perception à leur égard. Celle d'individus dotés d'un pouvoir sans cesse croissant sur nos vies et dont on ne saurait clairement pénétrer les intentions exactes. Leurs vêtements étant alors non pas destinés à nier cette ambition, mais à témoigner de leur concordance avec leur projet, lui-même aussi pacifique et « relax » que ce qu'ils laissent signifier.

L'imaginaire de la Silicon Valley est déterminé par la présence du Pacifique, donnant l'impression de continuellement faire face à un horizon, tant physique que symbolique, infini. S'y agrège depuis peu un « sentiment océanique » ou « pacifique », excité par les technologies de l'exponentiel et les pouvoirs virtuellement illimités de l'intelligence artificielle. Les grandes figures entrepreneuriales de la vallée portent une large partie de leur développement, en étant convaincues de la noblesse de leur mission. Ces êtres ont conscience de vivre un moment historique exceptionnel, ils en sont la première expression et les principaux vecteurs de sa pleine manifestation, sortes de Mécène du monde contemporain : « Ils ont conscience d'être les pionniers d'une ère nouvelle, ce qui dope leurs esprits. Certains comparent la Silicon Valley à la Florence de la Renaissance, avec les Médicis[8]. » Ils réalisent en acte la vérité du monde présent et à venir, révèlent toutes les possibilités enfouies, nous sauvant de nos habitudes figées et nous engageant sur une nouvelle voie riche de promesses.

Par la clairvoyance de leur vision et leur puissance à modifier à eux seuls le cours des choses, ils s'apparentent à des figures mythologiques. Le roman d'Ayn Rand, *La Grève*[9] (*Atlas Shrugged*), met en scène des intellectuels, entrepreneurs et scientifiques qui « portent le monde » sur leurs épaules, à l'instar du titan Atlas de la mythologie grecque. Lassés des excès de l'interventionnisme étatique, ils décident d'initier une grève d'un nouveau genre, inversée en quelque sorte. Ce ne sont plus les « prolétaires » qui se soulèvent pour contester certaines de leurs conditions de travail, mais les « créateurs de richesses » qui manifestent par une action radicale leur opposition. L'objectif de John Galt, le héros du récit, mystérieux ingénieur inventeur d'un moteur révolutionnaire, et de ses soutiens, vise à faire comprendre que, par leur retrait, le pays basculera vite dans le chaos. On sait qu'Ayn Rand représente une figure majeure du libertarisme historique, ayant érigé en héros tout entrepreneur procédant à une « rupture » avec des structures économiques ou juridiques jugées inopérantes et illégitimes.

Plus précisément, ils se rapprochent des super-héros apparus au début des années 1930 lors de la naissance des *comic books*. Période de dévastation faisant suite au krach boursier de 1929 qui entraîna la Grande Dépression, la ruine des classes moyennes, la misère des populations, la montée des extrémismes. Le super-héros fait l'objet d'un culte en temps de crise. Il incarne le Sauveur, le seul être capable de racheter l'humanité lors d'épisodes tragiques. Sa puissance est telle qu'il peut être doté du pouvoir de changer jusqu'au sens de la rotation de la Terre, à l'instar du final du *Superman* réalisé en 1978 par Richard Donner, où le « super homme » parvient en tournoyant autour du globe à le faire tourner à l'envers, et à réparer ainsi tout ce qui a été détruit.

Un peu à l'instar de ce que réalisent de nos jours les super-héros siliconiens, non pas en modifiant le sens de rotation de la Terre, mais la trajectoire de nos vies appelées à tendre vers le meilleur. Car les super-héros se situent toujours du côté du bien, déployant la même geste éternelle, s'opposant aux créatures maléfiques et sauvant la veuve et l'orphelin. Ils ne ressemblent pas aux rois shakespeariens, pétris des défauts de leur humanité, manigançant sans fin pour maintenir leur pouvoir et ne pas être déposés par leurs rivaux. Les super-héros siliconiens ne portent aucune dimension tragique, pas même la noirceur trouble de Batman. Mais une pleine positivité, sensible dans leurs habits, non pas faits de provisoires combinaisons les condamnant à une vie schizophrénique et contrainte, mais de vêtements légers, ordinaires, car bien qu'ils soient des êtres d'exception, ils restent proches de nous et au service du bien commun. Probablement pensent-ils devoir faire leur la devise culte de Spider-Man : « À grand pouvoir, grandes responsabilités » (*With great power, comes great responsibility*).

Mais ils ne sont pas que des super-héros surpuissants, ils ont quelque chose de plus, ils sont habités d'un génie propre, conformément à la tradition liant le génie et les industriels. Au début du XIXe siècle, Saint-Simon, de retour des États-Unis après avoir participé à la guerre d'Indépendance « pour la cause de la liberté industrielle », entend achever « l'œuvre de la Révolution » en libérant l'activité des entrepreneurs. Il propose d'ouvrir des souscriptions pour ces « hommes de génie, flambeaux qui éclairent l'humanité[10] ». Afin de prouver que ces « créateurs » sont autrement plus précieux que tous les responsables politiques, il décrit la fiction suivante : « Imaginons que la France perde les cinquante premiers scientifiques, ingénieurs, banquiers, artisans, serruriers, etc. [...] La nation tomberait immédiatement dans un état d'infériorité vis-à-vis des nations dont elle est aujourd'hui la rivale[11]. » Thèse « randienne » avant l'heure donc.

Figure d'élu appelé à guider le peuple, que Steve Jobs affirmait personnifier : « Pour Steve, seules quelques personnes par siècle naissent avec quelque chose en plus que les autres, des gens comme Einstein, Gandhi. Et Steve se compte dans le lot », raconte Andy Hertzfeld, programmeur, membre de la première équipe de concepteurs du Macintosh. « Il vivait dans l'idée délirante, nietzschéenne, d'être l'élu que rien ne doit arrêter, un visionnaire dont la mission est d'apporter aux gens ce qu'ils sont trop stupides pour imaginer. Une fois il m'a même dit, très sérieusement, qu'il se considérait comme "un être élu et éclairé"[12]. »

Jean-François Lyotard, parmi d'autres, avait su lier poussée libidinale et développement irréfréné du capitalisme[13]. Les manifestations plus ou moins incontrôlées et extrêmes de la libido ne sont pas le seul apanage de violeurs ou d'autocrates sanguinaires. Le projet de conquérir l'intégralité de la vie *via* des techniques exploitant le moindre de nos souffles et dégageant des perspectives de profit inépuisable doit nous obliger à dresser le constat de la dimension hautement libidinale à l'œuvre dans le technolibertarisme. Nous savons depuis longtemps, particulièrement depuis les travaux de Leroi-Gourhan[14], que toute technique répond à une propension proprement humaine à accroître sa puissance. Mais ce qui apparaît aujourd'hui, c'est que, passé un certain seuil, et pas seulement dans le domaine de l'industrie militaire, les productions techniques témoignent, tant dans leur conception que dans certaines de leurs fonctionnalités, d'une volonté d'exercer une emprise sur autrui, voire des formes plus ou moins aiguës de domination. Lorsqu'elles sont dotées du pouvoir de guider la vie, exprimant une telle intensité libidinale, alors elles ne relèvent plus de la « propension proprement humaine à accroître sa puissance », mais d'une *dynamique pulsionnelle* aspirant à la toute-puissance.

Et le propre du pulsionnel, c'est de contester toute limite. Ce que manifeste de façon emblématique Google X, cette unité bénéficiant de moyens quasiment illimités, qui travaille sur les « projets les plus fous », selon les termes de son responsable au nom énigmatique, Astro Teller. Y sont menées des recherches qui « défient l'imagination » : ascenseur pour se rendre dans l'espace, appareil de téléportation, veste propulsant les corps dans les airs… Le nom des salles de son siège témoigne de l'imaginaire de science-fiction qui prévaut: «Afro Droid», «Annihilants», «Arbeitsmaschine», «Bicentennial man». Comme le sentiment de toute-puissance revêt une dimension paranoïaque, et pas seulement parce que souhaite être préservée la confidentialité, on joue, à l'instar de l'empereur chinois, de la «présence absente», le laboratoire n'apparaissant nulle part sur Google Street View et aucune photo n'étant visible. Culte du secret caractéristique de la Silicon Valley, ici cultivé à l'extrême, s'inspirant des méthodes inaugurées par Steve Jobs, lui-même ayant été un être de rationalité et de paranoïa mêlées.

Elon Musk s'inscrit tout autant dans cet esprit du «*no limit*», qui semble être le mot d'ordre du siliconisme (procédant à l'exact renversement du «*no future*» punk du tournant des années 1980). Il est notamment l'initiateur du projet de «train supersonique» Hyperloop, conçu pour se déplacer à 1200 km/h et relier San Francisco à Los Angeles en moins de trente minutes. Le matériau qui pourrait recouvrir les navettes, une fibre de carbone de nouvelle génération, porte le nom de l'alliage fictif du bouclier indestructible de Captain America, vibranium. Musk a également fondé SpaceX, entreprise de lanceurs spatiaux. On voit l'audace à s'engager dans des grands travaux relevant jusque-là de la seule prérogative des États, s'octroyant à lui seul un pouvoir analogue à celui détenu par les autocrates bâtissant les autoroutes de l'Italie fasciste ou de l'Allemagne nazie.

Ce mépris des limites s'étend désormais bien au-delà des seules figures californiennes pour imprégner une large part de l'économie de la donnée, mêlant passion du profit et formes d'agressivité instituées: «Zalando, eDarling et, plus récemment, Delivery Hero, Foodora, Jumia ou Helpling… Rocket Internet fabrique des start-up comme certains sortent des pièces détachées des lignes de production. À la chaîne. Avec une ambition claire, affichée sur tous les sites du groupe, répétée dans toutes ses présentations : "Devenir la première plateforme Internet en dehors des États-Unis et de la Chine." Quel que soit le prix à payer. Oliver Samwer, l'un des trois frères à l'origine du groupe, n'a-t-il pas écrit un jour à ses employés, pour les motiver : "Je suis l'homme le plus agressif d'Internet. Je mourrais pour réussir et j'attends la même chose de vous[15] !" »

Passion de la domination confinant au névrotique à l'œuvre dans le film *Ex Machina,* réalisé par Alex Garland en 2015. Nathan, un « génial », solitaire et alcoolique responsable d'une entreprise ayant fait fortune grâce à un « moteur de recherche révolutionnaire », vit reclus dans une sorte de bunker de luxe hyper sécurisé situé dans la montagne. Il y développe des recherches en intelligence artificielle l'ayant amené à concevoir Eva, une androïde s'apparentant en tout point à une femme de « chair et de sang » et dotée d'un esprit supérieur. Elle finira par tuer son géniteur et s'évader pour rejoindre la vie des humains. Outre la vulgate éculée du soulèvement de la machine, ce qui ici est autrement plus marquant, c'est l'atmosphère psychiatrique qui prévaut, conjuguant de façon indissociable expression de toute-puissance et troubles mentaux, correspondant au schéma, mais dans une version extrême, de la réalisation de soi par le développement d'un projet personnel : « Kretschmer considérait le délire comme "l'expression intensifiée et compréhensible d'une personnalité et de son développement vital"[16]. » On pourrait presque imaginer cette action se déroulant dans une annexe isolée de Google X, ou dans une des résidences d'Elon Musk.

Cette volonté de domination sans partage induit, *de facto,* la célébration du monopole : « Les monopoles alimentent le progrès[17]. » Car l'idée de « progrès » aujourd'hui franchit elle-même un seuil, étant conditionnée, contrairement aux règles historiques, par l'expression sans limite d'industriels vêtus d'habits *cool*, mais visant à l'élimination, jugée salutaire, de toute concurrence. Toute-puissance, violence et psychiatrie comme principes moteurs de certaines pratiques économiques, manifestes dans *American Psycho*[18] de Bret Easton Ellis, qui narre le quotidien d'un *trader* de Wall Street, Patrick Bateman, pris par la pléonexie, soit la volonté de posséder toujours davantage. Être psychopathe qui hait les clochards, les femmes, les homosexuels. À la nuit tombée, il laisse libre cours à sa démence, viole, torture et tue.

Le narcotrafiquant colombien Pablo Escobar, grâce au trafic de cocaïne, gagnait quotidiennement plus de soixante millions de dollars de l'époque, soit davantage que General Motors. Pour arriver à ses fins, il ne cessait de commanditer meurtres et attentats. Au-delà de la seule quête de richesse, c'est un sentiment de toute-puissance qui s'exprimait, l'ayant également poussé, au sommet de sa carrière de criminel, à vouloir endosser des responsabilités politiques. Pulsion libidinale irréfrénée ayant conduit *in fine* à la mort et à la désolation. Dimensions qui font écho aux paroles énoncées par George Orwell au cours des années 1940 : « Les interrelations entre le sadisme, le masochisme, le culte de la réussite, le culte du pouvoir, le nationalisme et le totalitarisme constituent un problème considérable qu'on vient de commencer à débroussailler, et qu'il est même tenu pour inconvenant d'aborder[19]. » Et l'on pourrait aujourd'hui rajouter, qu'il est urgent d'examiner de près, ce à quoi il est procédé au long de ces lignes.

Tout comme Escobar faisait des bonnes œuvres à l'attention de populations démunies, peut-être pour se libérer d'une forme de culpabilité, la philanthropie fait partie des usages des grandes figures de l'économie du numérique. Bill Gates avait inauguré en 2000 sa fondation, œuvrant principalement à assurer des soins de santé dans les pays du Sud. Archétype de la *venture philanthropy* visant à combler les lacunes des États, et permettant dans le même mouvement d'affirmer un autre type de puissance, ouvertement généreuse. Mark Zuckerberg a annoncé qu'il allait progressivement léguer 99 % de ses actions Facebook à la fondation pour l'enfance qu'il a créée avec son épouse pédiatre, dont l'objectif consiste à « faire avancer et à promouvoir l'égalité pour les enfants de la prochaine génération ». Les deux fondateurs de Google ont chacun ouvert leur fondation. Selon le protestantisme puritain, l'excès de richesse est porteur de malédiction, donner permet de l'exorciser. En outre, le don caritatif offre des avantages fiscaux conséquents, autant qu'il octroie un « bénéfice d'image », ou une « plus-value éthique », comme on dit sur les rivages du Pacifique.

Peut-être que l'antipsychiatrie, en partie née dans la Silicon Valley, sous la plume de Ken Kesey et de son *Vol au-dessus d'un nid de coucou*[20], a fait que des êtres, qui autrefois auraient pu être considérés comme *déviants*, sont de nos jours perçus comme exprimant des formes, parmi tant d'autres possibles, de la nature humaine, dont toutes sont en théorie défendables. Peut-être qu'au moment décisif de la fin de la contre-culture et du passage à la « seconde Silicon Valley », au tournant des années 1970, il s'est passé quelque chose de similaire au geste historique de la libération des aliénés de Bicêtre par Pinel en 1793, après le long et « Grand Renfermement » ordonné par Louis XIV en 1656. Michel Foucault dénonçait alors, dans *L'Histoire de la folie à l'âge classique*[21], le pouvoir d'enfermement que le savoir médical s'était abusivement approprié. Erving Goffman, dans *Asiles*[22], décrivait le conditionnement et la répression exercés par les pratiques asilaires. Le psychiatre Thomas Szasz, qui plus tard revendiquera sa sensibilité libertarienne, affirmait, au début des années 1960 dans *Le Mythe de la maladie mentale*[23], que c'est « la société qui est aliénante », la folie n'étant qu'un « écart de conduite » relativement aux normes édictées et instituées, et ne devant plus être traitée comme une pathologie. Tous voulaient substituer à l'« hygiène de l'isolement » prônée par l'aliéniste Jean-Étienne Esquirol au cours de la première partie du XIXe siècle, l'« hygiène de la liberté ».

L'antipsychiatrie est allée jusqu'à célébrer la folie comme une « forme positive de transgression », faisant directement écho au lien unissant aujourd'hui propension névrotique à vouloir tout « disrupter » et « innovation créative et iconoclaste ». Vu l'impact de ces « formes positives de transgression » sur nos existences, nous sommes en droit de nous demander si « la "dépsychiatrisation" du malade mental n'est-elle pas du même coup une "psychiatrisation" de l'humanité tout entière[24] » ? Car lorsque l'on autorise certaines catégories de fous à agir comme bon leur semble, en vertu du droit légitime à « s'exprimer » librement, au nom de la « croissance » et de « l'emploi », il se peut que ceux franchissant de tels seuils méritent d'être enfermés dans de nouveaux Bicêtre, afin de « faire [enfin et réellement] du monde un endroit meilleur ». Sur l'île d'Alcatraz par exemple, située dans la baie de San Francisco, qui jusqu'aux années 1960 logeait une prison de haute sécurité, aujourd'hui reconvertie en site historique géré par le service des parcs nationaux du pays, devenue pour des millions de visiteurs un lieu d'observation des oiseaux de la région. Oui, nous pourrions, dans un moment d'ironie, imaginer qu'il faudrait, dans ce cas, revenir à une saine et salutaire « doctrine de l'enfermement » permettant bientôt, non pas d'observer des oiseaux, mais des aliénés, ceux qui, à partir de la deuxième décennie du XXIe siècle, affirmaient, en étant crus de presque tous, qu'ils entendaient « enrichir » nos vies et œuvrer au bien de l'humanité, grâce à des technologies conçues par leurs cerveaux « *insane* », délirants et malades.

–3
LA FURIE TRANSHUMANISTE ET LE DÉLIRE DE LA « SINGULARITÉ »

Vers le milieu des années 2000, un phénomène alors ignoré du « grand public » a commencé à être régulièrement mentionné dans des articles de presse. Quelques années plus tard, au tournant de la deuxième décennie du XXIe siècle, l'intérêt s'amplifia subitement, faisant de toute part l'objet de unes de magazines, d'émissions de radio et de télévision, de reportages et de documentaires. Le transhumanisme s'invitait dans l'époque. Ce terme qui, quelque temps auparavant, était quasiment inconnu, se généralisait peu à peu. Il renvoyait à un esprit, à une sorte de « philosophie » dont il était difficile de saisir précisément la nature. Il recouvrait un caractère exceptionnel confinant au sensationnalisme. D'abord, parce qu'il provenait de ce qui apparaissait être le « nouveau centre du monde », la Californie du Nord, d'où émanait un mouvement d'importance qu'il ne fallait pas rater. Ensuite et surtout, parce qu'il touchait à la catégorie biologique et métaphysique majeure, soit la vie et son pendant indissociable : la mort. Le transhumanisme affirmait rien de moins que la possibilité de bientôt l'annihiler et de réaliser le fantasme humain ultime : l'accès à l'éternité.

Privilège uniquement réservé aux dieux. La mort étant le propre indépassable de la condition humaine, et plus largement de tout organisme vivant. Des individus, venant dans leur majorité de la Silicon Valley, clament depuis peu leur conviction à pouvoir nous faire franchir à terme ce point-limite, expliquant de surcroît qu'ils y œuvrent activement. L'espérance de vie, depuis le début du XXe siècle, a certes gagné un nombre considérable d'années, principalement dans les pays riches, suivant une courbe régulièrement ascendante, voyant néanmoins aujourd'hui la quasi-totalité des êtres humains décéder bien avant d'avoir atteint un siècle. Que s'est-il passé, pour que des personnes dont on ne connaît rien des compétences en ces domaines, affirment pouvoir subitement accélérer ce mouvement jusqu'à nous rendre un jour immortels ?

Qui sont ces individus ? Sont-ils de grands médecins internationalement reconnus pour leurs recherches ou leurs articles, et qui auraient trouvé presque par hasard, par un incroyable effet de sérendipité, des molécules miracles ? Sont-ils de brillants biologistes qui auraient saisi, par un prodigieux coup de génie, un point qui, dans le processus général du vivant, restait jusque-là opaque à l'intelligence humaine, permettant à jamais de le dénouer ? Non, rien de cela. Ce mouvement « transhumaniste » est composé de responsables de grandes entreprises de l'Internet et de la donnée, et de leurs proches, convaincus que les technologies de l'exponentiel, dans leur mouvement irrépressible, vont tout transformer pour le « mieux », jusqu'à la vie enfin délivrée de son terme. À la vérité, on confond ici, en un raccourci opérant à vitesse « exponentielle », avancées médicales et immortalité. Car la foi transhumaniste ne correspond à aucune réalité avérée. Seuls des esprits naïfs peuvent croire à de telles inepties. Plutôt que d'accorder un quelconque crédit à une thèse sans fondement, il faut davantage l'appréhender, non pas comme un horizon appelé à être atteignable, mais comme un symptôme hautement significatif.

Son affirmation par ses tenants confirme de façon fracassante que nous vivons l'époque la plus exceptionnelle de l'histoire de l'humanité. C'est un fait incontestable. La perspective transhumaniste légitime, dans l'horizon quasi messianique qu'elle dessine, le projet de ceux qui portent ce mouvement. Elle revêt une valeur performative destinée à entériner, aux yeux de tous, la grandeur de la vision défendue par le technolibertarisme. Car qui peut prétendre ne pas vouloir vivre le plus longtemps possible ? Le message subliminal signifiant qu'ils se chargent de cette formidable mission revêt la forme d'une propagande non dite, et tient lieu de passe-droit implicite octroyé à toutes leurs actions présentes et à venir.

Et il est vrai qu'ils y travaillent d'ores et déjà, ou affirment y travailler. Calico, filiale d'Alphabet-Google, mène des recherches sur l'« allongement de la vie », et sa mission consiste à « tuer la mort ». Le « *venture capitalist* » Bill Maris gère le fonds de capital de la société d'investissement Google Ventures qui consacre plus d'un tiers de son riche portefeuille aux start-up spécialisées dans les biotechnologies et œuvrant au « prolongement de la vie ». Il a déclaré : « Si vous me demandez aujourd'hui, est-il possible de vivre cinq cents ans ? La réponse est oui. [...] Nous n'essayons pas d'avoir une ou deux parties d'avance, nous essayons de gagner la partie[25]. »

Plutôt que de porter attention à cette emphase rhétorique n'ayant évidemment à ce jour apporté aucun élément tangible, *il faut revenir aux faits*. L'histoire des progrès médicaux résulte de recherches menées par des scientifiques de tous ordres, principalement des biologistes et des médecins, ayant pas à pas, au cours des siècles, percé certains mystères du vivant et apporté des solutions thérapeutiques viables à un nombre croissant de pathologies. Notre époque voit la réalisation régulière d'avancées médicales, particulièrement en cancérologie, virologie, cardiologie, chirurgie, immunologie, neurologie et pharmacologie. Néanmoins, la route demeure longue et sinueuse, elle reste ponctuée d'échecs et d'espoirs déçus, et les réussites profitent prioritairement aux pays du Nord. Mais soutenir que ces perfectionnements continus induisent à terme un allongement de la durée de la vie de l'ordre de plusieurs siècles, pouvant aller jusqu'au millénaire ou à la vie éternelle, relève d'une coupable confusion ou d'une mystification qui doit être dénoncée.

Une des stratégies devant favoriser la persistance de la vitalité de l'organisme consiste à allonger les télomères, soit des fragments d'ADN qui raccourcissent avec l'âge et conduisent à la mort des cellules. Des études auraient montré que des télomères courts sont associés à une espérance de vie plus réduite. Des essais, contre nature en quelque sorte, d'« allongement » des télomères, ont été menés en laboratoires sur des souris, et ont généré des cancers. Il faut saisir à quel point il s'agit là de modèles recherchant une cause unique procédant d'approches réductionnistes. Un des objectifs consiste encore à contrarier l'apoptose, soit le suicide cellulaire, en vue de ralentir le vieillissement, mais le procédé s'avère fort complexe et les conséquences ne sont pas encore évaluées. Il doit être souligné que la pertinence de ces axes de recherche n'est validée par aucun médecin sérieux[26]. Car ces transhumanistes n'appartiennent pas au champ médical, ils sont pour la plupart des ingénieurs qui appréhendent l'infinie complexité du vivant comme un simple problème technique.

Il faut également retracer l'origine de leurs motivations, ne découlant pas d'une sorte d'intention naïve voulant nous délivrer de la mort, mais d'un décalage éprouvé entre leur sensation de toute-puissance et l'angoisse de devoir un jour cesser d'en profiter. Zoltan Istvan, journaliste américain d'origine hongroise, candidat lors de l'élection présidentielle de 2016 sous la bannière du Parti transhumaniste qu'il a lui-même créé, évoque sans gêne la genèse de cette inclination idéologique : « Envoyé au Vietnam pour réaliser un reportage sur les *bomb diggers*, ces hommes et ces femmes qui déterrent des mines pour revendre leur métal, il pose alors le pied sur une mine… "Elle n'a pas explosé, mais c'est comme si la détonation avait eu lieu dans ma tête. Un déclic s'est produit. Je me suis rendu compte à ce moment-là que je ne voulais pas mourir. Jamais[27] !" » On appréciera le lien entre le trauma originel et le soudain désir d'éternité qui relève d'une névrose caractérisée par un refus radical et obstiné de son humaine et mortelle condition. Quant à Peter Thiel, il entend « combattre la mort » et vivre éternellement : « Je pense qu'il existe trois façons d'aborder la mort. Vous pouvez l'accepter, la nier ou vous battre contre elle. Je pense que notre société est dominée par des individus qui acceptent ou nient la mort, mais moi je préfère la défier[28]. » Dmitry Itskov, milliardaire russe qui investit des sommes considérables dans des programmes de « recherche », tient des propos témoignant tout autant d'une naïveté confondante : « Rendez-vous compte : il n'y aura plus de vieillards, plus de malades. Et tout le monde sera beau[29]. »

À propos de « beau », il est tout de même surprenant de constater que la plupart de ces transhumanistes ne respirent pas la bonne santé. On se dit qu'ils pourraient au moins appliquer à eux-mêmes certaines de leurs recettes, mais c'est tout le contraire qui apparaît : ils ont l'air de zombis. À l'instar de l'ingénieur en informatique et « biogérontologue » autodéclaré, Aubrey de Grey, un des papes du mouvement qui, sur des photos de lui à l'âge de cinquante ans, en paraît quinze de plus. Ce qui ne l'empêche pas d'affirmer que « celui qui vivra mille ans est déjà né et que l'espérance de vie sera de quelque cinq mille ans à partir de 2100[30] ». Ici, nous n'avons pas affaire à des personnes exerçant dans le domaine de la médecine et cherchant à soigner leurs semblables, mais à des individus qui relèvent de la psychiatrie.

Puisque le vieillissement est considéré comme une maladie, le futurologue exalté Ray Kurzweil ne se cache pas d'avaler près de 250 pilules par jour (antioxydants, vitamines, aspirine, hormones…), afin de « guérir » de cette insupportable pathologie, faisant sien l'adage d'Érasme dans *Éloge de la folie* : « Si les mortels se décidaient à rompre avec la Sagesse et vivaient sans cesse avec moi, au lieu de l'ennui de vieillir, ils connaîtraient la jouissance d'être toujours jeunes[31]. » Néanmoins, au cas où un événement tragique viendrait les faucher sur le lumineux chemin conduisant à l'immortalité, la plupart ont trouvé une solution « provisoire ». Ils ont souscrit un contrat auprès d'entreprises leur offrant de plonger leur corps dans du nitrogène liquide, tel Cryonics Institute[32]. Et ce, jusqu'au moment où leurs camarades, ou plus sûrement leurs enfants ou petits-enfants, tel le messie, les ressusciteront, pour qu'ils puissent alors profiter de la vie éternelle, à coup sûr aussi glacée que celle vécue lors de leur congélation.

Si, par extraordinaire, la nature persistait à contrarier leurs fantasmes et qu'ils échouaient à éradiquer la mort biologique, au moins auraient-ils sous le coude une solution technique : « télécharger leur conscience sur une puce ». Soit le fait de réduire toutes les composantes du cerveau à des données binaires, susceptibles de « migrer » sur un disque dur ou un « corps artificiel ». Est-il nécessaire de souligner l'inconséquence de cette représentation fondée sur une méconnaissance des processus cérébraux, qui correspond à un schéma réductionniste remontant à la deuxième cybernétique ? Celle de Marvin Minsky, qui pensait que tout phénomène, quelle que soit sa nature, peut être modélisable, et affirmait que le « cerveau est juste une machine de viande ». Or, le cerveau n'est pas une « machine de viande », mais un organe hypercomplexe dont on ignore encore tant des mécanismes, et ce malgré les récents perfectionnements de la neuro-imagerie cognitive et le riche outil de compréhension qu'elle représente.

Au moins sait-on qu'il ne se réduit pas à lui-même, mais qu'il fait partie intégrante du corps, entité multisensorielle, mêlant de façon continuelle et indissociable *stimuli* physiques et mentaux. Tels l'expérience psychique prénatale, la formation et la mémorisation des émotions, l'interaction entre l'ensemble des sens et les effets sur les représentations conceptuelles, parmi tant d'autres cas de figure. Processus d'une telle complexité qui ne peuvent faire l'objet d'une cartographie intégrale. Or, c'est aussi cela la grandeur de l'humain, pas seulement la conquête continue de nouveaux territoires, mais également le constat salutaire que certaines choses échappent à notre intelligibilité et à notre volonté de maîtrise, et en premier lieu la structure pour partie impénétrable de la psyché humaine.

Ce que n'a manifestement pas saisi Ray Kurzweil, qui ne possède aucune compétence en neurobiologie et qui, dans son livre *Singularity Is Near*[33], invite les humains à se préparer à ce qu'il appelle l'*hybrid thinking*, mélange entre « pensée biologique et processeurs », renvoyant au « nouvel hybride surhumain » rêvé par les futuristes italiens qui entretenaient des liens douteux avec le fascisme mussolinien. On comprend mieux ce qui est ici nommé immortalité, fondée sur le mépris du corps, accordant le seul privilège à une structure cérébrale réduite à ses schémas les plus simplistes et appelée à être « hébergée » au sein de robots faits de matériaux composites inaltérables. Ce sera alors le moment d'une rupture radicale, l'avènement de la « Singularité technologique », concept inauguré en 1993 par Vernor Vinge, mathématicien et auteur de science-fiction, renvoyant aux « singularités gravitationnelles » qui, dans la théorie de la relativité générale, désignent les trous noirs présentant une densité telle qu'à leur voisinage les lois usuelles de la physique se trouvent abolies. Raccourcis infondés et abusifs repris par Kurzweil, procédant à des analogies inopérantes entre astrophysique et sciences du vivant, et s'inspirant encore du computationnalisme, théorie qui conçoit l'esprit comme un système de traitement de l'information assimilant le cerveau à une stricte machine de calcul. Schéma que John Searle avait combattu dès 1983 dans son livre *Intentionality, an Essay in the Philosophy of Mind*[34], dans lequel il s'était à juste titre efforcé de démontrer que la conscience ne pouvait être réduite à des processus neurobiologiques résultant de la simple application d'un ensemble de règles.

Kevin Ho, un cadre dirigeant de Huawei, transhumaniste revendiqué, est convaincu que « "la faim, la pauvreté, la maladie ou même la mort ne devraient plus être sources de problèmes en 2035, ou d'ici 25 ans". Il décrit un avenir proche où les enfants pourront utiliser des applications comme WeChat pour interagir avec leurs grands-parents décédés. Cela serait rendu possible grâce à la capacité d'uploader la conscience humaine dans des ordinateurs et lui donner une vie numérique par le biais d'un avatar. Kevin Ho ajoute que cette technologie demanderait des quantités astronomiques de stockage de données, ce qui au final représenterait une opportunité commerciale considérable pour Huawei[35] ». Car cet horizon permet de fabriquer un imaginaire, autant que de mobiliser des fonds permettant notamment l'accroissement exponentiel des capacités de calculs et de stockage destinées à générer sans fin de nouveaux protocoles ainsi que des profits continuellement croissants.

Ce sont ces êtres-là, dévorés par la pléonexie[36] et manifestant un nihilisme radical, qui veulent soumettre le monde à leurs schémas univoques et organiser le cours de nos vies en vue d'assurer notre « plus grand bien ». Comment ne pas saisir la haine de soi et la pulsion de mort qui sont à l'œuvre ? Tendances manifestes dans leur vision éminemment restrictive de l'existence et dans leur négation de l'enchaînement successif *et substitutif* des générations en tant que processus naturel de l'évolution et de l'histoire. Les nazis ambitionnaient de créer une nouvelle « race d'hommes », sortes de « surhommes » engendrés par des modifications biologiques ; le technolibertarisme entend tout autant redéfinir de part en part ce qui jusque-là a été nommé « nature humaine ».

–4
L'ÈRE DE L'INDIVIDU-TYRAN

Depuis le début des années 2000, un phénomène alors en émergence s'est progressivement imposé à nos vies. Il s'est emparé de nous de façon insidieuse. Il nous a troublés, inquiétés, nous avons parfois été dans le déni ou l'avons caché à nos proches. Il a travaillé notre conscience, a généré des formes sourdes de culpabilité, et il est allé jusqu'à nous déposséder de la maîtrise de nous-mêmes. Ce phénomène, dont nous avions secrètement honte, était identifié, il portait un nom : l'« addiction numérique ». Elle désignait les heures passées devant nos écrans, quelquefois à ne rien faire, ou à répéter sans fin des gestes inutiles ou vains. Elle désignait la compulsion à se reconnecter à chaque instant, à consulter ses mails indéfiniment, à revenir sur un réseau social pour découvrir un dernier « post » ou repérer qui venait de « liker » le sien. Elle désignait la perte de présence aux autres par la constante manipulation de son smartphone ou l'envoi récurrent de SMS lors de dîners avec des amis. Elle désignait des personnes inscrites sur des sites de rencontre ne cessant de les visiter pour relever leurs messages ou observer de nouveaux profils, et ce même après s'être engagées dans une nouvelle relation. Elle désignait des adolescents chatant des nuits entières, visionnant clip sur clip sur YouTube, ou s'épuisant à éliminer des milliers d'ennemis dans des jeux vidéo. Elle désignait plus largement la sensation permanente de manque et l'incapacité de résister à la pulsion de connexion, induisant des difficultés scolaires et professionnelles, des manifestations de désocialisation, des conflits familiaux allant parfois jusqu'à entraîner des divorces. Elle témoignait de troubles de l'époque, renvoyant à des formes de dépossession de soi et de déréliction diffuse. Tous, nous devenions des sortes de junkies qui acceptions plus ou moins de le reconnaître.

Depuis des années, le phénomène fait l'objet de unes de magazines, de reportages, de publications de livres[37], exposant l'étendue et la variété des ravages causés, ou prônant des stratégies pour tenter de s'en délivrer. Des psychologues ont mis au point des traitements comportementaux adaptés, des psychiatres ont identifié une partie du mal sous le nom de « trouble du déficit de l'attention avec hyperactivité » (TDAH), prescrivant à l'occasion une molécule chargée de le neutraliser, la Ritaline. Mais est-on sûr d'avoir ici affaire à des désordres relevant du pathologique ? La question ne fait pas l'objet d'un consensus. En 2008, l'inclusion de la dépendance à Internet dans la cinquième édition du répertoire des maladies mentales (DSM-5, *Diagnostic and Statistical Manual of Mental Disorders*) a été rejetée, faute d'éléments convaincants. Les méthodes utilisées en vue de la combattre sont différentes selon les régions du monde. Le Japon, la Corée du Sud, la Chine vont jusqu'à ériger des « camps de rééducation » sur le mode militaire, impliquant un enfermement et la reconnaissance de son mal par le « patient ». Aux États-Unis, des cliniques privées se sont spécialisées dans le traitement de l'addiction. Dans la plupart des pays européens, des hôpitaux ont constitué des unités de soins dédiées, engendrant des frais pour la collectivité. L'Organisation mondiale de la santé (OMS) doit à nouveau statuer sur la dimension pathologique de certaines formes de dépendance et publier un manuel actualisé de classification internationale des maladies[38].

L'addiction à la connexion représente à coup sûr un problème de société qui affecte, à divers degrés, nombre de personnes. Elle est devenue l'une des questions considérées comme majeures induites par la numérisation progressive de nos vies.

Néanmoins, il existe un phénomène généré par la même cause et qui revêt une importance au moins aussi cruciale. Mais il n'est jamais identifié, peut-être parce que les formes de sa manifestation ne sont pas encore immédiatement flagrantes, étant probablement plus insidieuses. Ce phénomène décisif, mais dont nul ne parle et qui ne cesse de s'étendre, c'est celui qui voit les individus, depuis le tournant des années 2010, animés d'une sensation de puissance au contact régulier de leurs instruments connectés. Car il serait naïf de croire que les maîtres de la silicolonisation, enivrés par leur soif de toute-puissance et qui élaborent des procédés visant à accroître leur maîtrise sur le cours des choses, ne produisent pas eux-mêmes, *via* leurs techniques, des effets sur les personnes. Depuis peu, chacun se pense comme soudainement doté d'un surcroît de puissance, prenant de multiples formes sans revêtir des aspects impressionnants.

Peut-être que ce sentiment de puissance est né vers la fin des années 2000, lorsque Facebook a connu un surcroît de popularité. Au moment même où, dans la Silicon Valley, quelques programmeurs, marketeurs ou chercheurs issus des sciences cognitives ont conçu la géniale idée du « *like* ». D'un coup, les individus pouvaient poster des propos, des images ou des liens et recueillir des témoignages répétés de gratification venant de leurs « amis ». D'un coup, ces mêmes amis, s'ils s'avéraient inconvenants à cause d'une parole jugée déplacée, ou sur un simple caprice, pouvaient sans ménagement être « défriendés », ou pire, être « bloqués » et disparaître à jamais de leur cercle. D'un coup, chaque « facebooker » pouvait, grâce aux *likes*, recevoir sa dose régulière de dopamine, tout en exerçant de temps à autre une autorité sans pitié, coupant selon son bon vouloir, tel un tyran, des têtes[39].

Ce qui surgissait là, c'était un soudain repositionnement de l'individu, comme symboliquement situé au centre de « sa sphère sociale». Et qui, par le système de flatterie savamment échafaudé et la marge de manœuvre semblant lui être concédée, commençait à vivre des expériences en ligne uniquement placées sous le sceau de la maîtrise et de la satisfaction de son ego. Nouveaux privilèges encore renforcés par l'avènement des applications exactement à la même période. Soit le fait de bénéficier de services personnalisés de tous ordres, uniquement voués à «faciliter» le quotidien. Se sont mises à apparaître des applications destinées à nous conseiller le meilleur régime diététique, à emprunter le bon itinéraire en fonction de l'état du trafic, à nous faire rencontrer l'âme sœur à proximité, à nous éviter de nous égarer dans une zone jugée dangereuse relativement à notre «profil». Formes d'accompagnement de la vie managées par des systèmes algorithmiques interprétant une infinité de situations en temps réel, qui correspondent à une vocation majeure assurée par les protocoles numériques depuis le début des années 2010. Celle offrant de multiples moyens permettant d'éviter de se «cogner contre le réel», voire de le soumettre à un nombre croissant de nos desiderata. Dimension qui ne cesse de s'amplifier et qui franchira un seuil lors de la prochaine généralisation des assistants dits «virtuels».

Ce n'est pas que le réel disparaisse, c'est qu'il est appelé à continuellement se moduler en vue de satisfaire au mieux les «préférences» de l'«utilisateur roi». L'usage permanent de la commande tactile, depuis la mise sur le marché des premiers smartphones à la fin de la première décennie du XXIe siècle, a insidieusement engendré un nouveau type de maîtrise. La fonctionnalité permettant, par exemple, d'agrandir la photo d'un visage selon son gré et de l'observer dans ses moindres détails, ou d'avoir accès à toute l'information sans la médiatisation du clavier, d'une touche en quelque sorte, comme si les événements du monde pouvaient immédiatement être convoqués par la simple agilité de nos doigts. Forme indolente de domination sur nos objets techniques appelée à s'intensifier par l'expansion prochaine de la commande vocale, instaurant des gestes de maîtrise d'un autre ordre, voyant des processeurs répondre sans délai à nos ordres, sans nécessiter une mobilisation attentive de notre part. Individus ordinaires s'apparentant soudainement à Tony Stark, le super-héros d'*Iron Man*, qui, d'un mot et tout en s'adonnant à d'autres activités, ordonne au système musical de s'interrompre, « *mute* » (coupe). Ou, qui, *via* sa visière, orchestre au moyen de sa voix l'ensemble des opérations qui aussitôt se réalisent, lui permettant de dominer de toute son adresse et de sa puissance inégalable ses ennemis maléfiques.

Réel qui de moins en moins résiste et de plus en plus s'accorde à nos souhaits. Processus manifeste dans la pratique du *selfie* voyant des individus se prendre eux-mêmes en photo sans avoir besoin de recourir à qui que ce soit, et qui fonctionne comme une négation implicite d'autrui. Principe qui assure la maîtrise aisée et prompte de toute la « chaîne de commandement » : moment de la prise, angle souhaité grâce à la perche télescopique, possibilité de procéder à des retouches depuis le smartphone. Autant d'actions visant, dans la plupart des cas, le post des images sur les réseaux sociaux et qui seront vite gratifiées de *likes* ou de commentaires, tous approbateurs, contribuant non seulement à flatter l'ego, mais renforçant encore le sentiment d'être continuellement maître de sa vie, sans demander l'accord ni le soutien de quiconque. Le lien doit être fait avec le rejet récent et massif manifesté à l'égard des institutions, découlant de l'idéologie de la désintermédiation instituant chaque être comme pouvant à tout instant agir comme bon lui semble, sans subir la loi d'entités potentiellement contraignantes ou limitant son « droit à l'expressivité ».

Car la célébration de la désintermédiation, c'est aussi le refus de toute figure jugée abusivement autoritaire. Par exemple, dans le champ scolaire, les collégiens sont invités, *via* leurs tablettes, à réagir à des programmes «interactifs» supposés ne pas les «brimer» et libérer leurs aptitudes enfouies, réduisant la fonction de professeur à son strict minimum ou au néant, appelé à devenir un « aiguilleur vers des plateformes ». Ou encore, la possibilité offerte à tous de s'octroyer la même compétence que celle des journalistes, qui tout de même ont dû suivre des études avant de pouvoir exercer leur métier. Par le post à tout va de commentaires à la suite d'articles, qui souvent visent à les contredire, donnant le sentiment que toute prise de parole est légitime, même les plus crétines, et peut se placer au même niveau que celles ayant nécessité un travail de recherche et une élaboration structurée. On peut aussi nommer cela l'amplification du relativisme généralisé de l'époque soutenue par des protocoles techniques qui y contribuent pour une large part.

Sensation de puissance entretenue par une autre idéologie, celle de la gratuité, laissant croire que tout est dû, du moment que les choses peuvent circuler dans les tuyaux. Le droit d'auteur, acquis historique décisif, n'a plus de valeur, étant considéré comme dépassé ou relevant même du vol. Dans ce cas, chacun devient libertarien pour son petit confort, en dépit de certains tropismes politiques affichés supposés se situer à l'opposé. Ces principes-là du droit appartiennent à une « époque révolue », ils sont définitivement obsolètes. La rétribution d'un travail artistique et intellectuel ne fait pas partie des préoccupations des tenants d'un « Internet libre », et le *hackage* des œuvres permet enfin de réaliser la noble ambition d'une «culture pour tous». Pour préserver son porte-monnaie et grâce à la facilité d'accès, on se fait porteur d'un des grands idéaux de notre temps, la gratuité. Forme suprême de l'iconoclasme «antisystème», méprisant, de surcroît avec bonne conscience, une conquête juridique historique majeure, qui a pour large partie conditionné la vitalité et la pluralité de l'histoire des arts et des idées depuis le XVIIIe siècle. Les positions défendues par Diderot[40] et Beaumarchais seraient aujourd'hui considérées comme « conservatrices » ou « ringardes », au nom de l'inaliénable « liberté des réseaux ». Il semble flagrant que la criminalité qui caractérise le techno-libertarisme gagne insidieusement les consciences. Cela représente une autre forme, non immédiatement impressionnante, mais massive, de la silicolonisation du monde.

Toutes ces expressions de maîtrise instituent chacun d'entre nous comme autant de petits tyrans enivrés par un soudain et croissant gain de pouvoir. Pouvoir, non pas « d'agir », comme disent les croyants en la vertu libératrice des réseaux, mais d'agir à partir de soi et uniquement en vue de satisfaire son propre intérêt. Disposition récente qui ne correspond pas à une forme inédite d'émancipation individuelle se libérant enfin de nombreux carcans. Car elle se fonde sur la seule volonté de se conduire à sa guise sans se soucier de rien d'autre. Alors que toute émancipation procède de façon indissociable d'une tension entre l'individuel et le collectif, suivant une logique de mutualisation implicite qui veut qu'un apport, de quelque côté que ce soit, profite de façon mécanique à l'autre « sphère ». Dans l'ère de l'individu-tyran, le surcroît de maîtrise ne renvoie pas à une forme d'émancipation vu qu'il se limite au cadre exclusif et particulier de chacun. La société se trouve composée de monades, non pas repliées sur elles-mêmes, mais profitant au plus de ce que chaque instant peut leur apporter, dans une indifférence à l'ensemble commun.

La folie qui s'empare du héros hacker de la série *Mr. Robot* a pour origine deux causes. D'abord, le fait d'observer tant d'événements du monde, pour la plupart criminels, produit dans son esprit une sidération permanente. Ensuite et surtout parce que son aptitude à intercepter les données et à agir sans rencontrer de limites l'érige comme un être gagné par une toute-puissance qui en quelque sorte l'excède, perturbant son « équilibre fondamental naturel ». Probablement que l'individu contemporain souffre depuis peu du « syndrome de *Mr. Robot* », grisé par l'impression que le réel, en tant que champ partout jonché de contraintes, s'éclipse lorsqu'il jouit de la « facilitation computationnelle ».

Peut-être assistons-nous à l'émergence, encore insensible et néanmoins massive et progressive, d'une civilisation au sein de laquelle, pour la première fois dans l'histoire de l'humanité, les êtres s'imaginent comme les maîtres tout-puissants de leur vie. Peut-être faut-il dorénavant nous défaire de la figure du tyran comme incarnation historique du pouvoir autocratique, toujours susceptible de réapparaître dans nos démocraties, et nous faut-il renverser la perspective. Nous pouvons alors essayer de nous représenter ce que pourrait être un monde partout fait de « micro-tyrans », plus ou moins enivrés par un sentiment de toute-puissance. Nous ne pouvons que vaguement nous le représenter par manque de repères. Cependant, quelque chose comme une sensation de « froid dans le dos » peut déjà être éprouvé à la vue de cet horizon apparaissant peu à peu devant nous.

–5 MALAISE DANS LA CIVILISATION ROBOTISÉE

C'est un fait médical avéré : les pathologies mentales ne sont pas contagieuses. Néanmoins, actuellement, cette certitude vacille. Il est probable que la multiplication des névroses produise, par des interrelations diffuses et complexes, une civilisation dont le trait majeur ressemblerait à l'individu contemporain toujours davantage gagné par des troubles psychiques. Situation qui confirmerait le pressentiment de Freud exprimé en 1930 dans *Le Malaise dans la civilisation* : « Si l'évolution de la civilisation a tant de ressemblance avec celle de l'individu et travaille avec les mêmes moyens, ne serait-on pas en droit de diagnostiquer que certaines civilisations – ou certaines époques de civilisation, et éventuellement l'humanité tout entière – sont, sous l'influence des aspirations de civilisation, devenues "névrotiques"[41] ? »

Propos troublants formulés juste avant la période de domination hitlérienne. Quelques décennies plus tard, Gilbert Simondon fera écho à ces réflexions en élaborant la notion de « psychosociologie ». Elle devait remettre en question la « séparation de l'individuel et du collectif » et contester « le partage entre le psychique et le social dans les domaines essentiels de la vie humaine », considérant que des « phénomènes sont simultanément psychologiques et sociaux[42] ». De nos jours, la nature spécifique de cette articulation entre psychisme et société peut être précisément identifiée. Elle découle de la tension hautement paradoxale vécue par les individus entre l'accroissement de maîtrise récemment acquise et l'émergence d'une société qui, dans le même mouvement, les dessaisit d'une partie d'eux-mêmes.

Dimension particulièrement emblématique dans le monde du travail, qui ne voit pas seulement des robots remplacer progressivement les humains dans nombre de tâches, mais qui voit surtout des êtres sommés de continuellement rétroagir à des signaux, étant eux-mêmes transformés en robots en quelque sorte. Car la robotisation expansive de la société entraîne une négation implicite de notre droit naturel à exercer notre autonomie de jugement et d'action. Le film *Good Kill* (Andrew Niccol, 2014) narre un moment critique de la vie d'un ancien pilote de chasse américain ayant officié à bord de F16. Depuis peu, il se trouve « cloué au sol », étant réduit à œuvrer au sein d'un des nombreux caissons hermétiques jonchant une base militaire du Nevada. À l'intérieur, il manœuvre des drones de combat survolant des territoires de l'Afghanistan situés à 12 000 kilomètres de son « poste de travail ». Tel un champion de jeux vidéo, il manie avec agilité des joysticks, abattant tous les jours un certain nombre de talibans. Il reçoit ses ordres de la CIA qui identifie préalablement les cibles à frapper en fonction de statistiques et d'équations mathématiques, conduisant de temps à autre à des erreurs d'appréciation.

Au contraire de ce qu'il vivait dans son cockpit, il ne se sent plus pleinement actif, n'étant plus « au contact »[43] du terrain, se trouvant comme dépossédé de son métier et de ses compétences longuement acquises. Il ne se sent pas épanoui dans cette nouvelle vie. Elle ne correspond plus à ce qu'il avait autrefois rêvé et ensuite vécu à tant de reprises. On le voit peu à peu devenir alcoolique, sa relation avec son épouse se tend, leur vie intime se dissout, sa famille se disloque. Il est gagné par la tristesse, atteint d'une dépression due au manque d'investissement dans sa tâche. Son environnement quotidien est composé d'appareils hypersophistiqués, de puissance computationnelle, d'intelligence artificielle. Néanmoins, toute cette machinerie hautement perfectionnée le laisse froid, à l'instar de la plupart des personnes impliquées dans ce large dispositif. Il éprouve une forme de dessaisissement, ne pouvant plus exprimer ses « talents » de pilote depuis le ciel.

Dans un registre connexe, il est marquant de relever que dans la « guerre contre le terrorisme », plus les agences de renseignement acquièrent une maîtrise dans le suivi des comportements *via* la collecte massive des traces numériques, plus est dressé le constat d'un continuel débordement, relativisant cette impression d'extrême puissance. La NSA, par exemple, a construit sur des hectares un immense centre de serveurs dans l'Utah, supposé répondre pour des décennies à la génération exponentielle de données et aux besoins de stockage, et travaille à la création d'un ordinateur quantique, visant *in fine* à cartographier en temps réel la quasi-intégralité de la vie de la planète. Les pratiques de la NSA mises en place depuis le début des années 2000 correspondent à un processus psychiatro-sécuritaire. Celui consistant à la fois à s'être laissé entraîner dans des actions illégales et à ambitionner d'intercepter la quasi-totalité des flux informationnels, en étant sans fin confronté à un monde toujours plus imprévisible et ne cessant de se dérober. La folie terroriste a engendré la psychose du contrôle absolu, stimulée par la puissance des systèmes computationnels, mais qui, par la force des choses ou du réel, ne peuvent répondre parfaitement à la tâche qui leur est impartie.

Tension entre sophistication technologique et formes de dépossession à l'œuvre de façon exemplaire dans le *trading* algorithmique, qui voit des robots numériques ordonner eux-mêmes l'achat ou la vente de titres, engageant au quotidien les transferts de sommes les plus importants de la planète, sans que l'humain ne soit requis au présent dans la boucle des opérations. En outre, dans le cadre des calculs de risques bancaires, des modèles mathématiques sont élaborés cherchant à tenir compte de possibles fluctuations, mais négligeant parfois leur amplitude. Pratiques qui ont pour partie contribué au déclenchement de la crise financière de 2008, au moment même où l'évaluation algorithmique prenait son essor. Car c'est aussi dans l'aura et la puissance octroyées aux calculs que se joue le dessaisissement de la décision humaine.

L'acception usuelle de la folie comme « envers » de la raison est plus que jamais inappropriée, des formes de folie s'expriment dans l'ambition d'ériger un régime de vérité supposé absolu et incontestable. Ce n'est pas la première fois dans l'histoire que la rationalité poussée à son extrême confine à la folie. De nos jours, elle se manifeste dans une confiance aveugle accordée à une « raison mathématique » jugée supérieure et en théorie infaillible. Leila Schneps et Coralie Colmez ont retracé dans leur livre, *Les Maths au tribunal*[44], les nombreux cas d'erreurs judiciaires commises à partir du recours aux statistiques et aux calculs de probabilités, qui souvent se sont avérés approximatifs ou trompeurs et ayant *in fine* et à tort motivé des décisions. Aux Pays-Bas, en 2001, une infirmière avait été accusée du meurtre de plusieurs patients dans un hôpital suite à un constat ayant établi qu'elle avait été systématiquement chargée du soin de toutes les personnes assassinées. Un tableau d'indicateurs revêtait l'évidence d'une vérité jusque-là masquée. Plus tard, l'erreur de jugement fut reconnue et un non-lieu prononcé, mais le mal avait été fait et la personne mettrait, peu de temps après, fin à ses jours.

Il commence déjà à apparaître des cas de figure moins impressionnants ou moins tragiques, mais bientôt tout aussi décisifs, faisant s'entremêler de façon indissociable puissance technologique et sentiment de dépossession. Par exemple, la voiture autonome, supposée gérer elle-même l'ensemble d'un trajet, ne générera-t-elle pas, à l'instar de ce que vit l'ancien pilote de F16 dans *Good Kill*, un sentiment d'inutilité ? Plus largement, le fait d'être continuellement portés par des systèmes omniscients ne nous conduira-t-il pas à éprouver la troublante sensation qu'*in fine* quelque chose nous échappe malgré l'intuition des algorithmes à devancer le moindre de nos désirs ? Le fait que la quasi-intégralité de ces systèmes soit conçue et gérée par des entreprises ne cherchant à nous guider qu'à la seule fin de répondre à leurs propres intérêts ne nous conduira-t-il pas à nous dire qu'au fond, notre pouvoir de décision a été délégué à des instances qui affirment s'assurer de notre confort, mais qui, en retour, nous privent de tant de moments imprévus qui auraient pu se révéler plus enrichissants ? En d'autres termes, la robotisation expansive du monde, qui va entraîner un recul de l'exercice de la libre décision humaine, ne va-t-elle pas faire germer dans le même mouvement l'impression honteuse d'être « moins acteur de sa vie » ? Condition dans laquelle Spinoza voyait l'émergence inévitable de « passions tristes » dues à la passivité ou à l'épreuve de son inefficacité fondamentale.

La « robotique de service », actuellement massivement émergente, fait jouer de façon particulièrement critique sophistication technologique contemporaine et abandon de certaines dispositions humaines considérées jusque-là comme étant consubstantielles à la vie quotidienne. Soit des humanoïdes destinés à accueillir le public dans certains lieux, ou à participer aux tâches domestiques, à préparer la cuisine, « à remplir une déclaration d'impôts, à accueillir les enfants au retour de l'école, ou à les aider à faire leurs devoirs[45] ». D'autres devront se charger du « soin à la personne », particulièrement auprès de populations âgées et dépendantes. À cette fin, on parle de « robotique sociale », on évoque un « care » des robots, on les définit comme des « *carebots* ». Les liens humains se défont, notamment entre les générations, et on entend pallier ces déficiences en transférant de façon illusoire ce devoir de soutien à des robots faits de matériaux composites. Symptôme hautement psychiatrique de l'époque consistant à supposer que certains problèmes particulièrement complexes de nos sociétés vont pouvoir être résolus grâce à des dispositifs techniques endossant des rôles que nous ne pouvons ou ne voulons plus tenir.

À vrai dire, la faute revient ici principalement aux ingénieurs s'investissant dans ce type de projets, non seulement voués à l'échec, mais qui relèvent encore d'un antihumanisme radical. Elle revient tout autant aux responsables politiques qui, par des subventions publiques, soutiennent cette « *silver economy* digitale » et ses incongruités nihilistes. Au Japon, où le vieillissement de la population ne cesse de progresser et où la solitude représente un phénomène sociologique majeur causant de nombreuses souffrances, les habitants avouent dans leur majorité désormais concevoir les « robots domestiques » comme de possibles « compagnons de vie »[46]. Le gouvernement veut faire du pays « le leader mondial de la robotique d'assistance ». Il ferait mieux de s'ouvrir davantage à l'immigration, notamment du Sud-Est asiatique, et de financer des formations de qualité d'aide aux personnes âgées. Mais il s'agit là d'un tout autre programme politique, ou d'un tout autre projet de société.

Déjà commencent à être conçus des robots dits « émotionnels », ou des « machines empathiques ». Comment est-il possible d'attribuer ces qualificatifs à de tels systèmes ? Ces programmes ne peuvent que de façon très fragmentaire interpréter certains états psychologiques, et encore moins s'en « émouvoir ». Ils procèdent d'après des schémas réductionnistes occultant la part impalpable – et majoritaire – de notre psyché. Exactement à l'instar de la logique transhumaniste. En avril 2015, Google est allé jusqu'à déposer un brevet devant permettre de « télécharger différentes personnalités» au sein de ses futurs robots domestiques. Sebastian Thrun, fondateur de Google X Lab et directeur du département d'intelligence artificielle de l'université de Stanford, explique qu'il sera à terme possible de «transmettre sa personnalité à son ordinateur pour qu'il soit une personne agréable à fréquenter[47]». À la lecture de tels propos, manifestant en outre une passion de la similitude, voire un délire de vouloir vivre avec une réplique de soi, on en viendrait presque à souhaiter que ce professeur de Stanford soit soigné, pour graves troubles psychiatriques, par un robot sur lequel aurait été téléchargée une personnalité se situant à son exact opposé. Probablement que l'avenir de la robotique dite «sociale», qui n'est pas encore écrit à cette heure, témoignera de façon tragique de la renonciation par la société à remplir certaines tâches fondamentales, dont plusieurs d'entre elles attestent particulièrement de notre honneur, voire de notre grandeur.

Nous vivons un moment singulier de l'histoire de l'humanité caractérisé par une extrême puissance technique, mais éprouvons dans le même mouvement, pour partie par cette cause même, de constantes absences à nous-mêmes. Comment doit-on nommer cela? Un phénomène schizophrénique? Une «épilepsie sociétale», pour reprendre les termes de Lionel Naccache[48]? Une implosion au cœur de l'être humain tiraillé entre surcroît de maîtrise et expérience de la dépossession dans quantité de champs de la vie individuelle et collective? Frantz Fanon, penseur majeur de la colonisation, qui était d'abord un psychiatre, regardait le «malade mental» comme un être partagé entre l'«aliénation et la liberté» et parlait de «personnalités disloquées[49]».

Freud identifiait un malaise fondamental dans la civilisation, comme résultant d'un processus nécessaire situé à la base de toute société devant, par des lois et des règles, freiner les pulsions des individus, générant *de facto* de la frustration, un malaise enfoui et partagé. Peut-être est-ce précisément cette structure jusque-là fondatrice de toute civilisation qui actuellement s'effondre, autorisant chacun à vivre ses pulsions gérées par des systèmes chargés de continuellement les assouvir. Ces mêmes systèmes contribuant tout autant, de façon insidieuse ou manifeste, à nous défaire de notre libre jugement et de notre capacité singulière d'action. Aujourd'hui, un malaise d'un nouveau genre apparaît, il découle de cette tension permanente entre sensation de puissance et constat de la dépossession de soi. Il est probable que ce soit cela, notre nouveau malaise dans la civilisation, celui de la civilisation robotisée et de l'intelligence artificielle de ce premier tiers du XXIe siècle. Il est probable que ce nouveau malaise ne génère pas que de la frustration, et conduise à la multiplication des troubles mentaux, à des conflits d'un nouveau type dans les sociétés, opposant indéfiniment volontés de puissance et volontés de domination.

Néanmoins, ce nouveau malaise – au contraire de celui identifié par Freud qui était irrésoluble au risque de faire s'effondrer toutes les structures de la société – peut être traité. Cette option ne dépend que de nous. L'irresponsabilité serait de nous en détourner. Il nous faut faire échec à ce projet de civilisation qui entend instaurer une organisation toujours plus robotisée de la vie, et nous ressaisir de notre droit naturel à exercer notre faculté de jugement et notre libre pouvoir de décision. On peut sobrement, mais avec une ferme conviction, appeler cela une salutaire et impérieuse politique de nous-mêmes.

V

–

UNE POLITIQUE DE NOUS-MÊMES

–1
LA SOUMISSION SOCIALE-LIBÉRALE

Plus tard, on se souviendra des deux premières décennies du XXIe siècle comme d'un moment de l'histoire ayant érigé, dans toutes les démocraties, le social-libéralisme en tant que principe unique et indépassable de gouvernement. En d'autres termes, et plus concisément, comme le temps de la démission du pouvoir politique. Situation qui prend son origine dans le regain libéral qui a prévalu à partir du tournant des années 1980, lors de l'entrée de Margaret Thatcher au 10 Downing Street en 1979 et de l'accession de Ronald Reagan à la Maison Blanche deux ans plus tard. Les théories économiques des *Chicago Boys* et de leurs sectateurs prônant une déréglementation de tous les secteurs d'activité furent aussitôt mises en pratique. Ce tournant permit un formidable enrichissement pour certains, mais il fut ingrat et inflexible pour l'immense majorité, contrainte de subir une soudaine précarité des conditions de travail et d'existence, et assistant à la dissolution progressive de l'État-providence (*Welfare State*). Néanmoins, au cours des années qui ont suivi commençait à être éprouvé le sentiment que trop d'excès avaient été commis, qu'ils étaient contraires à certains principes fondamentaux et que les populations finiraient par s'y opposer.

À la fin de cette décennie, en 1989, Reagan quitta ses fonctions et Thatcher l'année suivante. Entre-temps, le Mur de Berlin avait été abattu et peu après l'Union soviétique se disloquait. Une autre époque s'ouvrait. Elle chercherait à concilier vitalité économique et avancées sociales. Elle était celle du social-libéralisme. Le démocrate Bill Clinton, élu en 1992 à la présidence des États-Unis, en était la première incarnation. Quelques années plus tard, en 1997, en Grande-Bretagne, le travailliste Tony Blair accéda au pouvoir. En France, le Parti socialiste arriva en tête des élections législatives de 1997, faisant suite à la dissolution de l'Assemblée nationale par Jacques Chirac, et Lionel Jospin fut nommé Premier ministre. En 1998, Gerhard Schröder, leader du Parti social-démocrate (SPD), porté par une large coalition de gauche, devint chancelier de l'Allemagne récemment réunifiée. Tous, avec d'autres, affirmaient de concert vouloir raccommoder des aspirations qui étaient jusque-là tenues pour être foncièrement antagonistes : d'un côté, celles privilégiant avant tout le développement industriel et, d'un autre côté, celles d'abord soucieuses de la protection sociale des citoyens. Ce qui dans les faits se passa, c'est qu'ils ne gardèrent que le nom de leur appartenance politique, leurs programmes s'étant principalement efforcés de soutenir les acteurs économiques en les délivrant des contraintes susceptibles de les brider, affirmant que les effets à terme profiteraient à tous.

Néanmoins, loin des discours lyriques vantant, à l'approche du nouveau millénaire, l'avènement d'une réconciliation et d'une harmonie universelles, cette séquence historique fut celle de brusques délocalisations du Nord vers le Sud, principalement à destination de la Chine qui vite devint le nouvel « atelier du monde ». Ce fut, dans les pays dits « riches », celle d'une massive désindustrialisation, de constantes destructions d'emplois et de tant de souffrances vécues. Ce fut celle de la financiarisation et de l'actionnariat de l'économie voyant, au gré des circonstances et des opportunités, des capitaux être investis ici ou là et presque aussitôt se désengager afin de les faire fructifier ailleurs, jouant d'une volatilité permanente dans le mépris des conséquences pour les salariés des entreprises. Mais tous ces nécessaires soubresauts sur la route du Grand Soir appartiendraient bientôt au passé et seraient définitivement balayés, grâce, notamment, à l'émergence d'un nouvel environnement technologique, qui portait un nom, le numérique, et dont on pressentait qu'il dégagerait un horizon économique d'une ampleur telle que la modernité n'en avait encore jamais connu. Le pays qui voulut s'en saisir à bras-le-corps, parce qu'il en était pour partie à l'origine et qu'il en était le leader, fut les États-Unis, et particulièrement sa région phare en ce domaine, la Californie du Nord. Cependant, une nouvelle fois, les plus beaux rêves, dès qu'ils prennent forme, engendrent d'inévitables déceptions, en l'occurrence les fracassants échecs de la « nouvelle économie » à la fin des années 1990. À l'amorce du nouveau millénaire, la Silicon Valley sut se ressaisir et remportait déjà d'éclatantes victoires qui témoignaient des gigantesques perspectives offertes par l'économie de la donnée et des plateformes, encourageant alors la planète entière à s'inspirer de ce modèle incarnant avec évidence l'avenir.

L'époque est à l'instabilité, à l'inquiétude, à la colère plus ou moins enfouie. Les gouvernements, s'ils veulent se maintenir, sont tenus à l'obligation du résultat. Et le résultat, de nos jours, ne dépend que d'un seul critère, stimuler la croissance, seule à même, suppose-t-on, de générer de l'emploi et de contenir les crises de toute sorte : « La croissance économique est la religion du monde moderne. Elle est l'élixir qui apaise les conflits, la promesse du progrès indéfini[1]. » L'adoption du modèle siliconien est dorénavant considérée comme le moyen privilégié de s'en assurer. Les gouvernements ne déterminent plus leur action en fonction de choix affirmés résultant de convictions propres et engageant *de facto* l'expérimentation et le risque. Ils ne font plus que se ranger à une option unique, à une sorte de « style international » comme on dit en architecture, adoptant systématiquement des mesures visant à libérer l'activité économique, et en misant prioritairement sur l'« innovation numérique ».

C'est une nouvelle alliance qui se noue entre responsables politiques et industriels. Elle n'est plus supposée être formée de liaisons douteuses confinant parfois à l'illégalité, telles celles unissant le complexe militaro-industriel et l'administration de George W. Bush au cours des années 2000, voyant par exemple le vice-président Dick Cheney et le secrétaire à la Défense Donald Rumsfeld détenir des parts dans des sociétés de haute technologie. De nos jours, il ne s'agirait même plus de liens plus ou moins honteux et dissimulés, mais d'un partenariat volontariste et affiché mené au nom de l'intérêt de tous, qui entérine les vertus dont se pare le technolibertarisme désormais intégrées comme un fait entendu par les ministères et les administrations des États.

En France par exemple, la Banque publique d'investissement (Bpifrance) soutient, grâce à des fonds s'élevant à plusieurs milliards d'euros, dont une part provient de dotations de l'État, le développement de start-up. Le label French Tech vise à faire de toutes les régions des pôles de « compétitivité numérique ». En 2013, le président de la République a annoncé les trente-quatre « plans industriels » supposés « redynamiser » le pays. On trouve dans la liste : les big data, le *cloud computing*, les objets connectés, la réalité augmentée, les logiciels et systèmes embarqués, les services sans contact, la e-éducation, la nanoélectronique, la robotique, les textiles et techniques intelligents, et les véhicules à pilotage automatique[2]. Deux ans plus tard, en 2015, le ministère de l'Économie publia un document édifiant intitulé « Réunir la Nouvelle France Industrielle », qui présente l'économie de la donnée et le développement des objets connectés comme les nouveaux axes majeurs, portés main dans la main par les responsables politiques et ceux des grandes sociétés du secteur, unis dans une même cause nationale[3]. Rien dans tout cela sur l'économie solidaire par exemple, ou sur le soutien à une agriculture se souciant de la qualité de la production et respectueuse de l'environnement. Soit la duplication siliconienne envisagée comme l'unique perspective, viable et réjouissante, d'avenir.

Orientations qui se sont aujourd'hui systématisées dans la quasi-totalité des pays, tant ceux du Nord que du Sud, et qui sont adoubées par l'immense majorité des économistes. Parmi eux, on trouve le français Jean Tirole, prix de la Banque de Suède en sciences économiques (et non pas prix Nobel d'économie comme il est souvent dit à tort), qui ne veut voir, en de fautifs raccourcis et omissions, que les formidables bénéfices offerts par l'innovation siliconienne[4]. Exemple patent d'un économisme strictement soucieux de croissance et de points de PIB, et aveugle à l'ensemble des conséquences induites par le modèle : « Cette volonté de dépolitisation a conduit à l'abandon, par une majorité d'économistes, de la tradition savante de "l'économie politique", au profit d'une "Science économique" singeant les sciences exactes et parvenant même à placer sous l'égide d'Alfred Nobel les prix d'excellence qu'elle s'attribue à elle-même[5]. »

Car c'est cela, le cœur de la question : se soucier de stricts enjeux économiques dans le mépris des incidences civilisationnelles. L'organisation algorithmique de la société, la marchandisation intégrale de la vie, le dessaisissement de la décision humaine ne sont jamais vus. Tous les « décideurs » restent figés dans une représentation des technologies numériques comme favorisant l'« accès au savoir », l'émergence d'une société plus « décentralisée », la mise en place de pratiques managériales « souples » et « horizontales ». Soit une vision forgée vers la fin des années 1990 et, qui vingt ans plus tard, reste inchangée, alors que le numérique garde le même nom, mais qu'il n'a à peu près plus rien à voir avec ce qu'il était à cette période. On peut appeler cela des formes d'ignorance, de naïveté et d'aveuglement mêlées et coupables.

Historiquement, les grandes démocraties se sont régulièrement efforcées, en vue de se renforcer, de procéder à un travail de séparation entre les différents pouvoirs et forces qui les composent. Aujourd'hui, nous assistons à une brusque régression de ce long processus. Lorsque les contre-pouvoirs, *checks and balances* (contrôles et contrepoids), n'agissent plus comme ils le devraient, alors s'opère *de facto* un recul de l'activité démocratique. Ce qu'avait dénoncé, en 1956, Charles Wright Mills dans son livre, *The Power Elite*[6], à la vue de l'influence démesurée exercée par le complexe militaro-industriel sur la politique de la Maison Blanche ; et il concluait à un déni de démocratie. Sorte de mainmise sur l'État par des intérêts privés que l'économiste James Galbraith a identifiée sous la notion de « *Corporate Republic* » (République-entreprise[7]). Mais plutôt qu'à un retrait de l'État, cette « République-entreprise » chercherait à favoriser la « mise en place juridique et politique d'un ordre mondial de marché[8] ».

Car le législateur soutient fermement le modèle siliconien. Les responsables politiques sciant la branche sur laquelle ils sont assis en quelque sorte, puisque son expansion conduira à terme à la fin de la politique, entendue comme le libre exercice de la décision issue de la délibération. La « loi pour une République numérique », votée en France en 2016, représente l'un des cas les plus exemplaires de cet « ordotechnolibertarisme » sévissant à l'échelle globale. L'objectif principal vise à faciliter l'*open data*, soit la mise à disposition des informations collectées et traitées par les administrations publiques ou apparentées, sans contrepartie financière, destinée à « libérer l'économie de la donnée », c'est-à-dire à être exploitées par les start-up en vue de faire l'objet d'applications marchandes[9]. Pour faire passer la pilule, ou camoufler ce scandale, on parle de « biens communs informationnels », consistant *in fine* à transformer toute information en service monétisable et à générer des profits à partir d'une connaissance précise et évolutive d'un grand nombre de nos pratiques. Dispositif qui a été préparé en amont par le Conseil national du numérique (CNNum) qui, depuis sa création, est composé pour les deux tiers de responsables d'entreprises de l'Internet et des données. Que cette assemblée soit un organe de préconisation de la République constitue un autre scandale qui doit être dénoncé, vu que se joue ici ce qu'il convient d'appeler un conflit d'intérêts.

En France, s'il y a un domaine où l'État s'en remet corps et âme à toutes les « solutions » prescrites par le monde numérico-industriel et par ce « CNNum », c'est bien celui de l'enseignement. Nous savons que l'école publique traverse depuis des décennies une grave crise due à de multiples causes. La numérisation des établissements et des pratiques éducatives est dorénavant envisagée comme la panacée miraculeuse et est érigée au rang de priorité nationale. L'inspection pédagogique et les récents ministres de l'Éducation éprouvent une peur bleue à l'idée de passer « à côté de l'Histoire ». Parmi de nombreux exemples, le ministère de l'Éducation nationale et Microsoft ont signé, en 2015, un accord de partenariat « afin de contribuer à la réussite du Plan numérique à l'école. Microsoft accompagnera les enseignants et des cadres de l'éducation ; la mise à disposition de plateformes collaboratives offrira des solutions pour une utilisation pertinente, facile et optimale des équipements mobiles. Cette démarche passe notamment par l'accès à l'offre Microsoft Office 365 pour l'éducation pour tous les établissements scolaires du Plan numérique à l'école qui le souhaiteraient. La mise à disposition de ces outils va permettre aux enseignants qui le souhaitent de développer des approches pédagogiques innovantes[10] ».

Difficile d'imaginer un plus haut degré d'infiltration du régime privé au sein d'un service public, de surcroît celui supposé être le plus sanctuarisé, opérée par une entreprise exerçant dans ce cas, non seulement une activité de quasi-monopole, mais encore mue par la seule recherche du profit et ignorant à peu près tout de la complexité des enjeux éducatifs. Et cela sans concertation menée avec les professeurs et les parents d'élèves. Autre scandale dans la République, et autre forme –inacceptable– d'une silicolonisation imposée, alors que l'importance des enjeux aurait dû conduire à la consultation de l'ensemble des acteurs concernés et à la tenue de débats citoyens[11]. Oublie-t-on l'importance de l'attention profonde dans l'apprentissage ? Le livre imprimé, instance historique privilégiée de formation du savoir, est-il appelé à être relégué au rayon des objets obsolètes, remplacé par des tablettes encourageant les élèves à continuellement réagir et quantifiant de surcroît le moindre de leurs gestes ? C'est ici que l'on voit de façon particulièrement saisissante la constitution d'un nouvel environnement civilisationnel prioritairement façonné par des intérêts économiques et soutenu par le pouvoir politique.

Car jamais autant qu'aujourd'hui le lobbying n'avait exercé une telle pression. Ce que pratique vigoureusement le techno-libertarisme, qui profite de sa puissance financière, use de son aura et sait offrir des solutions toutes faites aux responsables politiques. Soit un composé idéalement favorable pour qu'il puisse déterminer un grand nombre de décisions publiques. La silicolonisation du monde est indissociable d'un gigantesque travail de lobbying mené de partout. Auprès de la Commission européenne et du Parlement européen, et ce malgré certaines actions louables menées par Margrethe Vestager, commissaire européen à la Concurrence depuis 2014, mais qui représentent peu de choses en regard de l'implication active des instances européennes à favoriser, sous diverses formes et à toutes les échelles, le développement du modèle siliconien sur le continent. Aux États-Unis, les entreprises de la Silicon Valley font partie des plus importants financeurs des partis politiques. Lors de la campagne de Barack Obama, en 2012, Google fut l'un des trois donateurs les plus généreux. Ses représentants sont reçus en moyenne une fois par semaine à la Maison Blanche. Le responsable de la première campagne de Barack Obama œuvre désormais pour Uber. Mark Zuckerberg a mis en place, avec d'autres entrepreneurs, un groupe de pression baptisé FWD.us, visant à s'attirer tous les soutiens nécessaires à l'essor de l'économie de la donnée.

Même l'ultralibéral Friedrich Hayek fustigea les « démocraties de marchandage » soumises à la pression des *lobbies* divers[12]. Dans la série télévisée *House of Cards*, le personnage principal, Frank Underwood, joué par Kevin Spacey, prononce régulièrement une formule signifiant que, dans le milieu politique actuel, on arrive toujours à ses fins en y mettant les moyens : *Democracy is so overrated* (« la démocratie est très surfaite »). Ce à quoi un demi-siècle plus tôt le président Eisenhower ne voulait pas se résoudre, ayant dans son discours d'adieu à la nation rappelé, sur un ton solennel, des exigences qui plus que jamais devraient nous inspirer : « Dans les assemblées du gouvernement, nous devons nous garder de toute influence injustifiée, qu'elle ait ou non été sollicitée, exercée par le complexe militaro-industriel. Le risque potentiel d'une désastreuse ascension d'un pouvoir illégitime existe et persistera. Nous ne devons jamais laisser le poids de cette combinaison mettre en danger nos libertés et nos processus démocratiques[13]. »

Eisenhower, qui savait de quoi il parlait, signalait là un enjeu majeur qui non seulement « persisterait », mais qui depuis n'a cessé de s'aggraver. Car de nos jours, ce sont, comme jamais, « nos libertés et nos processus démocratiques qui sont mis en danger ». Plus seulement par le complexe militaro-industriel, mais par cette soumission du social-libéralisme au techno-libertarisme qui entend à terme éradiquer toute vie démocratique au profit d'une administration algorithmique et définitive des choses. Dorénavant, le technopouvoir occupe une place hégémonique, exerçant de plus en plus sa souveraineté. Il s'agit là d'une autre forme de ce soft-totalitarisme numérique, en sus de celui qui oriente, subrepticement ou manifestement, un nombre sans cesse étendu de nos gestes. Jusqu'à récemment, certaines forces de la société civile voulaient se prémunir contre une trop grande puissance de l'État, aujourd'hui, nous serions en droit de nous plaindre de la limitation délibérée de son action.

Mais l'heure n'est pas à la lamentation. Puisque le pouvoir politique ne remplit plus son rôle, qu'il fait défaut, pire encore, qu'il s'agenouille devant des puissances qui le fascinent et dont il croit qu'elles détiennent la vérité du temps, alors il ne reste qu'un seul choix : remplacer la politique par *le* politique. Soit la réappropriation par les citoyens, par les associations, par les syndicats, par des groupements institués ou non, de leur droit inaliénable d'exercer, individuellement et collectivement, leur liberté de jugement et de décision. De notre degré d'implication dépendra rien de moins que l'avenir de notre civilisation.

–2
POUR UN « CHOC DE CIVILISATIONS »

Les civilisations, nous le savons, surgissent de formations complexes, se développent sur la longue durée, connaissent souvent une période d'apogée, cherchent parfois à s'étendre par la force. Bien plus tard, elles peuvent décliner, jusqu'à disparaître, pour de multiples raisons, tel le facteur humain, ou à cause de brusques modifications climatologiques ou environnementales. Elles s'apparenteraient à des processus vitaux, naîtraient, vivraient et finiraient, insensiblement ou soudainement, par s'éteindre. L'Histoire nous montre qu'il est arrivé qu'une civilisation en dévore une autre incapable d'opposer une résistance, généralement par manque de conviction ou de courage des êtres qui la composent à défendre ses valeurs spécifiques. La cartographie contemporaine des civilisations n'est pas universellement fixée, elle relève pour partie de critères subjectifs ou idéologiques, car il existe plusieurs façons de les définir, ne répondant pas à une catégorie univoque. En cette deuxième décennie du XXIe siècle, il est possible d'identifier plusieurs civilisations. Mais on peut procéder par choix, les distinguer uniquement en fonction de certains traits caractéristiques et saisir alors deux des principales actuellement à l'œuvre.

L'une issue de l'humanisme de la Renaissance. Celui de Pic de la Mirandole par exemple, soucieux de la dignité humaine, entendue comme le droit de chacun à décider librement du cours de son destin, de ne se satisfaire d'aucune place assignée, et d'être le « créateur de sa vie[14] ». Celle encore issue des Lumières du XVIIIe siècle, ayant érigé l'éducation et le savoir comme les vecteurs fondamentaux conduisant à l'autonomie des personnes aptes à s'opposer en conscience à tout abus de pouvoir s'exerçant sur la vie individuelle ou collective. Longue généalogie ayant progressivement conduit à l'édification des démocraties, d'abord en Occident, et ensuite dans toutes les régions du monde. Sociétés qui en théorie se fondent sur le droit, sur le respect de l'intégrité humaine et affirment la liberté inaliénable des citoyens et des peuples à agir selon leurs propres volontés. On pourrait les définir comme celles tenant la Déclaration universelle des droits de l'homme de 1948 comme le référent majeur et évoluant, quelles que soient leur histoire et leur culture, à partir de ce socle commun.

L'autre civilisation ne se situe pas ailleurs, n'est pas exogène à la première, mais émane d'elle. Elle connaît actuellement une croissance rapide, exponentielle même, et s'étend à l'échelle globale. Cette civilisation naissante menace la précédente, à tel point qu'elle est en train de faire s'effondrer ses fondements et travaille insidieusement à son extinction. Cette civilisation, c'est celle de la robotisation à terme intégrale de la vie.

Telle une créature ingrate, cette civilisation, encore embryonnaire, veut abattre celle qui l'a générée, alors que ceux qui contribuent à son expansion affirment qu'elle ne cherche qu'à la « revitaliser et la perfectionner ». Il s'agit là d'une mystification qui entend masquer la réalité des faits. En vérité, elles sont structurellement incompatibles. L'une, celle existante, n'est certes pas parfaite, lèse de nombreux êtres et populations, a commis des fautes, mais en dépit de toutes ses faiblesses, entend malgré tout continuer à se porter garante de l'intégrité et de la dignité humaines. L'autre ne cherche au contraire qu'à réduire la marge de liberté des êtres et des peuples, au profit d'une organisation automatisée des choses et d'une marchandisation de tous les instants du quotidien. L'une et l'autre sont non seulement inconciliables, mais elles s'opposent frontalement, représentant chacune l'exact inverse de l'autre, supposant *de facto*, si elles veulent se maintenir ou se développer, l'éradication de l'autre.

La seconde travaille avec toutes les forces qui la composent à réaliser son programme, étranglant peu à peu la précédente. Celle-ci n'ayant pas encore compris qu'on souhaite l'annihiler, ne sachant exactement qui croire, comment se positionner, s'il faut ou non agir. Une lutte a déjà lieu, mais elle est, jusqu'à présent, principalement menée d'un seul côté. Elle devrait nous engager. Mais par manque de conscience ou faiblesse de la volonté, nous restons comme figés alors que le danger ne cesse de croître. Car il s'agit d'un choc entre deux modèles de civilisation. Il faut opter. Entre le choix de la liberté, ou celui de l'asservissement à des puissances et à des systèmes qui décident, à notre place, du cours des choses.

Georges Bernanos écrivait, au sortir de la Seconde Guerre mondiale, qu'« une civilisation ne s'écroule pas comme un édifice ; on dirait beaucoup plus exactement qu'elle se vide peu à peu de sa substance, jusqu'à ce qu'il n'en reste plus que l'écorce. On pourrait dire plus exactement encore qu'une civilisation disparaît avec l'espèce d'homme, le type d'humanité, sorti d'elle[15] ». Son livre, *La France contre les robots*, dénonçait la place croissante des machines entraînant, à ses yeux, une rationalisation impersonnelle de la société et, consécutivement, un égarement des êtres. Phase qui, à cette époque, n'en était qu'à son « stade primitif » en regard du « stade avancé » ou « ultime » de la robotisation actuelle, dorénavant faite d'intelligence artificielle. Nous pourrions reprendre la formule de Bernanos et affirmer que c'est maintenant, au tournant de la troisième décennie du XXIe siècle, que se jouera la disparition ou non d'une « espèce d'homme », la substitution ou non d'un « type d'humanité » par un autre type d'« humanité » « sorti d'elle ». Nous vivons un moment particulièrement critique de l'histoire de notre civilisation, celle qui résulte de tant de combats menés au nom de la liberté et du droit à faire valoir une pluralité de modes d'existence. Si nous tenons à sa survie, plus encore, si nous voulons favoriser de vertueuses évolutions présentes et futures encore possibles, alors cette exigence requiert de notre part un engagement, tant individuel que collectif. En d'autres termes, elle appelle une mobilisation politique. La survie de notre civilisation dépend aujourd'hui de notre mobilisation politique. Elle représente l'un des enjeux, sinon l'enjeu politique majeur de notre période historique.

Les années 2010 auront été celles de la crise de la démocratie. Principalement due à la « soumission sociale-libérale » qui a non seulement vu le renoncement du pouvoir politique à agir en toute indépendance, mais également un recul de la capacité détenue en droit par les populations à décider librement de leur destin. La crise actuelle de la démocratie est celle du dessaisissement de la décision, à l'œuvre à plusieurs échelles de la société : à l'école, dans le monde du travail, et plus largement dans l'organisation générale de la cité. On continue d'envisager la technique comme le résultat de recherches menées au sein de laboratoires, conduisant éventuellement au développement d'applications, opérant dans un second temps toute une série d'effets sur les modes d'existence. Mais il s'agit là d'un schéma réducteur. Ce qu'il faut saisir, c'est que les technologies de notre temps, celles des données et de l'intelligence artificielle, ne produisent pas des effets, mais se situent au point nodal de la crise de la démocratie : celui du dessaisissement de la décision humaine. Car elles y contribuent pour une large part. Ce sont les fondements de notre civilisation, l'autonomie du jugement et la liberté d'action, qu'elles sapent soudainement.

Allons-nous nous résigner à cette dépossession de nous-mêmes ou entendons-nous individuellement et collectivement nous y opposer ? La question aujourd'hui nous est posée. Soit nous refusons de l'entendre et alors, par notre passivité, nous participons à l'extinction d'une part fondamentale de notre histoire et de notre âme. Soit nous voulons en prendre toute la mesure et nous nous mobilisons pour la sauvegarder. On appelle cela une implication politique découlant d'une conscience, d'une fidélité à une tradition qui pour partie nous constitue, et de convictions décidées à s'exprimer dans des actes. Soit quelques principes élémentaires qui devraient guider toute politique.

Néanmoins, il est temps de situer les choses. Concernant les développements des technologies numériques et les formes de politisation qu'elles devraient induire, on a tendance à ne privilégier qu'une seule question, en s'imaginant, à tort, qu'elle est centrale. Soit celle de la protection des données personnelles et de son corollaire supposé: le respect de la vie privée. Préoccupation qui ne sait voir comme effet collatéral de la numérisation des existences que l'instauration d'une surveillance sécuritaire et d'un traçage commercial généralisés. Non qu'ils ne représentent pas de sérieux problèmes de société, mais ils ne constituent plus les enjeux décisifs de notre époque[16].

Depuis les révélations d'Edward Snowden en 2013, cette obsession est devenue la nouvelle vulgate de notre temps, ne cessant d'affirmer, dans une forme de bonne conscience planétaire, la nécessité de protéger nos données de la rapacité des grands acteurs de l'Internet. Position qui fait aujourd'hui l'objet d'un large consensus. Auprès de la plupart des responsables politiques, auprès de la Commission européenne (un contrôleur européen de la Protection des données est chargé de ces questions). Auprès d'associations qui se font les hérauts de «la protection des données et de la vie privée», telles la Quadrature du Net en France ou l'*Electronic Frontier Foundation* aux États-Unis. Groupements qui ne se soucient que de l'unique exigence de naviguer en toute intimité et de profiter allègrement d'un «Internet libre».

Finalement, le technolibertarisme est allé jusqu'à gagner l'esprit de ceux supposés être, peu ou prou, critiques à son égard. C'est la logique de «*Not in my backyards*» qui prévaut, soit la garantie de la discrétion dans «mon arrière-cour» et de mon droit à surfer sans limite et en toute impunité qui, une fois défendue, permet de se laver les mains de tout le reste, en l'occurrence de l'essentiel. On utilise des messageries et des systèmes cryptés tel Thor, on vit dans le «*darkweb*» dans un confort petit-bourgeois à l'abri de tout regard et le tour est joué. Soit un geste à la petite semaine qui n'a de politique que son apparence.

Il est plus que temps de nous réveiller et d'élargir notre conception de l'action politique. La question cruciale n'est pas la défense de l'anonymat de ses navigations, soustraites à l'emprise des agences de renseignement et des entreprises prédatrices. Elle ne concerne pas notre «vie privée», à laquelle certes nous tenons tous, mais qui représente si peu en regard de ce qui actuellement se forme et qui devrait autrement nous mobiliser. Car cette question n'est pas une question de société, c'est une *question de civilisation*. Celle qui entend à terme tout automatiser et orienter la vie des personnes en fonction de seuls intérêts privés. Et cette civilisation se déploiera quand bien même –et surtout– si les données sont parfaitement protégées, instaurant une «confiance dans l'économie numérique» nécessaire à son expansion[17]. Il est marquant de constater que ce sont souvent les questions décisives d'une époque qui sont occultées et qu'on en revient toujours, particulièrement à l'heure actuelle, à ses petites affaires personnelles. L'addiction numérique, par exemple, plutôt que de voir les phénomènes de puissance qui se jouent, ou la protection de la vie privée, sans voir que ce n'est pas celle-ci qui est aujourd'hui menacée, mais notre droit à vivre comme des êtres libres.

Leo Strauss, tout comme Tocqueville, estimait que l'inattention est le fait des sociétés démocratiques modernes et pensait qu'une juste attention portée aux phénomènes déterminants témoigne à la fois d'une bonne santé cognitive collective et d'un souci moral. Savoir observer les abus de pouvoir exercés par le technolibertarisme et s'efforcer de reconquérir notre autonomie, c'est cela l'un des enjeux politiques majeurs. Il nous somme de renouer avec l'impératif kantien : « L'autonomie de la volonté est cette propriété qu'a la volonté d'être à elle-même sa loi. [...] Il faut que la raison pratique (la volonté) ne se borne pas à administrer un intérêt étranger, mais qu'elle manifeste uniquement sa propre autorité impérative, comme législation suprême[18]. »

« Impératif catégorique » de notre temps qui requiert l'implication active des citoyens et de toutes les forces de la société qui, ensemble, et plus que jamais, doivent faire œuvre de démocratie : « Si, en effet, le mot "démocratie" doit être, à présent, affecté à la seule définition du libéralisme, il faut nécessairement un terme nouveau pour désigner ce "gouvernement du Peuple, par le Peuple et pour le Peuple" où chacun voyait encore, il y a peu, l'essence même de la démocratie[19]. » Perspective qui doit faire valoir « l'aspiration à la liberté » comme l'écrivait Hannah Arendt. Elle suppose, vu *l'état d'urgence civilisationnel*, de privilégier aux ambitions d'esprit libéral (au sens américain de *liberal*, soit progressiste), des positions radicales (au sens américain de *radical*), menant des actions sur le terrain qui entendent rompre, sans concession, avec un certain ordre des choses.

En d'autres termes, elle appelle la mise en place d'une « entreprise insurrectionnelle organisée ». Ce que Hannah Arendt, encore, nommait le « trésor perdu » de la tradition révolutionnaire, soit les expériences concrètes manifestant, en toute liberté, le pouvoir de l'action et ne se résignant pas au discours propagandiste de l'inexorable : « Telles tendances que l'on tenait pour inéluctables ont été souvent, au cours de l'histoire de l'humanité, balayées et remplacées par d'autres[20]. » Il ne tient qu'à nous d'exprimer nos capacités à écrire autrement le cours annoncé des choses. Exigence qui nécessite l'élaboration d'une méthode associant bon sens et créativité. Elle appelle, d'abord, à s'opposer frontalement à cet antihumanisme radical, par des gestes identifiables et simples à adopter, faisant de chacun de nous rien de moins que des « héros ordinaires ».

–3
LE « GRAND REFUS » À L'ÈRE DES OBJETS CONNECTÉS

Il existe, en général, deux temps distincts qui rythment les livres de théorie critique. Durant le premier, l'auteur s'attache à décrire et à analyser des faits. Au cours de son déploiement, il en arrive inévitablement à condamner certaines conditions. Vient alors un second temps où il en appelle à s'opposer à des situations jugées abusives et illégitimes. Il finit souvent par signaler d'autres perspectives possibles et par proposer quelques préconisations qui, si elles étaient appliquées, seraient susceptibles de modifier vertueusement les choses. Il se trouve que, la plupart du temps, on se souvient davantage du moment de la dénonciation que des solutions substitutives suggérées. Peut-être parce que c'est sur cette charge que l'auteur a d'abord voulu s'investir et attirer l'attention et que c'est elle qui suscitera avant tout un écho auprès du lecteur. Peut-être aussi que certaines recommandations pêchent par excès d'abstraction ou par manque de réalisme, n'offrant pas suffisamment de points d'appui concrets à la vie des personnes.

Nous devrions, à force d'exemples répétés, tirer un enseignement de ces déficiences et envisager une sorte de « révolution méthodologique ». Il faudrait alors désamorcer quelques instants le strict régime théorique et s'investir dans le champ du concret, du plus concret. Visée qui suppose d'établir un registre d'actions pragmatiques, entendues comme telles car pouvant non seulement être immédiatement et aisément réalisées, mais s'avérer aussitôt d'une redoutable efficacité. Actuellement, les technologies numériques franchissent un seuil. Elles en viennent, sans le consentement des personnes et de la société civile, à bouleverser de part en part, tant nos existences, que nombres de nos principes fondateurs. À la vue du constat que certaines digues, jusque-là supposées garantir les modes de vie auxquels nous aspirons, sont en train d'être brisées, alors nous devons, à l'instar de l'homme révolté d'Albert Camus, dire « non » : « Quel est le contenu de ce "non" ? Il signifie, par exemple, "les choses ont trop duré", "jusque-là oui, au-delà, non", "vous allez trop loin", et encore, "il y a une limite que vous ne dépasserez pas". En somme, ce non affirme l'existence d'une frontière. On retrouve la même idée de limite dans ce sentiment du révolté que l'autre "exagère", qu'il étend son droit au-delà d'une frontière à partir de laquelle un autre droit lui fait face et le limite[21]. »

Aujourd'hui, nous nous devons de reprendre les paroles de l'homme révolté et d'affirmer que « les choses ont trop duré », « jusque-là oui, au-delà, non », « vous allez trop loin », « il y a une limite que vous ne dépasserez pas ». Cette limite que vous franchissez actuellement est identifiable : c'est celle de l'extension en cours de capteurs intégrés à nos corps, à nos environnements domestiques, professionnels, urbains, et à terme, si nous n'y prenons pas garde, à la quasi-totalité des surfaces du monde. Nous devons non seulement affirmer haut et fort : « vous allez trop loin », mais surtout : « cette limite-là, vous ne la dépasserez pas ». Vous ne la dépasserez pas, parce que son franchissement va entraîner une quantification généralisée, une marchandisation intégrale de la vie et une organisation algorithmique de la société. Dimensions qui sont foncièrement contraires à nos principes. Elles bafouent les valeurs qui constituent le socle de notre vie en commun. Soit le respect partagé et mutuel de notre intégrité et de notre dignité. Vous ne la dépasserez pas parce que cela nous ne l'acceptons pas et qu'en conséquence nous allons nous y opposer.

Alors, vous, les acteurs de l'économie siliconienne, penserez: ce ne sont que des paroles, des poussées de testostérone sans conséquence. Vous aurez tort, car nous avons appris du passé que, dans certains cas, il convient d'abord d'arrêter des décisions concrètes, faciles à mettre en œuvre. En l'occurrence: le *refus simple et catégorique de ces protocoles de mesure de la vie que vous élaborez et que vous voulez nous faire acheter.* Alors, d'un coup, en l'espace de quelques mots, c'est nous qui inversons le rapport de force et détenons le pouvoir. Ce qui semblait n'être qu'une risible manifestation de testostérone se transforme subitement en une menace tangible qui, à coup sûr, déjà vous ébranle. Aujourd'hui, au moment où vous franchissez cette limite, au moment où, de façon intolérable, vous terrassez certains de nos principes fondamentaux, nous allons renouer avec le *Great Refusal*, le « Grand Refus », prôné par Herbert Marcuse au cours des années 1960. Grand Refus qui entendait s'élever contre l'expansion massive de ce qui, depuis peu, était nommé « société de consommation ». Elle faisait émerger de nouveaux modes de vie qui, à ses yeux, entraînaient des comportements « unidimensionnels » parce que déterminés par les mêmes logiques réductrices étouffant la potentialité plurielle des êtres[22]. Posture radicale qui rencontra un large écho, mais qui « sur le terrain » ne connut qu'un succès mitigé, très mitigé même. Peut-être parce que cette « société de consommation » exerçait, consciemment ou inconsciemment, une fascination sur les esprits. Le Grand Refus marcusien relevait d'une belle intuition et intention. Mais il a échoué, car les armes du langage s'avérèrent trop faibles pour contrecarrer la puissance de séduction exercée par le capitalisme, sachant user de savantes techniques destinées à parer ses productions de contours éclatants.

Ce Grand Refus, c'est dans son esprit que nous le reprenons. Aujourd'hui, notre refus ne sera pas « grand », mais restreint, vu qu'il porte sur une cible précisément identifiée : les capteurs et les objets connectés. Cette fois-ci, ce mot d'ordre sera suivi d'effet, car, au contraire des produits rutilants qui, au cours des « Trente Glorieuses », séduisaient tant de monde, quels que soient les tropismes politiques, ici nous n'éprouvons aucun attrait. Non seulement nous n'éprouvons aucun attrait pour vos biberons ou vos maillots de bain connectés, mais ils nous dégoûtent. Nous n'en ferons pas l'acquisition et alors vous serez fort embarrassés et à coup sûr désemparés face à ce désintérêt radical de notre part. Nous ne nous contentons pas de constater que vous allez beaucoup trop loin, que vous franchissez une limite que nous jugeons inacceptable, nous rendons vain son franchissement. Car tous, nous sommes des citoyens-consommateurs, et jamais autant qu'aujourd'hui le refus de l'acte d'achat n'aura revêtu une telle portée politique, civilisationnelle même. Plutôt que de briser les machines, nous mettons en échec le modèle qui les conçoit et invalidons leur raison d'être, les envoyant par avance, par notre refus, à la casse. À un siècle et demi de distance, nous nous inspirons de la position de l'écrivain anglais Samuel Butler qui, en 1872, affirmait : « Nous ne demandons pas la destruction totale des machines. Mais nous devrions détruire toutes celles qui ne nous sont pas absolument indispensables, de peur qu'elles n'étendent plus complètement encore leur domination tyrannique sur nous[23]. »

Mais il ne suffit pas d'affirmer notre refus radical, il faut encore identifier tous les endroits où il doit s'exercer, sous quelle forme et avec qui. Car notre refus n'est pas spontané, il est méthodique et organisé. Commençons à détailler notre plan.

Nous refusons la pose de compteurs électriques dits « intelligents » au sein de nos domiciles. Tel le dispositif Linky, piloté par ERDF, qui n'a donné lieu à aucune concertation avec des associations indépendantes d'usagers, et qui va participer d'une connaissance précise et évolutive de notre consommation d'énergie, qui de surcroît portera, à terme, sur celle particulière de chaque objet connecté. Nous dénonçons haut et fort cette soudaine et illégitime intrusion au sein de notre vie domestique, soutenue par la puissance publique[24]. Systèmes appelés à faire l'objet d'une marchandisation permanente *via* des plateformes qui auront acheté l'accès aux informations, afin de proposer des offres supposées adaptées à chaque instant de nos quotidiens.

Nous refusons les téléviseurs connectés qui analysent non seulement nos usages, mais également nos conversations, procédant à une intolérable surveillance de notre intimité. Nous nous opposons à ce que toutes les choses de la maison soient appelées, si nous n'y prenons garde, à être équipées de puces électroniques : lit, pèse-personne, brosse à dents, miroir dit « intelligent », cafetière, réfrigérateur, fourchette… Nous refusons la voiture « autonome », non pas parce qu'elle nous priverait du « plaisir de la conduite », mais parce qu'elle représente l'un des dispositifs emblématiques instituant un guidage robotisé de la vie. Ce ne sera pas un véhicule, mais une épave signalant à chaque instant la mort de notre jugement par le fait d'une administration automatisée de quantité de nos actions. Principe qu'aurait fermement dénoncé la grande figure du technolibertarisme, Ayn Rand, qui a fait dire à son personnage principal, John Galt, dans son roman *La Grève* : « Qu'un homme qui s'en remet à autrui pour décider de son destin n'est qu'une épave bonne pour la casse[25]. »

Nous refusons les « assistants numériques » qui, sous couvert de nous « faciliter » le quotidien, vont représenter une autre forme, en quelque sorte complémentaire, de ce guidage algorithmique de la vie, et qui contribuera à nous défaire de l'usage de nos capacités sensibles. Nous refusons de porter des « lunettes connectées » – comme tout protocole de réalité dite « augmentée », qui devrait plus précisément être dite « orientée » –, destinées à manœuvrer nos esprits et nos corps et à mémoriser un nombre subitement étendu et infiniment varié de nos comportements. Nous annonçons que nous refuserons toute lentille connectée, déjà en cours de développement au sein des laboratoires siliconiens.

Nous refusons l'implantation tous azimuts de capteurs au sein des espaces professionnels, faisant de nous des êtres toujours plus réduits à rétroagir à des signaux, et entraînant une visibilité en temps réel des « mesures de performance ». Les syndicats doivent opposer un refus catégorique à la quantification sans cesse expansive des gestes, instituée au nom de l'accroissement supposé de l'efficacité et des gains de productivité. Ces exigences doivent figurer dans les conventions collectives et constituer une limite à ne pas franchir, faute de quoi se manifestera une résistance massive ne pouvant faire l'objet d'aucun compromis. Car on ne bafoue pas impunément l'intégrité humaine. La préservation d'une part inviolable de nous-mêmes dans l'exercice de notre activité fait partie du Code du travail, et à ce titre elle doit être défendue[26].

Nous refusons la numérisation systématique des pratiques éducatives et l'usage généralisé des tablettes numériques, reléguant la figure de l'enseignant à un rôle subalterne, et appelé à voir ses paroles discréditées par le recours continu aux plateformes supposées, par la séduction de leur graphisme et leur apparence « neutre et objective », incarner la vérité. On affaiblit « l'autorité du professeur, qui, quoi qu'on en pense, est encore celui qui en sait le plus et qui est le plus compétent[27] ». Nous refusons la quantification des élèves, également celle des professeurs, qui va instaurer de nouveaux modes, insensibles et continuels, d'évaluation, ainsi qu'une connaissance des pratiques appelée à être exploitée par des entreprises privées. Nous nous opposons à l'abandon programmé du livre imprimé dans les classes, seul à même d'encourager une attention profonde (*deep attention*) et une lente maturation indispensables à l'exercice de la réflexion, à la constitution du savoir et à la formation d'esprits critiques. Nous refusons que l'école cherche à être le « miroir de la société », à vouloir « être dans le coup », en occultant, dans la plus grande irresponsabilité, des pratiques historiques, dont certaines sont garantes de la sauvegarde d'une part essentielle de notre civilisation.

Nous nous opposons au « service de l'emprunt » de livres numériques proposé par un nombre croissant de bibliothèques, contribuant à affaiblir la chaîne du livre qui, plus que jamais, doit non seulement subsister, mais se développer, vu qu'elle constitue l'un des socles fondamentaux de notre culture. Pratique qui porte notamment préjudice aux librairies, lieux de convivialité et de rencontre dans les villes, auxquels nous nous sentons redevables et sommes viscéralement attachés. Nous n'entendons pas que le régime privé et les responsables politiques, ensemble, mettent à bas ces piliers de notre civilisation. À cet égard, nous dénonçons les aides publiques affectées au développement du « livre numérique », telles celles attribuées par le Centre national du livre (CNL) depuis le début des années 2000 et par nombre de collectivités locales en France.

Nous refusons de porter des bracelets mesurant les flux physiologiques, faisant l'objet d'une exploitation par des start-up suggérant des produits et offres supposés adaptés à nos états, alors que, de surcroît, elles ne détiennent aucune compétence reconnue et validée en la matière. Nous refusons cette santé dite « mobile » pilotée par le régime privé, tel Google Fit ou HealthKit (Apple), instaurant une biopolitique d'un nouveau genre, non plus exercée par les États, mais par des entreprises uniquement mues par le souci du profit. Nous refusons farouchement l'infiltration annoncée de puces au sein de nos tissus biologiques supposée garantir un suivi médical ininterrompu ou fluidifier les achats, grâce à la dernière et géniale invention du techno-libertarisme : le paiement sans contact. Au passage, nous rions du rire satirique de Démocrite à la vue de ces imbéciles heureux ravis de s'implanter des puces sous-cutanées à l'occasion d'une « *implant party* ». Nous refusons catégoriquement toute robotique dite « sociale », car nous comptons répondre, quelle que soit notre situation, à l'obligation de soutenir nos proches. À ce titre, nous dénonçons toute subvention allouée à des laboratoires publics ou privés développant des recherches en ce domaine. Non seulement nous les dénonçons, mais refusons d'y contribuer financièrement. Nous ferons porter le message, individuellement et collectivement, aux élus et ferons *a contrario* valoir auprès d'eux la nécessité de financer, par des fonds publics, des formations destinées au soutien des personnes dépendantes.

Nous nous engageons à dénoncer tout conflit d'intérêts inacceptable en République, et mènerons les actions nécessaires contre ce Conseil national du numérique dénué de toute légitimité. À cet égard, nous en appelons à la constitution d'un comité indépendant, formé pour partie de personnes tirées au sort et d'autres ayant une bonne connaissance des enjeux, mais n'étant en aucune manière impliquées dans l'économie de la donnée. Sa mission principale consistera à initier des contre-expertises, à rendre publics les résultats et à les porter devant la puissance publique.

Nous nous opposons à la nouvelle lubie de l'époque. Soit le revenu de base universel, qui *in fine* ne vise qu'à consentir de façon passive et irresponsable à la substitution des humains dans le travail par des systèmes algorithmiques, entérinant le modèle siliconien et procédant à un renoncement institutionnalisé. Il ne relève pas du hasard que tous les technolibertariens soutiennent cette mesure, tel le transhumaniste Zoltan Istvan, qui prône l'instauration d'un revenu universel, car « les robots occuperont tous les emplois[28] ». Une recommandation du CNNum, datant de 2015, a proposé de « réaliser une étude de faisabilité du revenu de base, inconditionnel et universel[29] ». À la place, nous voulons que des fonds publics et de solidarité soient attribués à toute personne ou tout groupement envisageant de développer des projets d'économie solidaire, coopératifs, cherchant à favoriser l'épanouissement des personnes dans leur activité et le développement de produits naturels ou manufacturés, respectueux de l'environnement et ne visant pas leur renouvellement continu.

Nous savons que le législateur, dorénavant, s'efforce de soutenir autant qu'il le peut l'économie de la donnée. Néanmoins, nous ne désespérons pas du droit et ferons tout ce qui est possible, grâce à notre nombre et à notre pouvoir de pression, pour qu'il se décide enfin à se soucier de la sauvegarde des principes civilisationnels auxquels nous tenons[30]. Nous nous engageons à mener des actions collectives en justice dès que nous verrons notre intégrité bafouée. À ce titre, nous ferons valoir, lorsque jugé opportun, le droit opposable. En droit public, la notion de droit opposable désigne des droits naturels appartenant aux individus dont ils peuvent se prévaloir à l'encontre d'un pouvoir, quel qu'il soit, du moment qu'il viole un de leurs droits dits fondamentaux. Plus largement, nous chercherons à faire œuvre de jurisprudence, c'est-à-dire à pallier, autant que nécessaire, par des cas portés devant les tribunaux, les manquements du législateur.

Simultanément à une vigilance ferme et maintenue, nous nous efforcerons, sous toutes les formes possibles, de favoriser des modes d'existence et d'être en commun prioritairement soucieux de respecter la dignité et l'intégrité des personnes, cherchant l'épanouissement et le développement des capacités de chacun, sans léser quiconque. Soit un projet de vie et de civilisation exactement contraire à la vision siliconienne du monde. Autrement dit, contre la soumission sociale-libérale et l'ambition irréfrénée du technolibertarisme, nous procéderons à un mouvement « d'auto-institution de la société », pour reprendre les termes de Cornelius Castoriadis.

Nous n'éprouvons aucune mélancolie qui, selon Freud, est irrémédiablement attachée à un objet perdu, car nous ne nous lamentons pas d'une chose disparue, mais agissons afin de sauvegarder les biens et les valeurs qui nous constituent et auxquels nous tenons. En cela, avec tous les êtres soucieux de faire converger d'autres luttes avec celle-ci, nous ferons œuvre de démocratie, et reprenons à notre compte les propos du philosophe belge Eugène Dupréel qui, en 1930, s'était prononcé dans son livre *Le Renoncement*, pour un refus sélectif, un « renoncement positif ». Il avait écrit : « Ce n'est pas une défense spontanée de l'individu, recette d'une sagesse antique et trop élémentaire, dont nous voulons nous occuper : on sait que le renoncement accompli, c'est l'opération de plusieurs, qui tirent d'un transport de valeur, déconcertant pour le vulgaire, un trésor de satisfactions et d'avantages communs. Ce renoncement est une renaissance de la valeur, raison d'être et récompense d'un groupe[31]. »

–4
DE LA RESPONSABILITÉ DES INGÉNIEURS

Nous sommes tous tenus au devoir de responsabilité. À l'égard de nous-mêmes, des autres et de la société. Tous, nous sommes égaux devant cet impératif qui nous est imposé par le fait même d'exister. En revanche, le poids de responsabilité de chacun, lui, n'est pas égal. Car le degré de la responsabilité est fonction d'un pouvoir exercé, dans la mesure où les actes engagent bien au-delà de soi-même. Par exemple, un responsable politique, et plus encore s'il se situe au sommet d'un État, produira, par nombre de ses décisions, des effets sur la vie de millions de citoyens. Cependant, il est possible de mesurer le niveau de responsabilité, moins d'après le degré de pouvoir apparemment détenu, que par le ratio entre certains choix adoptés et le nombre de personnes qui seront confrontées à leurs conséquences, quelles que soient leurs natures.

Si l'on se fie à ce critère, apparaît alors une cartographie très diverse des responsabilités. Elle prend une forme dynamique, variant indéfiniment au gré des différentes places que chacun d'entre nous occupe au cours de son quotidien. À la vue de ce plan foisonnant, on peut distinguer, sur l'un des reliefs les plus élevés, la présence d'une catégorie de personnes exerçant une activité à laquelle nous n'aurions pas immédiatement pensé parce qu'elle nous semble, de prime abord, presque aussi commune et banale que tant d'autres. Cette profession qui, aujourd'hui, se situerait au plus haut sur cette cartographie des responsabilités, c'est celle des ingénieurs. Car ces derniers, particulièrement les concepteurs d'algorithmes et les programmeurs, pratiquent un métier qui engage l'une des plus importantes, sinon la plus importante, charge de responsabilité au sein de la société, vu que leurs actes entraînent toutes sortes de conséquences sur nos vies individuelles et collectives.

L'ingénieur du computationnel occupe une place prépondérante, dans la mesure où ses recherches déboucheront sur des objets et des applications qui infléchiront tant le champ de la cognition que celui de l'action de milliards d'individus. Il ne détient pas un pouvoir flagrant, à l'instar d'un responsable politique, mais il use d'un pouvoir qui s'exerce en retrait, depuis un lieu qui n'est jamais visible. Généralement, nous relions les technologies à des marques, plus rarement à des ingénieurs, alors que ce sont eux qui les ont conçues. Sans leur compétence et leur implication, nous ne les utiliserions pas, elles n'existeraient pas.

L'ingénieur historique, et plus largement le scientifique, celui qui a œuvré, en Occident, depuis la Renaissance jusqu'au milieu du XIXe siècle, se caractérisait par deux traits majeurs. D'abord, il cherchait, conformément à une tradition humaniste et à l'idéologie du progrès qu'elle a engendrée, à faire avancer la connaissance et à participer, par ses inventions, à une amélioration des conditions de vie. Par exemple, la mise au point par Jacques Bourgeois, en 1645, de lunettes munies de verres concaves d'un côté et convexes de l'autre, ou celle du vaccin contre la rage par Louis Pasteur vers 1885. Ensuite, il maîtrisait de part en part le déroulement d'un processus. Il en était à l'origine, émettait des hypothèses, se lançait dans des expérimentations, menait des essais afin de vérifier l'efficacité de l'objet de la recherche, et s'assurait, en cas de succès, de son développement, jusqu'à la « mise sur le marché » en quelque sorte. Il travaillait rarement seul, était souvent entouré de collaborateurs et d'assistants, mais au bout du compte on ne retenait que son nom, car il était l'auteur d'une innovation qui s'était généralisée dans la vie quotidienne et qui restait attachée à sa mémoire.

Cet environnement a prévalu jusqu'à la révolution industrielle. Période qui vit des scientifiques et des inventeurs déposer un nombre croissant de brevets, les développer et commercialiser eux-mêmes les produits issus de leurs recherches. Au même moment, des industriels se mirent à acquérir des brevets et à les exploiter dans leurs manufactures. Ils commencèrent tout autant à proposer à des ingénieurs d'intégrer leurs industries afin de mener leurs activités en leur sein, mais en étant soumis à leur autorité.

Il se produisit alors une double dissociation. Celle qui vit l'ingénieur, aspirant jusque-là à contribuer au « progrès » de l'humanité à partir de ses propres productions, être dépossédé de cette mission, n'étant dorénavant plus assurée par lui seul, mais par un regroupement hétérogène de compétences. Celle ensuite qui vit, de façon corollaire, le dessaisissement de sa maîtrise intégrale des processus, au profit d'une parcellisation qui a noyé sa tâche au milieu de nombreuses autres. Cette nouvelle configuration a repositionné la place de l'ingénieur, se voyant désormais assujetti au pouvoir économique et devant principalement répondre à des commandes non décidées par lui-même.

Ce système s'est consolidé au cours du XXe siècle, particulièrement lors de la phase de la société de consommation qui devait miser sur le renouvellement continu de l'offre. Depuis l'avènement de l'industrie de l'informatique professionnelle et grand public, il s'est à la fois maintenu, tout en rencontrant pour partie un « mouvement contraire ». Car il a vu le retour de l'ingénieur engagé dans ses propres recherches, généralement menées, à leurs débuts, dans un « garage », celui de Steve Jobs par exemple, et s'assurant lui-même de leurs développements et de leur commercialisation, étant tout autant un entrepreneur. Cas de figure qui se sont multipliés depuis les années 1970 jusqu'à aujourd'hui. Mais ils restent très minoritaires, ils représentent même l'exception. L'immense majorité des ingénieurs étant salariés dans le secteur privé. Il s'ensuit qu'ils n'exercent plus dans l'indépendance, et qu'ils ne détiennent aucune maîtrise dans le déroulement des processus jusqu'à leur finalité.

Les responsables des entreprises, les bureaux de tendance et les équipes marketing fixent les programmes et les gèrent de bout en bout. En d'autres termes, ces ingénieurs, en général très bien formés, et qui autrefois étaient fiers de leur liberté –elle représentait la dimension la plus précieuse de leur activité–, ont désormais perdu une partie de leur âme, étant inféodés au monde numérico-industriel et à ses intérêts. Ce qui encore les caractérise, moins ceux qui exécutent des tâches que ceux qui rendent possible le développement des projets, les *king coders* ou ceux dotés d'une haute compétence dans un domaine particulier, c'est qu'ils bénéficient de rémunérations extrêmement élevées constituées notamment de *stocks options*.

La conséquence principale de cet enrôlement est qu'ils se rendent délibérément aveugles aux conséquences de leurs actes. Le réflexe usuel consistant à s'en remettre au sempiternel slogan du technolibertarisme, affirmant améliorer le sort du monde, sans douter un seul instant de la valeur du postulat, profitant à la fois du beurre, la bonne conscience, et de l'argent du beurre, soit des émoluments généralement fort conséquents. À coup sûr, ne saisit-on pas encore toute la portée de cette « servitude volontaire », hautement lucrative, sur la société. Non seulement « l'homme de science ne fait pas preuve de conscience critique[32] », mais il s'est volontairement retrouvé dans une position qui lui interdit *de facto* d'exercer son sens critique.

Yann LeCun, directeur du Facebook AI Research (FAIR), le centre de recherche européen de Facebook basé à Paris et dédié à l'intelligence artificielle, représente l'un des exemples les plus emblématiques de ces ingénieurs qui se contentent de mener leurs recherches dans l'indifférence de leurs conséquences. Ses avancées dans le domaine de l'« apprentissage profond » en intelligence artificielle, dont il est un spécialiste, sont destinées à être directement exploitées par la firme qui le rémunère. Il ne cesse de vanter la complémentarité future entre humains et intelligence artificielle afin de se prémunir de toute critique et probablement de se donner bonne conscience, alors qu'il participe pour partie au mouvement en cours de marchandisation intégrale de la vie et d'organisation algorithmique de la société. Ce dont il ne se cache pas, comme en attestent nombre de ses déclarations, telle celle-ci, fort significative : « Depuis 2012, les résultats dans le domaine de la compréhension par la machine du langage naturel, parlé, sont très prometteurs. De quoi analyser les goûts des utilisateurs de façon plus fine et leur recommander des contenus plus pertinents[33]. » Forme patente de silicolonisation d'un esprit à coup sûr brillant, mais entièrement soumis au dogme de Facebook, cherchant, à terme, à tirer profit du moindre de nos gestes. Yann LeCun a été invité par le Collège de France à donner une série de conférences dans le cadre du cycle « Informatique et sciences numériques », et qui ont eu pour titre : « L'apprentissage profond : une révolution en intelligence artificielle[34] ». C'est dire le déficit de conscience des enjeux, l'étroitesse de vue et la légèreté des responsables de l'une des institutions les plus prestigieuses de France, qui se rangent à la *doxa* dominante. Celle affirmant que le développement de ces technologies serait « inéluctable » et qu'elles vont contribuer, d'une façon ou d'une autre, à l'amélioration générale des conditions de vie.

Disjonction entre savoir, action et conscience qui, depuis des décennies, n'a cessé de s'aggraver. Il n'est plus question d'activer, simultanément, la double sphère du cerveau de l'ingénieur, mais seulement de se contenter de celle, enfantine, faite d'impulsivité et d'émerveillement naïf, en arguant, par un subtil tour de passe-passe rhétorique, répondre *in fine* à une « demande sociale ». Credo qui ne correspond à aucune réalité, de surcroît asséné par des personnes généralement cloîtrées dans leurs laboratoires et connaissant si peu de la véritable « demande sociale ». La partie adulte, responsable et autant que possible consciente de la portée des recherches, n'est plus mobilisée. Cette irresponsabilité s'est institutionnalisée et banalisée[35]. On affirme, en boucle et de concert, œuvrer au bien de l'humanité, on touche de considérables émoluments, et on se lave les mains de tout le reste. Ce que Jules Verne, à une tout autre époque, avait déjà constaté : « Les ingénieurs modernes ne respectent plus rien ! Si on les laissait faire, ils combleraient les mers avec les montagnes, et notre globe ne serait qu'une boule lisse et polie comme un œuf d'autruche, convenablement disposée pour l'établissement des chemins de fer[36]. »

Probablement que la plupart d'entre eux ne connaissent pas ou ne veulent pas connaître les cas historiques d'ingénieurs qui se sont élevés contre certaines pratiques qu'ils jugeaient contraires à leurs principes et à leur conscience. Alexandre Grothendieck, un des plus grands mathématiciens du XXe siècle, qui en 1966 reçut la médaille Fields pour ses travaux en géométrie algébrique, représente l'une des figures scientifiques parmi les plus courageuses. Il avait contesté, haut et fort, certains programmes, autant que des formes d'inféodation à la puissance publique ou au régime privé. Il avait fondé, avec d'autres, en 1970, le groupe Survivre et vivre. L'année précédente, Grothendieck avait appris avec indignation que l'Institut des hautes études scientifiques (IHES), dont il contribuait à la renommée internationale, était pour partie financé par l'OTAN *via* le ministère de la Défense nationale français. Il s'efforça de faire annuler cette source de financement. Mais son initiative essuya un refus de la part de sa hiérarchie, à la suite de quoi il démissionna de toutes ses fonctions au sein de l'institution.

Survivre et vivre cherchait, au moment de la guerre du Vietnam, à faire valoir la responsabilité des scientifiques et à interroger le rôle de la science dans la société : « La grande majorité des scientifiques n'hésitent pas à collaborer avec les appareils militaires, directement ou indirectement, se mettant ainsi dans une situation psychologique qui leur rend impossible de prendre conscience des dimensions du péril, et les enferme dans une passivité qui équivaut à une abdication pure et simple devant leur responsabilité vis-à-vis de la communauté[37]. » « Pour Survivre, "le savant, principal ouvrier des progrès technologiques, doit assumer une part majeure des responsabilités dans les abus souvent révoltants qui sont faits de ces progrès, et des périls sans précédent que ces progrès représentent pour l'espèce humaine[38]. » Jean-Pierre Aboulker, un des membres du groupe, avait insisté sur un des enjeux majeurs, soit la définition des programmes toujours plus dictée par de seules considérations économiques : « Le scientifique ne peut plus prétendre que sa recherche améliore le sort de l'humanité, donc qu'elle est intrinsèquement bonne, car la façon dont elle sera effectivement utilisée relève de choix économiques hors de son contrôle[39]. » Dans un esprit similaire, le mouvement Scientists and Engineers for Social and Political Action (SESPA), fondé aux États-Unis en 1969, regroupa des scientifiques et des ingénieurs qui cherchaient à « analyser la dépendance étroite entre l'aspect scientifique et l'aspect politique de la connaissance[40] ».

Il serait temps que ces figures et ces postures héroïques soient davantage connues, et surtout que cette partie de l'histoire des sciences soit enseignée dans les écoles d'ingénieurs. Exigence qui en appelle, plus largement, à l'édification d'un enseignement capable de se défaire du dogme dominant et d'intégrer la pluralité des enjeux que suppose l'exercice de la profession de scientifique ou d'ingénieur. Mais lorsque l'on voit la connivence qui prévaut entre la plupart des institutions et de grandes entreprises privées, on peine à imaginer que les choses puissent, à terme, vertueusement se modifier. Par exemple, ParisTech, Institut des sciences et technologies de Paris, structure regroupant douze grandes écoles d'ingénieurs et de commerce franciliennes, bénéficie du soutien des sociétés Accenture, Orange, Thales, Capgemini, Safran, Parrot, parmi d'autres. On peine à l'imaginer, lorsque l'on voit l'École 42, devenue en quelques années un lieu majeur de formation de programmeurs en France, ne pas être équipée d'une bibliothèque, ni proposer de cours d'humanités. On peine à l'imaginer lorsque l'on voit ses étudiants scotchés jour et nuit face à leurs écrans à taper du code de façon convulsive. On peine à l'imaginer lorsque l'on entend son fondateur avoir pour ambition ultime, concernant son école, de « cracker le système ». Oui, on peine à l'imaginer dans le cadre institutionnel actuel. C'est pourtant d'un enseignement qui cherche à faire des ingénieurs des êtres responsables et dotés d'une autonomie de pensée dont notre société, présente et future, aurait, plus que jamais, besoin.

Il serait urgent de renouer, au sein de ces établissements, avec les humanités au sens classique du terme. Soit la connaissance de textes fondateurs, apte à faire comprendre la part prépondérante du « précédent », pour reprendre le terme d'Ivan Illich[41], dans la constitution de notre culture, et à susciter la formation d'une pensée critique. Exigence qui n'a rien à voir avec les « humanités digitales ». Notion vide de sens qui est apparue au cours des années 2000 et qui détermine de nouvelles pratiques se généralisant au sein de l'Université. Celles ayant, par exemple, inspiré un doctorant en histoire à l'université de Lausanne, Martin Grandjean, également porte-parole d'Humanistica, association qui se consacre aux « humanités numériques ». Sur le site du thésard est notamment publiée une infographie qui recense les liens entre les différents personnages des tragédies de Shakespeare. On peut lire : « Deux personnages sont connectés s'ils apparaissent dans la même scène. La densité du réseau exprime à quel point ils se croisent ; si elle est de 100 %, tous les personnages se rencontrent[42]. » Ah la belle affaire ! Mais ce ne sont pas là des humanités, ce sont des statistiques permettant de visualiser certains faits. Il s'agit d'une usurpation du terme et d'un symptôme qui témoigne plus largement d'une troublante et progressive mathématisation des sciences sociales.

Car qu'est-ce qui se joue dans ces pratiques ? Une dimension strictement utilitariste du rapport à la connaissance. En 2006, le rapport de Margaret Spellings, secrétaire à l'Éducation de l'administration Bush, se prononçait pour un apprentissage privilégiant la maîtrise de qualifications susceptibles d'être exercées dans un cadre professionnel, et ce, au détriment des sciences humaines et des disciplines artistiques. Propension qui ne cesse de se généraliser dans le monde. En Inde, pays de Rabindranath Tagore (1861-1941), prix Nobel de littérature en 1913, qui insistait régulièrement sur la nécessité de se préoccuper du « soin de l'âme », les humanités sont aujourd'hui marginalisées au sein de l'Université. En Grande-Bretagne, les départements d'humanités ont vu, depuis l'ère Thatcher, leurs crédits graduellement se réduire. Aux États-Unis, jusqu'à récemment, les étudiants du supérieur pouvaient suivre, pour la moitié de leur temps, des cours de culture générale. La philosophe américaine Martha C. Nussbaum s'était efforcée de montrer, dans son livre *Cultivating Humanity*[43], l'importance des humanités au sein des collèges et des universités, permettant de se confronter, par le biais d'œuvres, à la pluralité des idées et de l'expérience humaine.

L'avenir de notre civilisation dépend autant de chacun de nous que de la responsabilité en acte des ingénieurs. Soit ils se soumettent aux diktats et aux ambitions sans limites du techno-pouvoir, lui sont inféodés, et soutiennent, par leur compétence et leur implication, l'élaboration de programmes niant l'intégrité humaine. Soit ils décident, en conscience, de s'investir uniquement dans des projets n'adoptant pas de telles logiques. Car un grand ingénieur n'est pas seulement une personne qui détient un grand savoir-faire dans un domaine particulier, il est celui qui sait se dire et dire : « Je ne mettrai pas mon talent au service de cela. » En d'autres termes, nous pourrions affirmer avec José Ortega y Gasset que : « Pour être ingénieur, il ne suffit pas d'être ingénieur[44]. » Il revient à chaque ingénieur de décider d'être un acteur, cherchant, de bonne foi, à participer à l'amélioration de la vie des personnes, et de ne pas se contenter d'être un simple exécutant ne se souciant que d'exercer ses aptitudes et de toucher ses revenus, en s'en remettant, concernant les enjeux éthiques, à des slogans formés par d'autres personnes. Soit un citoyen responsable, parmi d'autres dans la société, voulant s'épanouir dans son activité et contribuant, pour sa part, à enrichir le bien commun. Nous savons que déjà, un peu partout dans le monde, des individus et des groupes d'ingénieurs se lèvent, affirmant haut et fort leur ferme intention de ne pas brader l'intégrité humaine[45].

À l'automne 2015, la Cité des sciences et de l'industrie à Paris m'a proposé de faire partie du comité d'experts chargé de la préparation d'une exposition sur les big data prévue pour la fin 2017, début 2018. J'ai vite compris, au vu des quelques échanges téléphoniques tenus avec une des responsables de l'institution et, avec encore plus d'évidence, à la lecture d'un document qui m'avait été envoyé, que ce projet se résumerait, une fois encore, à l'équation habituelle. Soit le fait de présenter, d'un côté, les inconvénients, principalement la surveillance des populations, et de l'autre, l'étendue des avantages, soit la facilitation tendancielle de la vie. Après une brève réflexion, j'ai envoyé un courriel, faisant suite à un précédent message transmis à la liste des personnalités invitées, manifestant mon refus de m'impliquer dans cette entreprise et d'y apporter ma caution. Ici je fais une chose que jamais je n'ai faite dans un de mes ouvrages : je reproduis mot pour mot le courriel envoyé à l'assemblée.

« Bonjour,

Je vous remercie pour l'envoi du document.

Après l'avoir consulté et après un moment de réflexion, j'ai décidé de décliner votre invitation.

Il est manifeste que cette exposition va prendre une forme panégyrique vantant les multiples perspectives offertes par les big data, mais alertant, comme il se doit, sur les "possibles dangers contre lesquels il faudra apprendre à se prémunir", conformément à une position "mesurée", très française dit-on, et parfaitement conforme à la *doxa* la plus éculée.

Il n'est pas envisageable que je participe, d'une façon ou d'une autre, de près ou de loin, à cette manifestation et que mon nom y soit associé, et ce d'autant que tout un espace sera consacré aux objets connectés, dispositifs contre lesquels je m'oppose frontalement. Car au-delà d'un modèle industriel, c'est un modèle civilisationnel qui est à l'œuvre, fondé sur l'exploitation ininterrompue des données relatives à nos comportements individuels et collectifs en vue d'instaurer une marchandisation intégrale de la vie et une organisation algorithmique de la société.

Non, en aucune manière je ne participerai à une manifestation qui *in fine* va entériner ce mouvement en cours.

Il me semble qu'au train où vont les choses, un projet d'exposition autrement plus pertinent consisterait à interroger, historiquement et au présent, la question cruciale de la responsabilité de l'ingénieur. Elle représente, à mon sens, un des enjeux contemporains décisifs, et peut-être, si je trouve le temps nécessaire, le proposerai-je au Musée des techniques de Berlin ou de Londres, ou à une autre institution. Projet pour lequel je serai disposé à m'impliquer sans retenue et plus encore avec conviction et détermination.

Je vous souhaite le meilleur dans la préparation de cette manifestation,

Bien cordialement,

Éric Sadin[46] »

–5
MAGNIFICENCE DU SENSIBLE

Un soir de février 2016, je me trouvais dans la salle du théâtre de la Ville à Paris. J'étais venu voir la dernière création d'Israel Galvan. Fils de danseurs de flamenco fort connus de Séville, il avait, dès l'enfance, suivi leurs pas, avant de créer sa propre compagnie en 1998. C'est à partir de ce moment qu'il a cherché à mettre en œuvre une danse à la fois singulière, mais s'inspirant de la tradition et de la culture populaire andalouses. Je n'avais, jusqu'à ce jour, assisté à aucune de ses pièces. Je me rends régulièrement à des spectacles de danse. Mon tropisme penche pour des chorégraphes privilégiant l'élaboration de structures formelles et non narratives, tels Merce Cunningham, Trisha Brown, Lucinda Childs, Anne Teresa De Keersmaeker ou William Forsythe, parmi de nombreux autres. Quelques années plus tôt, j'avais lu, lors de sa parution, le beau livre que Georges Didi-Huberman lui avait consacré[47]. L'évocation de sa personnalité, de son projet artistique et de sa grammaire gestuelle avait aussitôt éveillé mon intérêt, mais je ne m'étais pas encore donné l'occasion d'aller découvrir son travail *de visu*. Ce moment était arrivé, l'œuvre présentée ce soir-là s'intitulait *Fla.co.men*, ce qui en espagnol signifie « flamenco à l'envers ». Après le temps usuel d'attente, la lumière s'éteignit progressivement, le brouhaha des conversations déclina au même rythme, le noir et le silence se firent.

Sous le feu des projecteurs, Israel Galvan apparut au milieu de la scène entouré, à une certaine distance, de six musiciens. Il se mit à entreprendre des gestes et des claquements de talons contre le sol qui témoignaient immédiatement d'une virtuosité à couper le souffle. Nous comprenions presque aussitôt, vu leur nature, le titre du spectacle, car il était flagrant que les mouvements ne répondaient pas aux stricts codes du flamenco, mais que ceux-ci en constituaient seulement la base à partir de laquelle s'exprimait toute sa puissance d'inventivité. Un peu à l'instar de William Forsythe, faisant subir des séries de torsions au vocabulaire de la danse classique. Impression qui fut encore confirmée par des notes de musique prenant, de temps à autre, des *tempi* de free jazz. Galvan partait de certaines gestuelles traditionnelles, s'amusait à les faire se succéder selon un ordre qui visiblement n'appartenait qu'à lui, et d'un coup s'en éloignait, s'engageant dans des figures inédites, dessinant parfois des lignes rondes et adoucies fort éloignées du registre du flamenco classique, pour subitement y revenir et se fondre durant un bref instant dans le cœur de la pratique que ses parents lui avaient inculquée.

Une connivence manifeste liait l'ensemble des acteurs évoluant dans une sorte de cabaret au sein duquel tous échangeaient spontanément, parlaient à voix haute ou communiquaient par de simples regards. L'un d'eux se mettait parfois à lancer, par jeu, un défi aux autres, s'engageant dans un exercice de prouesse musicale ou vocale, aussitôt conclu par les applaudissements de ses partenaires, autant que par ceux du public. Cette atmosphère jubilatoire se déroulant sur la scène semblait se répandre, telle une traînée de poudre, à toute l'assistance. Une forme d'allégresse commune était palpable, ayant conduit Galvan à s'approcher de nous et à effectuer des figures au milieu des travées. Durant le final, tous s'engagèrent, de concert, dans une séguedille, une danse espagnole traditionnelle, au rythme d'une mélodie *a cappella*. La partition achevée, les musiciens se retirèrent sur la pointe des pieds, comme un clin d'œil au ballet classique, laissant alors Galvan seul, tournoyer sur lui-même, habillé d'une robe andalouse.

Plus qu'un spectacle, c'était tout à la fois un hommage rendu à un certain legs, l'affirmation en actes de la singularité absolue de chacun des protagonistes et l'expression d'une inventivité permanente. C'était un moment de grâce. Ce soir-là, alors que j'étais au cœur de la rédaction de ce livre, je m'étais fait la réflexion qu'il s'était manifesté là une puissance de vie et de créativité se déployant dans une totale liberté, une fraternité et une joie qui avaient fini par tous nous gagner. Il me semblait comprendre, avec davantage d'évidence, à quoi tiennent certaines séquences intenses et heureuses de l'existence : à l'exaltation de toutes les virtualités du corps et de l'esprit, seul ou avec les autres.

Bien sûr, on ne peut prolonger indéfiniment ces instants-là, mais il faut savoir saisir leur valeur, et chercher à les cultiver autant que possible. Il nous faut les cultiver, plus encore, les chérir, pour la seule raison qu'ils témoignent de toutes les possibilités que nous offrent nos sens dans nos rapports au monde, aux autres et à soi. Or, c'est précisément cette richesse infinie du sensible que le technolibertarisme ruine actuellement, travaillant à contingenter notre relation au réel à l'intérieur d'un nombre restreint de modalités. Car l'éradication du sensible représente l'un des objectifs majeurs du programme siliconien, vu qu'il compte embrigader l'expérience humaine au sein des dispositifs qu'il conçoit.

Mark Zuckerberg, plutôt que de nous voir assis sur les bancs de l'université au contact des professeurs et des étudiants, plutôt que de nous voir assister à des manifestions culturelles ou sportives, plutôt que de nous voir consulter un médecin dans son cabinet, voudrait, à terme, insérer ces moments du quotidien, et bien d'autres, au sein de casques de réalité augmentée développés par la société qu'il a acquise en 2014, Oculus : « Imaginez des places de premier choix à un match, une salle de classe avec des étudiants et des professeurs du monde entier, une consultation face à face avec un médecin ou des courses dans un magasin virtuel[48]. »

L'unidimensionnalité, dénoncée par Marcuse au cours des années 1960, qui désignait des comportements s'ajustant aux lois édictées par la société de consommation, prend ici une tout autre mesure. C'est l'expérience qui se trouve estropiée, réduite à une seule dimension et n'appréhendant le réel qu'au prisme de pixels. L'unidimensionnalité ne renvoie plus à des pratiques répondant plus ou moins en chœur à de mêmes logiques, mais à un mode de perception excluant *de facto* tous les autres.

Notre expérience est appelée à se trouver emmurée au sein de procédés de réalité dite « augmentée », étant d'ores et déjà sans cesse plus orientée par des équations algorithmiques issues de schémas logiques et abstraits, incapables de rendre compte de la pluralité des dimensions constitutives de la vie et du réel. Encadrement qui concourt à inscrire l'existence dans une seule vocation utilitariste, ce que Martin Buber nommait le « Je-Cela » : « Dans son célèbre essai *Je et Tu*, publié pour la première fois en 1923, Buber y établissait la distinction centrale entre le couple Je-Tu et le couple Je-Cela. Dans le premier, le rapport à autrui se fait sur le mode de la présence vivante immédiate, en face à face, et dans une relation de réciprocité absolue : "Mon *Tu* agit en moi comme j'agis en lui." En revanche, dans le rapport Je-Cela, l'autre n'est plus perçu dans son altérité et sa singularité, mais comme un objet, une chose inscrite dans le monde environnant, un moyen en vue d'une fin[49]. »

Ce rétrécissement de notre horizon organisé à de seules fins de profits constitue une négation d'une part fondamentale de nous-mêmes, et à ce titre nous devons nous y opposer. Contre cette entreprise de désincarnation, la seule posture un tant soit peu conséquente consiste à continuer de jouir, sans retenue, des ressources infinies du sensible. Contre les casques de Zuckerberg et toutes les technologies siliconiennes apparentées, nous devons affirmer notre joie de profiter des potentialités inépuisables offertes par nos sens, dans la rencontre concrète du réel et de tous les autres corps. Celle éprouvée par Israel Galvan et ses partenaires qui, dans la pratique de leur art et à coup sûr dans leur quotidien, ridiculisent, dans le ravissement, les tenants de l'« augmentation de la vie ». Le respect du sensible représente un facteur de dignité et d'intégrité dans la mesure où il rend hommage à la pluralité des dimensions qui nous constituent, participant de notre bon équilibre, d'ordre biologique, psychologique, existentiel et social : « J'avance ici le concept d'équilibre multidimensionnel de la vie humaine[50]. »

L'importance sans cesse croissante des écrans dans nos sociétés depuis les années 1990 s'inscrit dans la longue lignée historique occidentale ayant accordé un privilège suprême à la vue, considérée comme le sens majeur supposé assurer la plus grande maîtrise des choses. William James, dans ses *Essais d'empirisme radical*[51], voulait rendre justice à la multiplicité des sources de la sensation, seule capable de se confronter à toute la diversité du monde, à l'écart des formules abstraites et restrictives régissant la vie des êtres dans la civilisation moderne. Il célébrait ce qu'une partie de la tradition rationaliste nous a dérobé, à savoir l'épreuve maintenue du sensible faite de repères matériels et humains grâce auxquels nous pouvons, individuellement et collectivement, nous orienter, étant pleinement au contact du réel. Il faut défendre le sensible parce qu'il représente la condition *sine qua non* d'une expérience non encadrée, non bornée, et de son corollaire, l'usage de notre liberté de jugement et d'action.

Célébrer le sensible ce n'est pas, conformément à des clichés, se promener ou vivre dans les bois tel Henry David Thoreau dans *Walden*, ou faire de la randonnée en montagne, bien que ce soient là des modalités, parmi tant d'autres, de l'éprouver sous de multiples facettes. C'est avant tout se soucier d'accorder une pleine attention à son milieu, aux autres, à soi, sachant que certaines dimensions nous échapperaient si nous étions soumis à un registre limité de perception. Ce que Simone Weil, dans *L'Enracinement* (1943), nommait le fait de « se ré-enraciner », c'est-à-dire prendre en compte tous les aspects concrets de son environnement immédiat. Par exemple, celui de l'atelier ou de l'usine, permettant alors de se déterminer en conscience et d'établir des relations réciproques aux autres fondées sur des référents tangibles partagés. Exactement ce dont une partie du monde du travail prive aujourd'hui tant de personnes, cherchant à orienter, de façon unilatérale et asymétrique, leurs gestes d'après des équations abstraites et impersonnelles.

Contre ce dessein qui entend appauvrir et enrégimenter l'expérience humaine, doit être affirmée, sans concession, notre aspiration à faire valoir la multiplicité de notre être : « Nous avons parlé à plusieurs reprises d'allures de la vie, préférant dans certains cas cette expression au terme de comportement pour mieux faire sentir que la vie est polarité dynamique[52]. » C'est cela notre civilisation, le respect de la pluralité de la vie autant que celle des modes d'existence. Cette pluralité qui est naturellement en droit de s'exprimer tant qu'elle ne porte pas atteinte à autrui. Cette pluralité que nous devons sauvegarder et chérir contre le réductionnisme mortifère du technolibertarisme. Cette pluralité qui, selon Montaigne, constitue la plus grande richesse de l'être humain « ondoyant et divers ».

Dans nos sociétés si régulées, visant le contrôle et l'optimisation de toute situation, l'usage délibéré et revendiqué de nos sens revient à mettre à distance ces logiques toujours plus dominantes et asphyxiantes. Il revient à accepter la part d'incertitude, d'inattendu, d'ambiguïté propre au réel, et à admettre qu'il nous excède, finissant toujours par se dérober à notre acharnement à tenter de le contenir. C'est ce réel-là qui constitue le fond de notre condition. Il appelle l'engagement de l'action dans le risque, permettant *in fine* d'exercer sa responsabilité et de se réaliser en tant qu'être singulier et autonome. La défense du sensible et sa célébration sous toutes les formes possibles manifeste notre volonté légitime de vivre en n'étant amputé ou spolié d'aucune partie de nous-mêmes, en disposant de toutes nos facultés, aptes ainsi à agir en toute indépendance. C'est à partir de ce principe que peut avoir lieu le vivre-ensemble, dans la mesure où la société fait communauté sur des bases ne restreignant pas les possibilités de chacun.

En cela, la sauvegarde, plus encore, l'exaltation du sensible témoignent d'une bonne santé existentielle individuelle et collective. Celle qui, par exemple, autorise, en toute liberté, Israel Galvan à tournoyer sur lui-même en robe andalouse et à être, dans une allégresse partagée, applaudi par tous. Celle qui doit tout autant nous permettre, si nous le souhaitons et sans léser quiconque, d'oser toutes les expressions audacieuses de notre corps et de notre esprit, faisant preuve, chacun à notre mesure, de notre indomptable singularité, éprouvant la joie de pleinement exister dans toute la puissance de notre être.

CONCLUSION

-

GLOIRE DE LA LIMITE

L'imposition d'interdits représente la condition nécessaire à toute existence individuelle et collective viable. Pour la seule raison que la fixation de bornes offre des repères à chacun, évite de s'égarer et d'être confronté à une confusion possiblement destructrice. Claude Lévi-Strauss, dans *Les Structures élémentaires de la parenté* (1949), avait identifié la prohibition de l'inceste comme un principe à l'œuvre dans toutes les cultures, constituant un invariant anthropologique. Norme qui bannit les relations sexuelles entre les personnes unies par un lien de parenté, que ce soit celui de la filiation, de la consanguinité ou de l'alliance. Elle formerait l'un des soubassements de la société dans la mesure où, par son décret institué ou implicite, les individus ont été tenus d'entretenir des rapports au-delà du strict cadre endogène du clan, inscrivant une partie de leur existence à l'intérieur d'un environnement tout autant fait de liens exogamiques.

Plus largement, de nombreux interdits structurent historiquement les civilisations. Toutes ont proscrit le meurtre, la violence gratuite et le vol. Dieu donna à Moïse, sur le mont Sinaï, les Tables de la Loi, qui comprennent, parmi les Dix Commandements, sept injonctions relevant du défendu. Préceptes fondamentaux repris par les monothéismes et supposés revêtir une valeur universelle. Dans l'Antiquité classique, les Grecs, bien avant l'avènement de la philosophie rationaliste de Platon, considéraient l'édification de limites comme le fondement de la cité. Les tragédies d'Eschyle et de Sophocle font état des drames qui se jouent lorsque certaines lignes, en dépit du bon sens, sont franchies. Elles racontent les malheurs qui finissent toujours par s'abattre lorsque les hommes entendent violer l'ordre naturel des choses. Il se produit, inévitablement, la catastrophe, voyant des êtres en proie à leur passion dévorante faire preuve d'*hubris* et devant tôt ou tard subir la juste punition que les dieux leur infligent.

Car la limite, c'est à la fois la conscience et la preuve sans cesse renouvelée que nombre de choses nous excèdent et que le réel ne peut s'ajuster à tout instant à notre volonté. Sa prise en compte revenant à se ranger au principe de réalité, nous permettant de ne pas nous illusionner quant à l'étendue de notre puissance. L'expérience des contraintes inhérentes à l'existence structure de part en part notre psyché. On sait, notamment depuis les travaux de Jean Piaget, que l'enfant se construit grâce aux cadres définis par les parents et les autres personnes chargées de son éducation, autant que par les bordures contre lesquelles il se cogne lors de l'exploration progressive de son milieu. Lorsque les règles élémentaires sont méprisées, qu'on ne s'y conforme plus, alors le trouble psychologique gagne, la folie peut poindre, et le meurtre en est souvent l'expression formelle, à l'instar des actes commis par Raskolnikov dans *Crime et Châtiment* de Dostoïevski. Il en va des individus comme des sociétés. Lorsque, au cours de l'histoire, ces dernières n'ont pas respecté les principes qu'elles avaient su se fixer, elles ont vu s'effondrer les institutions qui, jusque-là, étaient chargées de les garantir, et les peuples être spoliés ou anéantis.

Lorsque, par exemple, la passion du pouvoir et la volonté de s'en emparer ou de le conserver à tout prix prévalent sur le fait d'exercer des responsabilités dans l'intérêt général, on voit les rois, dans les tragédies de Shakespeare, se perdre dans des luttes intestines, manigancer des assassinats, déclarer des guerres et répandre la désolation. Lorsque la démesure s'empare des esprits et se propage sur toute une nation, de terribles événements, inexorablement, adviennent. Telle la Grande Guerre de 1914 voyant, quasi quotidiennement, de part et d'autre du front et durant plus de quatre années, des milliers de soldats perdre la vie. Tel le nazisme qui, à partir du moment où il se saisit des commandes, a cherché à transformer le monde d'après les fantasmes de ses chefs en niant les valeurs fondatrices qui primaient jusque-là.

Généralement, les limites sont franchies sous l'effet de trois poussées. La soif débordante de pouvoir, qui conduit à se fourvoyer dans des actions méprisant les normes en vigueur en vue d'arriver à ses fins. L'avidité, qui pousse à ne plus se soucier des règles, à abuser des autres et à dissimuler des faits répréhensibles. Et, plus rarement, le refus d'accepter sa finitude, manifestant une sorte de « révolte métaphysique » à vouloir outrepasser la condition humaine, à l'instar du personnage de Faust. Trois pulsions qui agissent, la plupart du temps, indépendamment les unes des autres, qui parfois voient les deux premières se superposer et, lors de cas exceptionnels, les trois marcher de concert.

Or, c'est exactement à la conjugaison de ces trois ambitions que procède le technolibertarisme : volonté de toute-puissance, névrose de l'enrichissement perpétuel et déni de l'imprévisibilité du réel et de la mort. Facteurs qui ne s'additionnent pas, mais qui se potentialisent entre eux comme il est dit en médecine. C'est-à-dire que leurs effets néfastes se démultiplient au croisement des autres, faisant d'ores et déjà céder de nombreuses digues de toutes natures en un temps réduit, entraînant une conséquence majeure: la soudaine perte de repères à tous les niveaux de la société. Ce qui aujourd'hui rend possible ce tremblement de terre, c'est l'avènement des technologies de l'exponentiel. L'expression supposant que les frontières jusque-là tracées n'ont plus de raison d'être, que toutes, un jour ou l'autre, sont appelées à être franchies.

Nous aurions tort de voir là un mouvement somme toute récent et subitement massif. Car il remonte à loin, il prend son origine dans l'humanisme européen et les Lumières. Période de l'histoire qui a cherché à faire valoir la singularité de chaque individu et la possibilité de s'émanciper de certains déterminismes à partir de la libre expression de soi. L'éducation et la diffusion du savoir en étaient les vecteurs décisifs. Ce fut le moment de rapides et continuels progrès de la connaissance. Il se produisit alors un phénomène qui, jusqu'à présent, n'a pas été pleinement saisi, et qui se déploya graduellement et presque insensiblement durant un siècle. Il eut lieu entre les débuts de la révolution industrielle, vers les années 1850, et la fin de la Seconde Guerre mondiale. Cet événement déterminant de la modernité occidentale fut la substitution progressive de l'aspiration des humains à exprimer l'infinité de leurs possibilités et à déchiffrer les énigmes inépuisables de la vie par la volonté d'explorer tous les recoins du monde à des fins personnelles en ne s'embarrassant d'aucune limite.

L'infinité, c'est Léonard de Vinci qui entendait, par sa curiosité insatiable et la puissance de son esprit et de son inventivité, s'aventurer dans des domaines inédits du savoir, mener des expérimentations de toutes sortes et faire profiter l'humanité de ses recherches. L'infinité, c'est Alexander Fleming qui, par un effet de sérendipité, découvrit et démontra qu'une moisissure synthétisait une substance antibactérienne, la pénicilline, qui permit par la suite de sauver un nombre incalculable de vies. L'infinité, c'est le mouvement de l'Histoire actionné par des êtres qui, par la réalisation de leur passion, modifient favorablement un certain état des choses. En d'autres termes, l'infinité, c'est la chance qui est offerte à chacun de contribuer singulièrement, grâce à sa créativité, à la richesse du bien commun. Elle libère une force positive de vie.

Les manufactures de Manchester qui, dans la seconde moitié du XIXe siècle, contraignaient les corps en vue d'assurer la production la plus volumineuse de biens, ou la bombe atomique qui allait foudroyer, en quelques instants, la ville d'Hiroshima le 6 août 1945 et celle de Nagasaki trois jours plus tard, ne correspondent pas à cette glorieuse quête humaine de l'infinité. Elles témoignent de la volonté d'agir conformément au principe de l'illimité, c'est-à-dire de considérer que tout peut être fait, sans aucune restriction technique ou morale, pour assouvir certains buts particuliers. La réalisation d'une action dédaignant toute limite procédera nécessairement, à un moment ou un autre, d'une négation d'autrui. En cela, l'illimité stimule une force négative, il excite une pulsion de destruction et de mort.

À ses prémices, l'humanisme européen manifestait une soif d'émancipation individuelle et collective appelée à se déployer et à se renouveler indéfiniment. Mais il portait en germe son contraire, car, dans le mouvement d'exploration ininterrompue qu'il a enclenché, et dans les discours qui l'accompagnaient, il ne s'est pas soucié d'opérer la subtile, mais décisive distinction entre l'infinité de la puissance de l'esprit humain et notre propension naturelle à vouloir nous affranchir de toute limite. Toute avancée était supposée être vertueuse et conduire l'humanité vers le meilleur. Credo à l'origine de l'idéologie du progrès qui a libéré, notamment par des innovations techniques, une volonté de puissance et de domination. Lewis Mumford, dans sa fresque *Les Transformations de l'homme*, publiée en 1956, soutenait que « par sa confiance excessive dans la technique et l'automatisme, notre génération a commencé à perdre le secret d'éduquer l'humanité de l'homme. L'un des problèmes vient de la disparition de toute limite, du triomphe complet "de la démesure et de l'orgueil"[1] ».

Le projet humaniste a fini par se retourner contre lui-même, confondant le souhait légitime de travailler à une amélioration des choses à partir des capacités de chacun, avec la volonté de bannir toute frontière afin de répondre à de seules ambitions personnelles. Il est allé jusqu'à faire de cette libre expression du désir, quelle que soit sa visée, son ethos, cherchant à conquérir, sans ménagement, tous les territoires possibles, ceux de la Terre, de l'Espace, et de la vie, conformément à la « loi d'illimitation propre à la société moderne[2] ».

Les ravages écologiques dus à l'exploitation irréfrénée des ressources naturelles sont la conséquence d'un dépassement de limites. Le réchauffement climatique est la conséquence d'un dépassement de limites. L'exploitation des êtres à des fins utilitaristes, et tous les dégâts sur les corps et les esprits qu'elle ne cesse de provoquer, sont la conséquence d'un dépassement de limites. « Un homme, ça s'empêche » disait Camus ; nous pourrions ajouter : ce n'est pas seulement chaque être qui doit s'empêcher, mais la société tout entière. Ce sont les civilisations qui doivent s'empêcher, au risque de sombrer dans le chaos.

Theodor Adorno et Max Horkheimer, dans *La Dialectique de la Raison* (1944), s'étaient, au sortir de la Seconde Guerre mondiale, rendus à la conclusion que l'*Aufklärung*, les Lumières, s'étaient perverties. Plus d'un demi-siècle plus tard, nous devons constater que leur impulsion originelle se trouve encore et autrement défaite par le technolibertarisme qui en est issu. Porté par les technologies de l'exponentiel, il s'engage de toutes ses forces dans un nouveau continent tenu pour illimité, celui de la vie, voulant faire de l'exploitation du moindre de nos souffles l'objet de sa conquête ultime, aux antipodes de son projet originel. Nous savons par l'exemple – même si l'Histoire ne se répète jamais à l'identique – que, lorsque de nombreuses barrières sont franchies en un temps réduit et quasi simultanément pointe le risque de voir une tragédie de Sophocle se rejouer, non plus sur les beaux rivages antiques de la Méditerranée, mais à l'échelle du monde et jusqu'à la psyché des individus.

Cet humanisme qui s'est égaré en chemin, qui s'est laissé aller à la plus grande confusion et qui, de surcroît, a été à l'origine de tant de drames, nous ne devons pas pour autant renoncer au bel élan qui l'animait. Tout au contraire, nous devons, plus que jamais, renouer avec sa lumineuse aspiration, celle qui entendait favoriser l'autonomie des êtres et la libre expression de leurs capacités. En d'autres termes, nous devons œuvrer, contre le fatalisme, les égoïsmes et le cynisme, à l'avènement d'un nouvel humanisme. Un humanisme de notre temps, qui s'efforce de remplacer le programme de la conquête ininterrompue et à terme mortifère du monde et de la vie, par la célébration de notre puissance d'inventivité, sous toutes les formes possibles, condition première de notre épanouissement individuel et collectif. Nous devons œuvrer à un nouvel humanisme fondé sur la disposition singulière de chacun à enrichir le bien commun, qui fasse du respect de l'intégrité et de la dignité humaines, mais aussi de la diversité de notre environnement, sa charte fondamentale.

C'est cela la *common decency*, cette décence qui, en théorie, réside en chacun de nous et qui était louée par George Orwell. L'« homme ordinaire », auquel il se référait régulièrement, n'est pas une personne résignée à accepter sa modeste condition et son manque d'ambition. C'est tout simplement un être qui peut agir librement et en conscience tant qu'il ne fait pas violence aux autres, à la société, à lui-même, tant qu'il n'ébranle pas les bases fondamentales sur lesquelles repose notre équilibre. C'est cela notre décence –et notre honneur–, le fait de savoir que l'horizon de la vie et du monde est infini, que nous pouvons et que nous devons l'arpenter, mais sans porter atteinte à quiconque ni altérer l'harmonie de notre milieu. C'est la condition de l'exercice de notre liberté, mais sans que jamais nous ne confondions le ravissement d'être debout et d'exprimer toute notre puissance d'exister avec le fait de nous laisser dévorer par nos propres ambitions pour finir par emporter les autres, ou l'humanité tout entière, dans notre démesure. Soit le fait de faire scintiller, seul ou avec ses semblables, à partir de la conscience du tragique de notre condition, toutes nos virtualités, témoignant de la richesse irréductible et inépuisable de chaque vie humaine et de notre amour infini de la vie.

NOTES

INTRODUCTION
MALAISE DANS LA CIVILISATION ET LUMIÈRE ÉCLATANTE DU PACIFIQUE

1. Jean Baudrillard, *Amérique*, Le Livre de Poche, 1988, p. 105.
2. « Le consultant d'A.T. Kearney, Hervé Collignon, qui vient de consacrer une étude à l'Internet des objets, affirme que "l'enjeu est maintenant de faire grossir ces start-up et d'industrialiser leurs innovations en les associant à des poids lourds européens. Car la connectivité qui s'immisce partout, c'est juste la phase 2 à la puissance 10 d'Internet. Il ne faut pas rater le train cette fois". » Liza Kroh, « French Tech : label affaire », *Libération*, 5 janvier 2016.
3. « Il faut se caler sur ce que fait la Silicon Valley, affirme Paul-Francois Fournier, de la BPI. » *Ibid.* La BPI, la Banque publique d'investissement ou Bpifrance, établissement public, affecte des fonds de soutien à l'attention des start-up et de la « French Tech », pour un budget dédié qui s'élevait, lors sa création en 2012, à 600 millions d'euros et qui a été porté à 1,4 milliard d'euros annuels en 2016.
4. Cf. certains articles ou ouvrages qui affirment à tort que la classe politique serait « à la traîne » du mouvement général de l'« innovation » numérique, ou même qu'elle ne « comprendrait pas grand-chose aux mutations technologiques contemporaines ». Postulat erroné qui suppose d'abord que la vérité se situe du côté de ceux qui auraient compris et intégré la nature de ces évolutions, et qui occulte ensuite le récent et vif volontarisme des responsables politiques à soutenir, par des fonds publics, le développement de l'« économie de la donnée ».
5. Dan Sperber, *La Contagion des idées. Théorie naturaliste de la nature*, Odile Jacob, 1996.
6. Sur la notion de « psychosociologie », cf. Gilbert Simondon, *Sur la technique*, PUF, 2014.
7. Thomas S. Kuhn, *La Structure des révolutions scientifiques* [1962], Flammarion, « Champs », 2008.
8. Howard Zinn, *Une histoire populaire des États-Unis de 1492 à nos jours*, Agone, 2002.
9. Michel Foucault, *Leçons sur la volonté de savoir*, Gallimard-Seuil, 2011, p. 47.

10. Jacques Ellul, *La Technique ou l'Enjeu du siècle* [1954], Economica, 2008, p.121-123.
11. Francis Ponge, « Des raisons d'écrire » [1929-1930], in *Proêmes*, Gallimard, 1948.

–I
GENÈSE ET ESSOR DE LA SILICON VALLEY : DES GRATEFUL DEAD À GOOGLE X

1. Barney Hoskyns, *San Francisco. 1965-1970, les années psychédéliques* [1997], Le Castor Astral, 2007, p. 14.
2. *Ibid.*, p. 6.
3. Peter Braunstein, Michael William Doyle, *Imagine Nation : The American Counterculture of the 1960's and 70's*, Routledge, 2002, p. 10.
4. Charles Wright Mills, *L'Imagination sociologique* [1959], La Découverte, 2006.
5. Herbert Marcuse, *L'Homme unidimensionnel* [1964], Minuit, 1968.
6. Timothy Leary, Richard Alpert, Ralph Metzner, *L'Expérience psychédélique* [1964], Édilivre, 2012.
7. Ken Kesey, *Vol au-dessus d'un nid de coucou* [1962], Stock, 1976.
8. Aldous Huxley, *Les Portes de la perception* [1954], 10/18, 2001.
9. Tom Wolfe, *Acid test* [1968], Le Seuil, 1975.
10. Sur l'histoire de Steward Brand, du *Whole Earth Catalog*, de leur apport à la contre-culture et de leur influence sur les développements de l'informatique personnelle, cf. Fred Turner, *Aux sources de l'utopie numérique. De la contre-culture à la cyberculture, Stewart Brand, un homme d'influence* [2006], C&F éditions, 2012.
11. Ralph Emerson, *Self-Reliance*, 1841. Traduit sous le titre *La Confiance en soi, et autres essais*, (Rivages, 2000).
12. Sur le collectif des Diggers, cf. Alice Gaillard, *Les Diggers. Révolution et contre-culture à San Francisco (1966-1968)*, L'échappée, 2014.
13. Erving Goffman, *Asiles. Études sur la condition sociale des malades mentaux et autres reclus* [1961], Minuit, 1968.
14. Howard Becker, *Outsiders. Études de sociologie de la déviance* [1963], Métailié, 2012.

15. Alice Echols, *Shaky Ground: The '60s and Its Aftershocks*, Columbia University Press, 2002, p. 48.

16. Barney Hoskyns, *San Francisco. 1965-1970, les années psychédéliques, op. cit.*, p. 10.

17. Cf. Clark Kerr, *The Uses of the University* [1963], Harvard University Press, 2001.

18. Umberto Eco, *Apolacypse Postponed* [1964], Indiana University Press, 1994, p. 124.

19. Sur Vannevar Bush, ingénieur et chercheur au Massachusetts Institute of Technology (MIT), conseiller scientifique du président Roosevelt, et théoricien précoce de l'hypertexte, qui structurera plus tard l'Internet, cf. G. Pascal Zachary, *Endless Frontier: Vannevar Bush, Engineer of the American Century*, MIT Press, 1999.

20. « Le garage est un peu un mythe. Nous n'y avons rien conçu, pas de maquette, pas de prototype ou de planification de produits. Nous n'y avons rien fabriqué. Le garage ne servait pas à grand-chose, si ce n'est à nous sentir chez nous. » Brandon Lisy, « Steve Wozniak on Apple, the Computer Revolution, and Working With Steve Jobs », *Bloomberg*, décembre 2014 [www.bloomberg.com/news/articles/2014-12-04/apple-steve-wozniak-on-the-early-years-with-steve-jobs].

21. « Presque dès les débuts de la civilisation, nous pouvons le constater maintenant, deux technologies ont existé côte à côte : l'une "démocratique" et dispersée, l'autre totalitaire et centralisée. » Lewis Mumford, « Pour une technologie démocratique », *La Table Ronde*, septembre 1963.

22. Steward Brand, « Spacewar: Fanatic Life and Symbolic Death among Computer Bums », *Rolling Stone*, 7 décembre 1972.

23. Marshall McLuhan, *Pour comprendre les médias. Les prolongements technologiques de l'homme* [1968], Points, 1977, p. 37.

24. Fred Turner, *Aux sources de l'utopie numérique, op. cit.*, p. 85.

25. Cf. Richard Buckminster Fuller, *Ideas and Integrities: A Spontaneous Autobiographical Disclosure* [1963], The Macmillan Company, 1969.

26. *Ibid.*, p. 98.

27. Bruce Sterling, *Les Mailles du réseau* [1988], Denoël, 1990.

28. Richard Barbrook et Andy Cameron, *The Californian Ideology*, Mute, 1995.

29. Le High-Performance Computing Act, adopté en novembre 1991 et initialement proposé par le sénateur Al Gore, avait pour objectif de « préserver le leadership américain dans le domaine des technologies

de l'information et de la communication, en établissant un réseau national à haut débit pour la recherche et l'éducation ».

30. Bill Clinton et Al Gore, « Technology for America's Economie Growth. A New Direction to Build Economic Strength », 22 février 1993.

31. Cf. Howard Rheingold, *Les Communautés virtuelles. Les autoroutes de l'information, pour le meilleur ou pour le pire ?* [1993], Addison Wesley France, 1996.

32. John Barlow, *A Declaration of the Independence of Cyberspace*, Electronic Frontier Foundation, 1996 [www.eff.org/fr/cyberspace-independence].

33. Kevin Kelly, *New Rules for the New Economy*, Penguin Books, 1999, p. 6.

34. Peter Thiel, *De zéro à un. Comment construire le futur* [2014], J.-C. Lattès, 2016, p. 28.

35. [www.europarl.europa.eu/summits/lis1_fr.htm]

36. Kevin Kelly, *Out of Control: The New Biology of Machines, Social Systems, & the Economic World*, Basic Books, 1995, p. 189.

37. Dispositif mis en œuvre en 2003 aux États-Unis qui visait la collecte de la quasi-totalité des informations relatives aux individus, portant sur nombre de leurs activités, afin de procéder par recoupements à la plus grande définition de leur comportement. Le projet a dû être abandonné suite à l'opposition de nombreux parlementaires et associations du pays.

38. Sur l'« hiver » de l'intelligence artificielle, cf., particulièrement, Daniel Crevier, *À la recherche de l'intelligence artificielle* [1993], Flammarion, 1997.

39. Sur la gestion de pans de plus en plus étendus de l'activité humaine par des systèmes dits « intelligents », je renvoie à mon ouvrage, *L'Humanité augmentée. L'administration numérique du monde*, L'échappée, 2013.

40. Les citations qui suivent sont extraites d'articles ou de communiqués de presse. La liste de toutes les références aurait été trop longue à mentionner. En outre, seulement certaines d'entre elles ont été retenues, l'énumération étant ici loin d'être exhaustive. Pour un aperçu détaillé, cf. [www.usine-digitale.fr/article/tour-du-monde-les-10-autres -silicon-valley.N228119].

41. [www.lafrenchtech.com/content/les-metropoles-french-tech]

42. Paul Hermelin, Emmanuel Ethis, Olivier Py, « Pour une "Silicon Valley" de la culture en Provence », *Le Monde*, 21 avril 2016.

43. Cf. Fernand Braudel, *La Dynamique du capitalisme*, Arthaud, 1985.

–II
LA SILICON VALLEY : UNE « VISION DU MONDE »

1. *Silicon Valley*, série créée par Mike Judge et produite par HBO ; la première saison a été diffusée en 2014.
2. Séquence visible dans le film *Steve Jobs* (2015), réalisé par Danny Boyle, d'après un scénario d'Aaron Sorkin, tiré de la biographie de Walter Isaacson, *Steve Jobs* [2011], Le Livre de Poche, 2012.
3. Sur l'intrication entre la technique et le religieux dans la tradition américaine, cf. Dominique Lecourt, *L'Amérique entre la Bible et Darwin* [1992], PUF, « Quadrige », 1998.
4. François Jarrige, *Technocritiques. Du refus des machines à la contestation des technosciences*, La Découverte, 2014, p. 126.
5. Luc Boltanski et Ève Chiapello, *Le Nouvel Esprit du capitalisme*, Gallimard, 1999, p. 58.
6. Carl Gustav Jung, *L'Âme et la Vie*, Le Livre de Poche, 2008, p. 300.
7. Notion énoncée par Romain Rolland qui nomme l'impression ou la volonté de se sentir en unité avec l'univers ou avec ce qui est « plus grand que soi ». Freud la reprendra dans *Malaise dans la civilisation* (1930), et la définira à son tour comme « un sentiment d'union indissoluble avec le grand Tout, et d'appartenance à l'universel ».
8. Peter Thiel, *De Zéro à un. Comment construire le futur*, *op. cit.*, p. 10.
9. Kevin Kelly, *Out of Control*, *op. cit.*, p. 25-26.
10. Cf. Francis Fukuyama, *La Fin de l'histoire et le dernier homme* [1992], Flammarion, 2009.
11. *Courrier international*, dossier « Internet plus fort que les États, Au pays de Facebook », 23 juillet 2015.
12. Teilhard de Chardin, *Le Phénomène humain* [1955], Le Seuil, 2007, p. 17.
13. Demis Hassabis, *Nature*, 23 février 2012.
14. Guillaume Grallet, « Dans le cerveau de Google », *Le Point*, 21 mai 2015.
15. Peter Thiel, *De Zéro à un*, *op. cit.*, p. 192.
16. [hightech.bfmtv.com/produit/une-intelligence-artificielle-malveillante-pourrait-elle-detruire-l-humanite-975177.html]

17. Dimension que j'ai explorée dans le cadre d'une fiction, *Softlove* (Galaade, 2014), qui voit un assistant numérique conseiller en toute occasion la personne dont il a la charge et qui, en outre, éprouve secrètement des sentiments à son égard.

18. René Descartes, *Discours de la méthode*, deuxième partie.

19. [www.objetconnecte.net/objets-connectes-changer-vies-2207]

20. Norbert Wiener, *Cybernétique et société. L'usage humain des êtres humains* [1950], Le Seuil, « Points », 2014, p. 11.

21. Proudhon, par exemple, affirmait le primat absolu de la liberté : « Voilà tout mon système : liberté de conscience, liberté de la presse, liberté du travail, liberté du commerce, liberté de l'enseignement, libre concurrence, libre disposition des fruits de son travail et de son industrie, liberté à l'infini, liberté absolue, la liberté partout et toujours ! » (Profession de foi aux élections législatives de 1848).

22. Robert Nozick, *Anarchie, État et Utopie* [1974], PUF, « Quadrige », 1988, p. 9.

23. Selon l'état de nature décrit par Locke, les individus se trouvent dans un « état où ils sont parfaitement libres d'ordonner leurs actions, de disposer de leurs biens et de leurs personnes comme ils l'entendent, dans les limites du *droit naturel*, sans demander l'autorisation d'aucun autre homme ni dépendre de sa volonté ». *Traité du gouvernement civil*, sect. 4.

24. Sur l'ordolibéralisme, cf., notamment, Pierre Dardot et Christian Laval, *La Nouvelle Raison du monde. Essai sur la société néolibérale*, La Découverte, 2009, et *Ce cauchemar qui n'en finit pas. Comment le néolibéralisme défait la démocratie*, La Découverte, 2016.

25. Serge Audier, *Néolibéralisme(s). Une archéologie intellectuelle*, Grasset, 2012, p. 322.

26. Pierric Marissal, « Patri Friedman, petit-fils de…, flotte en eau ultralibérale », *L'Humanité*, 3 septembre 2014. [www.humanite.fr/patri-friedman-petit-fils-de-flotte-en-eau-ultraliberale-550733]

27. Ayn Rand, *La Grève : Atlas Shrugged* [1957], Les Belles Lettres, 2011.

28. [www.numerama.com/tech/161094-et-si-google-creait-sa-propre-ville-avec-ses-propres-regles.html]

29. Friedrich Hayek, *La Constitution de la liberté*, Litec, 1994, p. 30.

30. Sur le concept de « gouvernementalité » forgé par Michel Foucault, cf. *Sécurité, territoire, population. Cours au Collège de France* (1977-1978), Le Seuil, 2004.

31. Martin Ford, *The Lights in the Tunnel : Automation, Accelerating Technology and the Economy of the Future*, Acculant Publishing, 2009.

32. Lillian Cunningham, « Accenture CEO Explains Why He's Overhauling Performance Reviews », *The Washington Post*, 23 juillet 2015.

33. Cf., sur le guidage robotisé des gestes en entreprise, Marie Gueguen, « Les damnés de l'hyper », *Philosophie Magazine*, n° 90, juin 2015, et Naïké Desquesnes, « Cours Rebecca. Entretien avec deux ex-préparateurs de commande chez Chronodrive », *Z*, n° 9, printemps 2015.

34. Hannah Arendt, *Le Système totalitaire. Les Origines du totalitarisme*, Le Seuil, « Points », 2002, p. 190.

35. Marie-Anne Dujarier, *Le Management désincarné*, La Découverte, 2015, p. 9.

36. Erving Goffman, *Les Cadres de l'expérience*, Minuit, 1991.

37. Karl Marx, *Les Manuscrits économico-philosophiques de 1844*, Vrin, 2007.

38. Notion que j'ai développée dans *La Vie algorithmique. Critique de la raison numérique*, L'échappée, 2015.

39. Ivan Illich, *La Convivialité*, Le Seuil, 1973, p. 74.

40. *Mr. Robot*, série créée par Sam Esmail, produite par Universal Cable. Première diffusion, juin 2015.

41. Pier Paolo Pasolini, *Écrits corsaires* [1975], Flammarion, 2014, p. 58.

42. Günther Anders, *L'Obsolescence de l'homme. Sur l'âme à l'époque de la deuxième révolution industrielle* [1956], L'Encyclopédie des Nuisances, 2002.

–III
LE TECHNOLIBERTARISME : UN MONDE SANS LIMITES

1. Hannah Arendt, *Le Système totalitaire*, *op. cit.*, p. 89.

2. « Des lave-linge et imprimantes qui font des achats tout seuls sur Amazon », *Le Parisien*, 20 janvier 2016. [www.leparisien.fr/high-tech/des-lave-linge-et-imprimantes-qui-font-des-achats-tout-seuls-sur-amazon-20-01-2016-5468301.php]

3. Barthélémy Touraine, « MasterCard veut transformer n'importe quel objet en moyen de paiement », *Stuffi*, 7 novembre 2016. [www.stuffi.

fr/mastercard-veut-transformer-nimporte-quel-objet-en-moyen-de-paiement]

4. Mélanie Roosen, « Netflix veut proposer ses séries selon nos humeurs », *L'ADN*, 8 janvier 2016. [www.ladn.eu/actualites/netflix-veut-proposer-series-selon-nos-humeurs,article,29429.html#ixzz4CK4w9CC9]

5. « Microsoft's "Smart Mirror" Can Read Your Emotions », *The Huffington Post*, 6 mars 2016. [www.huffingtonpost.com/entry/microsoft-smart-mirror-emotions_us_5751893ce4b0eb20fa0d9dda]

6. Aldous Huxley, *Le Meilleur des mondes* [1932], Pocket, 2015, p. 54.

7. Emmanuel Macron, « Il faut des jeunes Français qui aient envie de devenir milliardaires », entretien avec Stéphane Dupont, Étienne Lefèbvre et Frédéric Schaeffer, *Les Échos*, 6 janvier 2015.

8. « Le nom, lui, ne doit rien au hasard. "Mutinerie, c'est une communauté professionnelle de nouveaux artisans du numérique, explique Antoine, cofondateur du lieu. Mais c'est aussi la contestation d'un ordre établi." Celui d'une organisation du travail jugée dépassée. "Révolution", "désaliénation", "fin de la dichotomie capital-travail", le discours semble mâtiné de sauce marxiste. "On est plutôt pragmatiques", botte en touche le responsable. » Amandine Cailhol, « Dans l'Est parisien, un repaire de "mutins" numériques », *Libération*, 8 novembre 2015. [www.liberation.fr/france/2015/11/08/dans-l-est-parisien-un-repaire-de-mutins-numeriques_1412165]

9. Darrin M. McMahon, *Fureur divine. Une histoire du génie*, Fayard, 2016, p. 27.

10. Karl Marx, *Manifeste du Parti communiste* [1848], Flammarion, 1998, p. 83.

11. « Une intelligence artificielle présente désormais la météo à la TV chinoise », *Planète Robots*, 10 janvier 2016. [www.planeterobots.com/2016/01/10/une-intelligence-artificielle-presente-desormais-la-meteo-a-la-tv-chinoise]

12. *Courrier international*, « Les nouveaux prophètes de la Silicon Valley », 13 juillet 2015. Il ne s'agit là que de prospectives hasardeuses, qui néanmoins signalent une tendance de fond.

13. « Cette lycéenne de 16 ans veut mettre fin à l'école buissonnière », BFMTV, 7 janvier 2016. [bfmbusiness.bfmtv.com/entreprise/cette-lyceenne-de-16-ans-veut-mettre-fin-a-l-ecole-buissonniere-941847.html]

14. Gary Becker, *Human Capital. A Theoretical and Empirical Analysis, with Special Reference to Education*, University of Chicago Press, 1964, p. 77.

15. *Transformation numérique et vie au travail*, rapport établi par Bruno Mettling à l'attention de Myriam El Khomri, ministre du Travail, de l'Emploi, de la Formation professionnelle et du Dialogue social, septembre 2015. [www.ladocumentationfrancaise.fr/var/storage/rapports-publics/154000646.pdf]

16. Cf. l'enquête de Michael Blanding et Heather White, « Four Years after the Foxconn Scandal, the Chinese Factories that Build the World's Gadgets still Endanger their Workers and Abandon them When They Get Sick », *Wired*, avril 2015.

17. Édouard Ducpétiaux, *Le Paupérisme en Belgique. Causes et remèdes*, A. Decq, 1844. [gallica.bnf.fr/ark:/12148/bpt6k863524]

18. Michel Foucault, *Naissance de la biopolitique. Cours au Collège de France, 1978-1979*, Le Seuil-Gallimard, 2004, p. 232.

19. Cf., parmi tant d'autres cas de figure, « Google a fait discrètement transiter 11 milliards d'euros par les Pays-Bas en 2014 », *Le Figaro*, 19 mars 2016.

20. Frank Browning et John Gerassi, *Histoire criminelle des États-Unis* [1980], Nouveau Monde, « Poche Histoire », 2016.

21. Cf., par exemple, en France, « l'accélérateur de start-up » TheFamily, qui présente ainsi son projet : « Les barbares attaquent. »

22. L'organisme rassemble des grandes entreprises, des start-up, ainsi que des instituts de recherche et d'enseignement, dont Orange, Bouygues, Nokia, Dassault Systèmes, la Société Générale, également l'Institut national de l'audiovisuel, le CNRS, l'INRIA, l'Institut Mines-Télécom, l'université Paris 6-Pierre et Marie Curie, l'université Paris 8-Saint-Denis...

23. Michel Foucault, « *Theatrum philosophicum* », *Critique*, n° 282, novembre 1970.

24. « L'école loge dans le *Heart of Code*, situé dans Paris intra-muros et est ouverte aux étudiants et étudiantes 7j/7, 24h/24. 42, c'est no-limit ! » [www.42.fr/lequipe-et-les-moyens]

25. Georges Canguilhem, *Le Normal et le pathologique* [1966], PUF, « Quadrige », 2013, p. 24.

26. *Ibid.*, p. 16.

27. Sénèque, *Lettres à Lucilius*, Lettre 50, Mille et Une Nuits, 2002.

28. Présentation de Pierre-Yves Petillon à *Acid test* de Tom Wolfe, *op., cit.*, p. 10.

–IV
PSYCHOPATHOLOGIE DE LA SILICON VALLEY

1. Cf. Walter Benjamin, *Écrits radiophoniques*, Allia, 2014.
2. Anne Eveno et Sarah Belouezzane, « La France se dote d'une Cité de l'objet connecté », *Le Monde*, 12 juin 2015. [www.lemonde.fr/economie/article/2015/06/12/la-france-se-dote-d-une-cite-des-objets-connectes_4652818_3234.html]
3. Cf. Ridha Loukil, « Air France-KLM anticipe les pannes de ses avions A380 au big data », *L'Usine digitale*, 30 novembre 2015. [www.usine-digitale.fr/article/air-france-klm-anticipe-les-pannes-de-ses-avions-a380-au-big-data.N365483]
4. Philippe Jacqué, « La SNCF veut surfer sur l'Internet des objets pour améliorer sa productivité », *Le Monde*, 16 avril 2016. [www.lemonde.fr/entreprises/article/2016/04/16/la-sncf-veut-surfer-sur-l-internet-des-objets-pour-ameliorer-sa-productivite_4903314_1656994.html]
5. [www.waze.com/fr]
6. « Mark Zuckerberg veut construire une intelligence artificielle comme "Jarvis dans *Iron Man*" », *Le Monde*, 4 janvier 2016. [www.lemonde.fr/pixels/article/2016/01/04/mark-zuckerberg-veut-construire-une-intelligence-artificielle-comme-jarvis-dans-iron-man_4841335_4408996.html]
7. Cité par Michel Foucault, *Histoire de la folie à l'âge classique*, Gallimard, 1972, p. 43.
8. Marc Abélès, *Les Nouveaux Riches. Un ethnologue dans la Silicon Valley*, Odile Jacob, 2002, p. 53.
9. Ayn Rand, *La Grève*, *op. cit.*
10. Claude-Henri de Saint-Simon, *Lettres d'un habitant de Genève à ses contemporains* [1803], Hachette Livre BNF, 2012, p. 17.
11. *Ibid.*, p. 22.
12. Walter Isaacson, *Steve Jobs*, *op. cit.*, p. 98.
13. Cf. Jean-François Lyotard, *Économie libidinale*, Minuit, 1974.
14. Sur le processus d'hominisation indissociablement lié à l'invention et à l'usage d'outils, cf. André Leroi-Gourhan, *Le Geste et la Parole. Technique et langage*, Albin Michel, 1964.

15. Thibaut Madelin, Nicolas Rauline, « Rocket, le géant allemand qui bouscule le Web », *Les Échos*, 9 septembre 2015. [www.lesechos.fr/09/09/2015/LesEchos/22019-046-ECH_rocket--le-geant-allemand-qui-bouscule-le-web.htm]
16. Pierre Pichot, *Un siècle de psychiatrie*, Éditions Roger Dacosta, 1983, p. 104.
17. Peter Thiel, *De zéro à un. Comment construire le futur*, *op. cit.*, p. 77.
18. Bret Easton Ellis, *American Psycho* [1991], 10/18, 2005.
19. George Orwell, *Essais, articles, lettres*, t. III, Ivrea, 2004, p. 284.
20. Ken Kesey, *Vol au-dessus d'un nid de coucou, op. cit.*
21. Michel Foucault, *L'Histoire de la folie à l'âge classique, op. cit.*
22. Erving Goffman, *Asiles. Études sur la condition sociale des malades mentaux et autres reclus, op. cit.*
23. Thomas Szasz, *Le Mythe de la maladie mentale* [1961], Payot, 1975.
24. Sophie Roche, « Splendeurs et misères de la psychiatrie », *Esprit*, n° 413, mars-avril 2015, p. 47.
25. Yuval Harari, « Les nouveaux prophètes de la Silicon Valley », *Courrier international*, n° 1290, 23 juillet 2015.
26. Cf., parmi de très nombreux médecins et scientifiques n'accordant aucun crédit à ces thèses, Israël Nisand, fondateur du Forum européen de bioéthique et professeur de gynécologie au CHU de Strasbourg, qui a notamment déclaré : « C'est une vision simpliste d'ingénieur », *L'Obs*, n° 2642, 25 juin 2015, dossier spécial « Demain, tous immortels ? »
27. Fabien Benoit, « Zoltan Istvan, le pom-pom boy du transhumanisme », *Usbek & Rica*, septembre 2015, n° 13.
28. Yuval Harari, « Les nouveaux prophètes de la Silicon Valley », *art. cit.*
29. Natacha Tatu, « L'homme qui veut tuer la mort », *L'Obs*, n° 2642, 25 juin 2015, dossier spécial « Demain, tous immortels ? ».
30. [www.01net.com/actualites/l-homme-vivra-1000-ans-selon-le-bio-gerotonlogue-aubrey-de-grey-633805.html]
31. Érasme, *Éloge de la folie*, traduction Pierre de Nolhac, GF, 1964, p. 25.
32. Cf. [www.cryonics.org]
33. Ray Kurzweil, *Humanité 2.0* [2006], M21, 2007.
34. John R. Searle, *Intentionality, an Essay in the Philosophy of Mind*, Cambridge University Press, 1983 ; cf., également, *Minds, Brains and Science*, Harvard University Press, 1986, et *The Rediscovery of Mind*, MIT Press, 1992.

35. [www.chine-informations.com/actualite/selon-huawei-nous-communiquerons-avec-les-morts-dans-un-futur-proche_89257.html]

36. Sur la pléonexie, cf. les ouvrages de Dany-Robert Dufour, particulièrement, *Pléonexie: (Dict: « Vouloir posséder toujours plus »),* Le Bord de l'eau, 2015.

37. Cf. particulièrement Patrick Landman, *Tous hyperactifs ? L'incroyable épidémie de troubles de l'attention,* Albin Michel, 2015.

38. Un nouvel avis doit être rendu par l'OMS entre 2017 et 2018.

39. J'avais, en 2014, identifié et analysé ces enjeux dans le cadre d'un article intitulé « Facebook, la machine à flatter », qui m'avait été commandé par *Les Inrockuptibles* à l'occasion du dixième anniversaire de la mise en ligne de la plateforme. Texte que j'avais repris dans *La Vie algorithmique. Critique de la raison numérique, op. cit.*

40. Cf. Denis Diderot, *Lettre sur le commerce des livres,* 1763.

41. Sigmund Freud, *Le Malaise dans la civilisation,* Le Seuil, « Points Essais », 2010, p. 170-171.

42. Cf. Gilbert Simondon, *Sur la technique* [1953-1983], PUF, 2014.

43. Sur le plaisir d'exercer une activité ou un métier grâce notamment à un rapport sensible entretenu aux choses, cf. Matthew B. Crawford, *Éloge du carburateur. Essai sur le sens et la valeur du travail,* La Découverte, 2010 ; Matthew B. Crawford, *Contact. Pourquoi nous avons perdu le monde et comment le retrouver,* La Découverte, 2016 ; Richard Sennett, *Ce que sait la main. La culture de l'artisanat,* Albin Michel, 2010.

44. Leila Schneps, Coralie Colmez, *Les Maths au tribunal. Quand les erreurs de calcul font les erreurs judiciaires,* Le Seuil, 2015.

45. Jonas Pulver, « Les nouvelles perspectives de la robotique japonaise », *Swissquote,* n° 4, septembre 2015.

46. « Au Japon, 65,1 % des personnes sont favorables à l'utilisation de robots, qu'ils perçoivent comme des compagnons de vie, selon une étude du gouvernement ». Arthur Fouchère, « Bientôt des robots au chevet des patients japonais », *Le Monde diplomatique,* août 2016.

47. Cf. la page de Sebastian Thrun sur le site de l'université de Stanford. [robots.stanford.edu/research.html]

48. Lionel Naccache, *L'Homme réseau-nable. Du microcosme cérébral au microcosme social,* Odile Jacob, 2015.

49. Frantz Fanon, *Écrits sur l'aliénation et la liberté,* La Découverte, 2015.

–V
UNE POLITIQUE DE NOUS-MÊMES

1. Daniel Cohen, *Le Monde est clos et le désir infini*, Albin Michel, 2015, p. 11.
2. « Nouvelle France industrielle : 34 plans de reconquête », ministère de l'Économie, de l'Industrie et du Numérique, 12 septembre 2013. [www.economie.gouv.fr/presentation-nouvelle-france-industrielle]
3. « Réunir la Nouvelle France Industrielle », ministère de l'Économie, de l'Industrie et du Numérique, 18 mai 2015. [www.economie.gouv.fr/files/files/PDF/industrie-du-futur_dp.pdf]
4. Cf. Jean Tirole, *Économie du bien commun*, PUF, 2016.
5. Alain Supiot, *L'Esprit de Philadelphie. La justice sociale face au marché total*, Le Seuil, 2010, p. 33.
6. Charles Wright Mills, *L'Élite au pouvoir* [1956], Agone, 2012.
7. James K. Galbraith, *L'État prédateur. Comment la droite a renoncé au marché libre et pourquoi la gauche devrait en faire autant*, Le Seuil, 2009.
8. Pierre Dardot et Christian Laval, *La Nouvelle Raison du monde. Essai sur la société néolibérale*, *op. cit.*, p. 11.
9. Cf. ma tribune parue le 27 septembre 2015 dans *Libération* écrite à l'occasion de la publication du projet de loi, « La silicolonisation des esprits ». [www.liberation.fr/debats/2015/09/27/la-silicolonisation-des-esprits_1391932]
10. Gouvernement.fr, « Refonder l'école. L'école numérique », 12 mai 2016. [www.gouvernement.fr/action/l-ecole-numerique]
11. Cf. ma tribune parue le 16 novembre 2015 dans *Libération*, suite à l'annonce faite quelques jours plus tôt par François Hollande de la mise à disposition de tablettes numériques pour tous les collégiens à partir de la rentrée scolaire 2016, « L'ineptie des tablettes numériques au collège ». [www.liberation.fr/societe/2014/11/16/l-ineptie-des-tablettes-numeriques-au-college_1144224]
12. Friedrich August Hayek, *Droit, législation et liberté* [1973], PUF, « Quadrige », 2013.
13. Le discours d'adieu à la nation prononcé par Eisenhower le 17 janvier 1961 peut être consulté dans son intégralité et dans une version française à cette adresse : [reseaux.blog.lemonde.fr/2013/10/26/

mises-en-garde-eisenhower-1961]

14. Jean Pic de la Mirandole, *Discours sur la dignité de l'homme,* 1486.

15. Georges Bernanos, *La France contre les Robots* [1947], Le Castor Astral, 2015, p. 43.

16. J'ai moi-même, relativement tôt, exploré les enjeux de la surveillance numérique dans mon livre, *Surveillance globale. Enquête sur les nouvelles formes de contrôle* (Climats/Flammarion, 2009). Au moment précis où il s'agissait d'une des questions les plus décisives induites par la place croissante prise par l'Internet dans nos vies. À l'ère des objets connectés et de l'intelligence artificielle, la surveillance ne représente plus le fait majeur, qui est maintenant celui de l'organisation algorithmique de nos sociétés.

17. En janvier 2012, la Commission européenne a proposé une réforme globale des règles adoptées par l'UE en 1995 en matière de protection des données. Il s'agit pour elle de « renforcer les droits en matière de respect de la vie privée dans l'environnement en ligne et de donner un coup d'accélérateur à l'économie numérique européenne ». [https://europa.eu/european-union/about-eu/institutions-bodies/european-commission_fr]

18. Kant, *Fondements de la métaphysique des mœurs,* 1785.

19. Jean-Claude Michéa, *L'Empire du moindre mal. Essai sur la civilisation libérale,* Climats/Flammarion, 2007, p. 85.

20. Freud, *Le Malaise dans la civilisation, op. cit.,* p. 172.

21. Albert Camus, *L'Homme révolté* [1951], Gallimard, « Folio essais », 2015, p. 27.

22. Cf. Herbert Marcuse, *L'Homme unidimensionnel, op. cit.*

23. Samuel Butler, *Erewhon* [1872], Gallimard, 1981, p. 245.

24. La loi relative à la « transition énergétique pour la croissance verte » a été promulguée le 17 août 2015. Elle autorise et soutient la généralisation des compteurs communicants. Il est prévu qu'ils intègrent trente-cinq millions de foyers français à l'horizon 2021.

25. Ayn Rand, *La Grève, op. cit.,* p. 278.

26. Sur l'impératif de sauvegarder des clauses essentielles du droit du travail, cf. Pascal Lokiec, *Il faut sauver le droit du travail,* Odile Jacob, 2015.

27. Hannah Arendt, *La Crise de la culture* [1954], Gallimard, « Folio », 2015, p. 234.

28. Zoltan Istvan, iatranshumanisme.com, 17 janvier 2016. [https://iatranshumanisme.com/2016/01/17/interview-zoltan-istvan-le-candidat-presidentiel-qui-promet-de-mettre-fin-a-la-mort]

29. [http://cnnumerique.fr/wp-content/uploads/2015/12/Rapport-travail-version-finale-janv2016.pdf]

30. Sur la possibilité de se saisir du droit afin de faire valoir certaines exigences fondamentales, cf. Jacques Commaille, *À quoi nous sert le droit ?*, Gallimard, « Folio essais », 2015.

31. Eugène Dupréel, « Le renoncement » [1930], in *Essais pluralistes*, PUF, 1949, p. 139.

32. Hannah Arendt, *Condition de l'homme moderne* [1958], Pocket, 2002, p. 117.

33. *La Recherche*, dossier spécial « Intelligence artificielle », n° 498, avril 2015.

34. [www.college-de-france.fr/site/yann-lecun/index.htm]

35. Cf., sur l'irresponsabilité patente de nombre d'ingénieurs, la remarquable enquête menée par la revue *Z*, qui a vu l'un de ses membres, Celia Izoard, se rendre dans des laboratoires toulousains. Après avoir interrogé plusieurs chercheurs, il s'en est suivi un échange de lettres. Voici un extrait de l'une d'elles : « Vous m'avez expliqué que vous ne vous sentiez pas responsable des applications de vos recherches en robotique. "Le scientifique est un artiste", m'avez-vous dit. Aucune considération morale ou politique ne doit interférer avec son activité, qu'il doit mener à son terme : "Le vrai problème du scientifique, c'est tout ce qui va le contraindre, le freiner. Ma déontologie, c'est de continuer à travailler jusqu'à avoir un résultat probant." » Celia Izoard, « Lettres aux roboticiens », Lettre ouverte à Philippe Soueres, roboticien, spécialiste du mouvement moteur, directeur de l'équipe Gepetto du LAAS-CNRS à Toulouse, porteur du projet Romeo 2, *Z. Revue itinérante d'enquête et de critique sociale*, n° 9, septembre 2015.

36. Jules Verne, *L'Invasion de la mer* [1905], Le Serpent à Plumes, 2008, p. 167.

37. « Les savants et l'appareil militaire », *Survivre*, n° 1, août 1970, in Céline Pessis, *Survivre et Vivre. Critique de la science, naissance de l'écologie*, L'échappée, 2014, p. 98.

38. *Survivre* n° 1, août 1970, cité par Céline Pessis, Introduction, *Survivre et Vivre*, *op. cit.*, p. 35.

39. Jean-Pierre Aboulker, « Science for the People ? », *Survivre… et Vivre* n° 9, août-septembre 1971, p. 19-21.

40. Cf. Céline Pessis, *Survivre et Vivre*, *op. cit.*, p. 140.

41. « Le souci de toujours renouveler modèles et marchandises – usure rongeuse du tissu social – produit une accélération du changement qui ruine le recours au *précédent* comme guide de l'action. » Ivan Illich, *La Convivialité*, Le Seuil [1973], 1980, p. 11.

42. *Courrier international*, n° 1321, 25 février-2 mars 2016.

43. Martha C. Nussbaum, *Cultivating Humanity: A Classical Defense of Reform in Liberal Education*, Harvard University Press, 1997 ; cf. également Martha C. Nussbaum, *Not for Profit: Why Democracy Needs the Humanities*, Princeton University Press, 2012.

44. José Ortega Y Gasset, *Le Mythe de l'homme derrière la technique* [1939], Allia, 2016, p. 18.

45. À la suite d'une émission *Du Grain à moudre* sur France Culture, produite par Hervé Gardette, intitulée « L'homme augmenté sera-t-il plus vulnérable », diffusée le 10 juin 2016, au cours de laquelle j'avais rappelé l'importance de la responsabilité de l'ingénieur et de celle des instituts d'enseignement, j'avais reçu un message d'un groupement d'ingénieurs et de pédagogues me signalant un texte qu'ils avaient rédigé, intitulé : « Manifeste pour une formation citoyenne des ingénieur.e.s » ; le document, fort pertinent, est consultable à cette adresse : [www.isf-france.org/Manifeste_pour_une_formation_citoyenne_des_ingenieur·e·s]

46. Message envoyé le 23 novembre 2015 à mon interlocutrice, Mme Taos Aït Si Slimane, Universcience, Cité des sciences et de l'industrie, Pôle scientifique – Délégation à la stratégie et programmation, ainsi qu'à toutes les personnes invitées. Ici elles sont mentionnées dans les fonctions qu'elles occupaient au moment de la constitution du comité. Serge Abiteboul, directeur de recherche à l'Inria, membre du Conseil national du numérique (CNNum) ; Florence D'Alché-Buc, professeur à Télécom ParisTech (Institut Mines-Télécom) ; Stéphane Clémençon, professeur à Télécom ParisTech (Institut Mines-Télécom), titulaire de la chaire Machine-Learning for Big Data et responsable du mastère spécialisé Big Data ; Stephane Grumbach, directeur de recherche Inria, directeur de l'IXXI, Institut rhône-alpin des systèmes complexes ; Frédéric Kaplan, chercheur à l'École polytechnique fédérale de Lausanne ; Françoise Roure, économiste, chercheur associé au CETCOPRA Paris I Panthéon-Sorbonne, contrôleuse générale économique et financière au ministère de l'Économie ; Antoinette Rouvroy, chercheuse en philosophie du droit au Fonds national de la recherche scientifique (FNRS, Belgique) ; Françoise Soulié-Fogelman, professeur

au School of Computer Software, Tianjin University, Chine ; Valérie Peugeot, chercheuse à Orange Labs, présidente de l'association VECAM, membre du Conseil national du numérique (CNNum) ; Sophie Vulliet-Tavernier, directrice des relations avec les publics et la recherche, Commission nationale de l'informatique et des libertés (CNIL) ; Bruno Maquart, président d'Universcience, Établissement public du Palais de la découverte et de la Cité des sciences et de l'industrie ; Pierre Duconseille, commissaire de l'exposition.

47. Georges Didi-Huberman, *Le Danseur des solitudes*, Minuit, 2006.

48. Hannah Kuchler, « Bienvenue au pays de Facebook », *Courrier international*, n° 1290, 23 juillet 2015.

49. Patrick Marcolini, in Martin Buber, *Utopie et Socialisme* [1977], L'échappée, 2016, p. 9.

50. Ivan Illich, *La Convivialité*, *op. cit.*, p. 11.

51. William James, *Essais d'empirisme radical* [1912], Flammarion, 2007.

52. Georges Canguilhem, *Le Normal et le pathologique*, *op. cit.*, p. 179.

CONCLUSION
GLOIRE DE LA LIMITE

1. Lewis Mumford, *Les Transformations de l'homme* [1956], L'Encyclopédie des Nuisances, 2008, p. 23, 137.

2. Jean-Claude Milner, *Les Penchants criminels de l'Europe démocratique*, Verdier, 2003.

SOMMAIRE

III–LE TECHNOLIBERTARISME : UN MONDE SANS LIMITES

IV–PSYCHOPATHOLOGIE DE LA SILICON VALLEY

V–UNE POLITIQUE DE NOUS-MÊMES